메타버스

메타버스

당신의 브랜드는 준비되어 있는가

캐시 해클·존 버젤 지음 | 홍성완 옮김

한국물가정보

METAVERSE

이것이 바로 우리가 기다려온 가상의 징후들이다
- 브라이언 솔리스 -

자신이 '메타버스(Metaverse)' 안에 있다고 상상해 보라. 그 안에서 새로운 세계를 탐구하고, 새로운 사람을 만나고, 정신을 혼미하게 하는 경험에 빠지면서 온갖 현실 제약에서 벗어나게 된다. 믿기 어려울 정도다. 그 안에서 나는 내가 항상 되고 싶었던 다른 사람이 될 수 있다. 살아 있음을 느끼고 언플러그(unplug) 상태에서 할 수 있는 것보다도 훨씬 더 많은 것을 할 수 있는 힘이 있다. 지금껏 만나보지 못한 놀라운 것들과 사람들에 둘러싸이기도 한다.

메타버스는 단지 현실로부터의 탈출 이상이다. 그것은 나와 수백만 명의 다른 사람 모두에게 의미 있는 진짜 세계이며 새로운 한계를 탐구하는 사회의 한 부분이다. 이 점이 중요하다. 이 가상 세계에서의 아바타는 실제 사람을 대표하면서 개인적 오락 이상의 것을 위한 길을 닦는다. 그들은 현실의 경계를 밀쳐내면서 자신의 지평을 넓혀가고 어떻게 연결할지, 어떻게 배울지, 어떻게 자신을 새로운 방식으로 표현할지를 습득해 간다. 이미 눈여겨본 사람은 알겠지만, 이 몰입 현실에서 우리의 대담한 시도는 사람들이 소통하고, 연결하고, 일하고, 깨닫고, 공유하는 방식으로 진화하고 있다. 그러다 다시 현실 세계로 돌아오면 "왜 일상생활에서는 이런 경험을 못 하는 걸까?" 갸우뚱하게 된다. 글쎄, 실제 세상은 다른 방식으로 돌아가기 때문 아닐까?

사실 지금의 세상이 돌아가는 방식도 과거에 상상하던 것이었다. 바로 이 사실이 중요하다. 기본적으로 오늘날 우리가 하는 것에 전적으로 기초해 만든 시스템은 실패한다. 사회가 앞으로 나가는 데는 기술이 아니라 구시대의 인프라, 사고방식, 평가 지표들이 그 발전을 저해한다. 우리가 어떻게 살고 어떻게 일할지, 혁신과의 관계, 생산성과 업무에 대한 우리의 소위 '진짜 생각'은 디지털, 물리적, 혹은 하이브리드 형태의 르네상스에서는 너무 구식이다.

그렇다면 미래를 상상하고 창조할 우리의 아티스트는 누구인가? 누가 우리 시대의 다빈치, 미켈란젤로, 라파엘, 도나텔로(Donatello, 이탈리아 초기 르네상스의 대표적 조각가)가 될 것인가? 그 답은 바로 당신이다. 그래서 바로 당신이 이 책을 읽어야 한다. 그리고 그것이 캐시와 존이 이 책을 쓴 이유이기도 하다. 당신과 그들, 그리고 우리는 모두 궁금하다. 우리 모두 몽상가이고 특별한 열정을 가진 괴짜이기 때문에 우리 앞에 뭔가 훨씬 더 대단한 것이 있다고 믿는다. 이미 개인의 삶에서 경이로운 경험을 하고 있기 때문이다. 인공 지능, 증강 현실, 실감 음향(Immersive audio), 가상 현실, 5G가 그것들이다. 실제 경험과 아이디어, 그리고 열정을 합쳐 미래의 일, 사업, 고용, 경험 들을 재구성하는 것은 어떤가? 누군가는 그래야만 한다. 그게 당신일 수도 있지 않은가?

미래에는 당신이 앞날을 상상하는 게 필요하다. 당신이 사람과 사람 간, 스크린과 기계 간, 그리고 가상 경험과 실제 경험 간의 차세대 관계를 설계하는 게 필요하다. 그럼으로써 당신이 보기 원하는 미래의 모습을 만드는 데 한 역할을 하는 것이다. 2020년은 우리에게 최악의 해이자 중요한 해로 기억될 것이다. 그 파괴와 혼란을 통해 우리는 앞으로 향할 새로운 길을 발견했다. 우리는 과거에 자신을 인정했던 것보다 더 역량 있고, 회복력 있고, 창의적이라는 것을 배웠다. 하지만 이것이 우리가 마주할 마지막 파괴는 아니다. 또 다른 전염병, 기후 변화, 사회 변혁, 정치적 변화, 미지의 것이 앞에 놓여 있다. 또한 우리는 4차 산업 혁명(4IR: 4th Industrial Revolution)의 극심한 고통 속에 있다. 4IR은 그야말로 모든 것을 완전히 새롭게 만들고 있다. 생각해 보라. 지금이 아니라면 언제인가? 당신이 아니라면 누가? 단지 우리가 살고 일해 온 방식이 '항상 이렇게 해 왔기 때문에' 최고이고 앞으로 나아갈 유일한 길이라는 뜻은 아니다.

4IR은 근로자들이 새로운 기술을 배우고 창의력, 비판적 사고, 감정 이입, 문제 해결, 결단력, 능동 학습을 포함한 기본적인 소프트(사실은 어려운) 기술과 다시 연결될 것을 강요한다. 우리가 보고, 하는 것들을 증강하면 일에서 메타버스를 소생시킬 수 있다. 4IR은 우리가 지금까지 보지 못했던 혹은 상상도 못 했던 믿기 어려운 경험을 더 공급해 줄 수 있다. 그 때문에 우리는 자신이 생각하는 것보다 더 중요

한 역할을 할 것이고 오늘날 미래를 그리는 기회를 얻는다. 실감나고 생산적이고 환상적인 디지털과 하이브리드 경험을 만드는 건축가가 될 수도, 아니면 엔지니어가 될 수도 있다. 잘 안다. 먼저 꼼꼼히 살펴보지도 않고 원칙을 바꾸거나 과감하게 행동하거나, 뭔가 새롭고 다른 것에 우리 자신을 담글 수 없다는 것은 너무도 당연하다. 하지만 변화는 우리가 있든 없든 일어난다. 또 변화는 우리에게 일어나기도 하지만 우리 때문에 일어나기도 한다. 사실은 선택의 문제다. 과거와 똑같은 고리타분한 사고와 믿음은 결코 세상을 바꾸지 못한다. 속담에도 있듯이 "같은 일을 반복하면서 다른 결과를 기대하는 것은 미친 짓이다."

나는 우리가 자기 아이디어로 세상이 더 나아진다고 믿을 것이라 자신한다. 여러분이 이 여정을 함께 하는 것에 감사한다. 캐시와 존과 함께라면 합이 잘 맞을 것이다. 함께 우리가 일하고, 사는 방식을 바꿀 뿐 아니라 세상을 더 발전시킬 것이다. 사람, 사물, 장소가 공존하며, 소통하고 살아 움직이는 방식을 설계하는 데 놀라운 변화를 불어 넣을 것이다.

—

브라이언 솔리스(Brian Solis)

세계적으로 인정받는 기업혁신 분야 전문가다. 디지털 분석가, 인류학자, 미래학자로서 첨단기술이 기업과 사회에 미치는 영향을 연구한다. 기술의 인과관계를 인간을 중심으로 해석해 사람들이 세상을 다르게 보고, 이해하는 일을 돕는다. 베스트셀러 작가로 《무엇이 비즈니스의 미래인가What's the Future of Business》, 《인게이지Engage》, 《늘 하던 방식의 비즈니스는 끝났다The End of Business as Usual》 등을 집필했다.

—

혁신 기술이 세상을 변화시킨다
- 캐시 해클 -

내 몸에는 기계가 삽입되어 있다. 수술 합병증이 생기자 좀 더 빠른 치유를 돕기 위해 의사가 삽입한 것이다. 이 기계와 나는 본질적으로 하나다. 또 다른 '나 자신'의 배터리가 낮아지면 전원을 연결한다. 한번은 아들에게 이런 말까지 했다. "지금은 엄마가 도와줄 수 없단다. 충전 중이거든." 그러면 아들이 묻는다 "엄마, 이제 사이보그가 된 거야?" 나의 대답은 이랬다. "글쎄, 그보다는 테슬라(전기차)에 가까울걸?" 사이보그라면 몇 시간마다 충전할 필요가 없을 것 같아 장난스럽게 대답했다.

몇 년 전, 내 친구 한 명도 기술과 관련해 인생을 바꿀 만한 순간을 경험했다. 딸의 축구 시합에서 오랜만에 만난 친구 폴라 얘기다. 그런데 그녀가 걷고 있었다! 아연실색할 수밖에 없었는데, 과거에 테니스 챔피언이었던 폴라는 몇 년 전 의문의 질병으로 장애를 입었기 때문이다. 아이를 들 수도 없었다. 그런 그녀가 걷다니! 작은 철제 버팀대 같은 것이 그녀의 다리에 감겨 있었다. 간단히 말하면 하이브리드 보철 지지대를 착용한 것이다. 그 하이브리드 보철 지지대는 워킹 부츠와 의족을 혼합한 것 같아 보였다. 다리와 발에 착용하면 안에 저장된 에너지가 발을 디딜 때마다 그녀를 앞으로 이동시켜 준다. 폴라는 작은 움직임도 견뎌내기 어려운 부상을 당했지만, 장비 특유의 역동적 디자인이 문제를 해결해 주었다. 반신불수였던 친구가 걷는 것을 보는 순간 "이제 인간 증강이구나!" 하고 감탄했다. 이 증강된 인간은 할리우드 영화에서 지구를 탈취하는 안드로이드(android: 인간의 모습을 한 로봇 -역주)가 아니다. 그저 딸의 축구 경기를 보러 온 엄마다.

인간 증강 얘기가 나오면 부정적 결과의 가능성에 연연하는 비관론자들이 있다. 하지만 나에게 인간 증강, 그리고 인공 지능 및 증강 현실과 관련된 모든 것들은 100년 전 산업 혁명이 그랬던 것만큼 업무 현장을 향상하고 변화시키는 힘이다. 거기에다 현재의 기술 혁명은 단지 우리의 물리적 능력만을 향상하는 것이 아니다. 우리의 인지적 역량 역시 강화해 준다. 내 경험을 통해 말하는 것이다.

미래학자로서 나는 향후 5년에서 10년 후를 산다. 그리고 항상 근사한 기술이 공개되기 전에 가지고 놀기 시작한다. 나 자신이 살아 있는 테슬라가 되고 폴라가 걷는 것을 보는 경험은 새롭게 등장한 기술이 삶을 더 낫게 하는 시대에 사는 것이 얼마나 행운인지를 상기시켜 준다. 개인적 삶만 향상되는 것이 아니다. 직장 역시 변할 것이다. 노동력의 증강은 이미 세상을 바꾸고 우리의 비즈니스 방식을 혁신하고 있다. 스마트 팜, 환경 모니터링, 회복력 강한 도시, 웨어러블 기술, 상호작용을 통한 훈련 등 셀 수 없이 많다. 하지만 근로자로서 우리에게 이 모든 것은 어떤 의미가 있을까? 그것이 가져다줄 가능성은 구체적으로 어떤 것들일까? 또 한계와 기회는 무엇인가?

하나의 믿음이 이 책에 영감을 불어 넣었다. 그것은 '기술이 이 세상을 모두에게 더 좋게 만들 것'이라는 믿음이다. 코로나19 같은 다른 형태의 파괴는 근로자 대부분을 재택근무하게 했다. 이 전염병을 도전으로 보는 조직이 있지만 어떤 조직에는 효율을 높일 기회이고 근대화의 기회이기도 하다. 우리 대부분은 아날로그 삶을 살고 있다. 하지만 상당수의 사람은 이미 디지털과 가상 세계에서 일하고 있다.

METAVERSE

CONTENTS

Part Ⅱ

천천히 그러다 갑자기 ⁸⁵

Part Ⅲ

앞을 내다보라, 그렇지 않으면 뒤처진다

Part Ⅳ

NFT와 메타버스의 미래

META

Part I

미래로 온 당신을
환영합니다

V E R S E

제 1 장

파괴적 기술에 따르는 대가

《컨버전스 2030 미래와 부의 기회》의 저자 피터 디아만디스(Peter Diamandis)와 스티븐 코틀러(Steven Kotler)에 따르면, 주머니 속 스마트 폰이 1970년대 슈퍼 컴퓨터보다 천 분의 일만큼 작은 크기에 천 배나 싸면서 성능은 백만 배나 더 강한 이유에는 '무어의 법칙(Moore's Law)'이 있다. 이에 따르면 2023년에는 백만 원짜리 보통 노트북의 컴퓨팅 파워가 일반적인 사람 두뇌에 버금갈 것이다. 거의 매초 10의 16승에 달하는 연산을 수행하는 것이다. 그로부터 25년이 지나면 역시 평균적인 노트북이 현 지구상의 모든 인간의 뇌를 합한 것과 같은 파워를 가진다. 기술은 정말 거칠 것 없이, 기하급수적 속도로 발전한다.

거침없이 빨라지는 변화의 속도

　과거에는 기술이 천천히 발전했다. 그래서 사람들이 새로운 기술에 적응할 시간이 있었다. 예를 들어 TV의 발명보다 수십 년 앞서 등장한 라디오는 사람들이 기계 앞에 모여 뉴스를 듣고 여흥을 즐기는 데 익숙하게 했다. 하지만 앞으로 다가올 수십 년은 마치 5억 년 전 오늘날 보이는 생물 대부분이 갑자기 출현한 캄브리아기 폭발(Cambrian Explosion)에 가깝게 느껴질 것이다. 다른 예로, 오늘날 보편적인 스마트 폰의 전신으로 30년 전 주류였던 휴대폰도 우리가 소통하고 일하는 방식을 서서히 바꾸었다. 인터넷 역시 등장하고 10여 년에 걸쳐 널리 퍼지면서 모바일 앱이 대중화되고 우리가 정보를 소비하고 처리하는 방식이 바뀌었다. 이러한 점진적 변화는 먼저 등장한 기술과 뒤따르는 기술이 자연스럽게 겹치면서 1950년대의 전형적 가사생활로부터 2000년대 가정생활로의 매끄러운 전이를 준비하게 했다. 오늘날 얼마나 많은 사람이 하루에도 몇 번씩 스마트 폰, 노트북, 이북(ebook), 태블릿을 사용하는지 보라. 1950년대에는 생각도 못 했을 모습이다. 하지만 이 변화들은 점진적이고 조절 가능했다.

확실한 건 기술 발전과 더불어 우리와 기술 사이의 관계 역시 진화한다는 사실이다. 초창기의 인터넷은 주로 정보를 연결하는 데 사용했다. 탐색 엔진을 이용해 웹을 탐색하고 이메일을 통해 문서를 보내고, 이렇게 인터넷을 통해 얻은 새로운 정보를 사용하는 기발한 방식이 생겨났다. 그다음 단계로, 인터넷은 사람을 연결했다. 페이스북과 트위터가 창출한 소셜 미디어 혁명은 과거에 상상할 수 없었던 방식으로 우리를 수백만 명의 사람과 연결해 준다. 이를테면 대통령이나 스타 배우의 트위터 피드를 생각해 보라.

이제 우리가 막 접어들고 있는 세 번째 단계에서 인터넷은 사람, 장소, 그리고 사물을 좀 더 역동적이고 증폭된 방식으로 연결하고 있다. 바로 이 사물 인터넷(IoT)이 장소에 대한 개념과 우리의 디지털 삶과 물리적 삶의 통합을 증폭시키고 있다. 사물 인터넷은 점진적으로 우리 삶, 일, 놀이의 더 많은 부분에 영향을 끼치고 있다. 이미 디지털 현실과 물리적 현실이 합쳐져 마치 하나처럼 끊김이 없이 우리 삶에 많은 영향을 끼친다. 변화를 가속하는 기술 관점에서 보면 우리는 과거에 목격한 것보다 훨씬 더 거대한 변화를 보고 있다. 속도 또한 훨씬 더 빠르다. 이와 같은 전례 없는 변화의 속도와 규모가 합쳐져 기하급수적 가속화를 초래한다. 다시《컨버전스 2030 미래와 부의 기회》로 돌아가, 디아만디스와 코틀러는 우리가 "향후 수십 년간 과거 100년보다 더한 진전을 경험할 것이다"라면서 다음과 같이 설명했다.

"우리는 기술 역량이 지속해서 가속되는 시기에 살고 있다. 컴퓨팅 파워가 기하급수적으로 증대하고 커지는 세계에 산다. 기술은 항상 준비되어 있어 필요할 때 언제라도 쓸 수 있다. 이제는 양자 컴퓨팅 시대로 향한다. 이러한 폭발적 기술이 인공 지능, 로봇, 3D 프린팅, 합성 생물학, 증강 현실, 블록체인을 가능하게 한다. 이러한 기술이 사업을 융합하고 새로운 사업 모델을 창출해 준다. 바로 이러한 기술이 합쳐지면서 역량의 초 급증을 낳아 이 세상을 바꾸는 것이다. 모든 산업, 경제, 정부, 건강, 가정까지 다 바뀌기 시작했다."

만약 이것이 대단한 일이라고 생각한다면 디아만디스와 코틀러의 다른 얘기도 있다. 그들은 사람이 기술과 합쳐지는 것 같은 메타 인텔리전스(meta intelligence)가 자리 잡는 데 20년이 채 안 걸릴 것으로 예측했다. 사람의 뇌를 클라우드에 연결하는 것이다. AI, AR, 5G, IoT는 암호화/블록체인 그리고 확장 현실(XR)과 더불어 이미 조용히 우리 곁에 다가와 있다. 모두 느끼고 있겠지만 충분히 적응하고 따라잡을 수 있는 기술이다.

기업의 붕괴
· ·

기업은 어떻게 시간, 비용은 줄이면서 가치는 높일지를 끊임없이 고민한다. 그래서 이들이 기술 발전의 주요 동인 중 하나가 된다. 제조업체는 작업자들에게 증강 현실 장비를 갖춰 준다. 종이로 된 매뉴얼을 읽거나 다른 사람에게 도움을 청하는 대신 AR 안경이 어디서 부품을 찾고 어떻게 장비를 고치는지를 가르친다. 안전모에 연결된 센서가 작업자의 위치를 관찰해 위험을 알리거나 다른 장비에 대한 정보를 알려준다. 식당에서는 요리사들이 로봇 손과 나란히 일한다. 그것들은 햄버거 패티 뒤집개나 튀김 바구니 같은 부속물을 장착하고 있다.

마케팅팀 역시 진화를 피할 수 없는데 이제 사람이 아닌 디지털 인플루언서와 작업해야 하기 때문이다. 후원 업체의 옷이나 장비를 착용하고 포즈를 취하는 그들은 컴퓨터가 만든 인간이다. 우리 모두 안전하다고 믿는 장비로 일하는 데 익숙하고 그럼으로써 시간을 절약한다. 예를 들어 로봇 청소기가 있는 가정이 많은데 누구도 그것이 기계라고 특별히 신경 쓰지 않는다. 창고에서는 짐을 가져오고 저장하는 데 로봇을 사용한다. 아마존의 자회사 아마존 로보틱스(Amazon Robotics)의 수석 기술자 타이 브래디(Tye Brady)는 "직원들과 로봇이 잘 조화되어 일하면서 능률이 올라가고 그 결과 고객에게 더 낮은 가격을 제공할 수 있게 되었다. 이것을 사람과 기계 간의 협업 교향곡이라 부르고 싶다"고 말한다. 이 로봇 동료 혹은 협업 로봇을 일컫는 코봇(cobot)이 널리 퍼지면서 집에서 AI 비서 알렉사(Alexa: 아마존)나 시리(Siri: 애플) 혹은 룸바(Roomba: 아이로봇)와 상호작용하는 것이 이 새로운 디지털 동료들을 쉽게 수용하는 훈련의 하나가 될 것 같다.

가상 현실은 회의의 개념을 파괴했다. 2018년 캐시는 처음으로 가상 현실 환경에서 열린 레스브리지(Lethbridge: 캐나다 앨버타주 남부 도시) 대학의 현실 통합(Merging Realities) 컨퍼런스에서 발표를 했다. 300명이 넘는 사람이 그 행사에 등록했다. 참석자들은 자신의 아바타에 정장을 입혔다. 키노트 마지막에 MetaVRse CEO 알란 스미슨(Alan Smithson)은 모든 참석자에게 디지털 색종이 조각을 하늘로 뿌릴 것을 요청했다. 가상 현실은 참여 비용을 줄여 준다. 주최 측이 대형 컨벤션 센터를 빌릴 필요가 없기 때문이다. 또한 물리적 제약이 없어 오히려 더 많은 사람에게 문을 열 수 있다. 벤더들은 3D 부스를 만들어 가상 로비에 업로드한다. "볼펜이나 사탕을 나눠주는 대신 자신들의 제품이나 서비스에 대한 크레딧을 무료로 나눠 줄 수 있다. 사실 그게 훨씬 더 이득이다. 서랍에 놓고 잊어버릴 볼펜에 비해 크레딧은 잠재 고객을 그것을 사용할 수 있는 자신들의 웹 사이트로 불러올 것이기 때문이다." 디지털 기술 전문가 릴리 스나이더(Lily Snyder)의 말이다. 프리미엄 참가비를 지불한 벤더의 경우 참석자들이 그들의 제품 혹은 서비스 전체를 가상으로 체험해 보게 할 수 있다. 이 행사 이후 Enablers of Tomorrow, Women in XR Venture Fund Pitch Showcase, Educators in VR Summit 등이 가상 현실로 기존 사업(컨퍼런스 행사)을 파괴한 또 다른 예가 되었다.

대중을 대상으로 강연하는 사람들은 '비선형 대화(nonlinear conversation)'를 통해 청취자의 관심을 더 잘 사로잡는다. 계획된 슬라이드가 아닌 핵심(talking points) 위주의 강의는 청취자가 자신의 관심에 따라 이 주제에서 저 주제로 좀 더 쉽게 이동할 수 있게 해 준다. 이 슬라이드에서 다음 슬라이드로 넘어가는 대신 VR을 통해 필요에 따라 주제 자료를 제공하는 것이다. 가상 현실이나 증강 현실 같은 몰입 환경과 홀로그램 텔레프레젠스(telepresence: 인터넷망을 통한 영상회의 방식 중 하나 - 역주)가 그 어느 때보다 더 통하게 됐다.

가상 현실에서는 데이터가 풍부하고 전혀 새로운 차원의 컨퍼런스 경험이 제공된다. 이 책을 쓸 때도 이미 본사를 없애고 심지어 전염병이 진정된 이후에도 원격으로 근무하기로 한 회사들이 등장했다. 카라 스위셔(Kara Swisher)에 따르면 회사원들이 집에서 그 지루한 줌 미팅(Zoom meeting)을 시작하면서 줌의 주가가 2020년 2월 한 달 새 60%나 올랐다. 액센추어(Accenture)의 임원 한 명은 팀원들에게 오큘러스 퀘스트 헤드셋(Oculus Quest headset: 독립형 VR 헤드셋)을 구매해 가상으로 작업을 하게 했다. 이전에는 특정 훈련 모듈이나 특정 고객의 니즈에 따라 VR을 사용하는 게 전부였다. 팀원들과 몇 주간 VR을 이용해 일상 작업을 해 본 후 그의 결론은 "그룹 에너지와 동지애가 다른 여타의 소통 모드 보다 더 좋아진 것을 발견했다."

네슬레 퓨리나(Nestle Purina)의 교육 관리자는 VR을 사용하는 것이 "회사가 향후 더 기술적으로 능숙한 인력을 충원하게 도울 것"이라고 생각한다. 네슬레 퓨리나는 가상 현실을 이용해 잠정 아이디어와 카테고리 개념을 구축했다. VR은 작업자가 실제 테스트를 하는 위험을 낮추었다. 시장 출시 시간도 단축해 주었는데 고객과 직원이 같이 가상으로 검증한 공유 비전이 있어 가능했다. "그들에게 내내 파워포인트 장표만 보여 주거나 비율이 정확하지 않은 데모를 보여 주는 대신 가상 현실을 이용해 맞춤 솔루션을 제공하고 반복해 바꿀 수 있는 방식이 가능하다." 네슬레 퓨리나의 소매 혁신 전 팀 고위 간부인 케니 엔더무흘(Kenny Endermuhle)의 말이다.

2020년 코로나 바이러스 전염병이 발생하고 몇 달이 지나 건설금융관리 협회의 한 지역 지부가 가상 현실로 월례 미팅을 했다. 줌을 통한 회의로 피로가 극에 달한 지부에 필요했던 것이 바로 그 가상 현실 회의 룸이었다. 가상 현실의 몰입도를 한 번 체험한 것만으로도 자극이 된 건설사들은 증강 현실과 혼합 현실의 다른 기회들을 조사하기 시작했다. 집에서도 일할 수 있게 하는 도구를 제공하는 회사들은 성장과 이익을 맛보고 있지만, 이런 데이터에도 불구하고 일부 회사는 가상 컨퍼런스는 하지 않겠다는 결정을 했다. 그리고 2020년 초중반에 계획되어 있던 물리적 컨퍼런스를 취소하거나 연기했다. 여기에는 통신사, 엔터테인먼트사, 소셜 네트워킹 회사 같은 첨단 기술 회사도 포함된다. 하지만 변화된 상황에 적응 못 한 기업은 결국 그 대가를 치를 것이다.

사회의 붕괴

인터넷과 모바일 기술은 인류가 상호 소통하는 방식을 완전히 바꾸어 놓았다. I세대로도 알려진 Z세대는 소셜 미디어를 통해 친구를 만나거나 헤어진다. 실제 삶에서는 결코 마주치는 일이 없다. 온라인 알고리즘이 갈라놓은 가족에게는 각자 성향에 맞는 편파적 기사가 공급된다. 추수 감사절 저녁은 이들이 온갖 '가짜 뉴스'를 가지고 싸우는 전쟁터가 된다. 개방된 세계관을 약속한 인터넷이 오히려 폐쇄적 세계관을 만드는 것으로 보인다. 사회적 관점에서는 기술 융합이 우리가 가족 구성원, 친구, 동료와 상호 작용하는 방식을 계속해 바꿀 것이다. 눈앞에 홀로그래픽(3D 비주얼)이나 체적 영상(volumetric: 3차원 공간에서 직접적으로 영상을 형상하는 기술 - 역주) 형태로 가족 혹은 친구가 등장하는 경험은 10년 안에 할 수·있을 것이다. 수천 킬로미터 떨어져 있는 사람과도 마치 같은 방에 앉아 있는 것처럼 대화할 수 있게 된다.

캐시는 매직 립(Magic Leap)의 뛰어난 소프트웨어 개발자들과 함께 공간 컴퓨팅(spatial computing) 작업을 했다. 사이먼 그린올드(Simon Greenwold)의 정의에 따르면 그것은 "사람과 기계의 상호작용으로, 기계가 실제 물체나 공간을 지시 대상으로 삼아 조종한다." 캐시의 팀은 혼합 현실 체스판을 만들어 라이브 3D 상대와 게임을 했다. 한쪽은 1층 그리고 상대방은 2층에 있었다. 그들은 서로의 홀로그래픽 이미지와 가상 체스판에서 게임을 할 때의 동작을 볼 수 있었다. Spatial, Rec Room, Alcove VR, VR chat, Galaxity 같은 회사들이 사회적 관점에서 우리가 일하고 즐기는 방식을 바꾸는 공간 컴퓨팅 회사들이다. 이 소셜 VR 앱들은 우리가 경험을 공유하는 방식, 휴가 사진을 공유하는 방식, 삶과 관계하는 방식을 바꾼다. 우리는 실제 삶에서처럼 3D 공간에서 상호작용하고, 같은 존재들을 경험한다.

만약 선택이 가능하다면, 대부분의 학생은 에이브러햄 링컨

(Abraham Lincoln)의 연설을 글로 읽거나 비디오로 보는 것보다 체적 영상 형태로 경험하는 것을 더 좋아할 것이다. 홀로그램에는 2D 비디오에 없는 현실감이 있다. 체적 비디오로 상호작용할 때는 우리가 그들과 같이 있는 것 같은 경험을 하고 또 물리적 상호작용으로부터 오는 감정과 기억까지 경험하게 된다.

단면 사진이 그 사람을 제대로 표현하는지 짐작할 필요가 없어지면 인터넷 데이팅은 극적으로 변할 것이다. 자신의 홀로그래픽 디스플레이가 바로 눈앞에 있는 상황에서는 이미지 조작이 더 어려워질 것이기 때문이다. 잠재적 커플들은 스카이프를 통해 격리된 형태로 (안전하게) 첫 만남을 갖는 대신 체적 비디오를 통해 데이트할 수 있다. 비디오에서 지루하거나 쌀쌀한 인상을 준다면 홀로그램으로 옮겨 평소의 모습을 보여 줄 수 있다. 데이트 상대가 마음에 안 들면 비디오 스트림을 차단하면 된다. 누군가 무증상 바이러스 확진 판정을 받았다. 춤을 추러 가고 싶지만 다른 사람을 감염시키는 건 원치 않는다면, 댄스 클럽은 그런 사람을 홀로그래픽 이미지로 무대에 참여시키는 VR을 이용해 클럽을 보고 즐길 수 있게 할 수 있다.

이런 가능성은 끝이 없다. 이미 많은 골프 클럽이 가상 현실을 통해 재해석되고 있다. 골프 회동 솔루션 Ready Player Golf(RPG)는 전통적 골프 모임을 가상 현실 속에 그대로 그려낸 것이다. 친구들끼리 가상 현실에 참여해 몇 홀을 같이 플레이 한다. 비즈니스 파트너나 동료들끼리 가상 게임을 하면서 사업을 논의 할 수도 있다. 국경 없는 의사회(Doctors Without Borders) 같은 자선 단체는 RPG에서 VR의 사회적 측면을 잘 활용하고 있다. RPG는 78명의 기부자와 후원자로부터 12,300달러를 모집해주었다.

물론 우리는 물리적 창조물이다. 하지만 이제는 디지털 모습도 가진다. 이 두 가지 존재 - 온라인과 오프라인, 물리적과 디지털적 - 가서서히 합쳐지고 있다. 이 말은 미래 세대가 디지털 세계에 자신의 물리적 모습으로 나타낼 것이라는 의미가 아니다. 그들은 보라색을 고를 수도 있고 공룡이나 슈퍼히어로 중 하나, 혹은 이 세 가지 모두를 고를 수 있다. 미래에는 자신이 되고자 하는 무엇이든 고를 수 있다. 정체성 개념에서 훨씬 더 유연하기 때문이다.

아마 미래에는 그것마저 초월할 것이다. 예를 들어 페이스북은 페이스북 호리즌(Horizon)이라는 VR 세계를 만들어 "다른 이들과 함께 VR에서 탐구하고, 놀고, 창출할 수 있는 사회적 경험"으로 설명한다. 캐시는 이 페이스북 호리즌의 초기 베타 테스트 참여자였다. 호리즌 안에서 처음으로 라이브 방송을 하고 그것이 어떻게 생겼는지 세상에 보여 준 사람 중 하나다. 그 안에서 사람들은 자신처럼 보이는 아바타로 대표되는데 그 호리즌 아바타가 페이스북 프로파일과 연결된다. 거기에서 게임을 할 수도 있지만, 더 흥미로운 것은 친구들이 탐구할 수 있는 세상을 창출할 수 있다는 것이다. 페이스북 안에서 디지털 재화(digital goods)를 현금화할 가능성도 있어 가상의 삶을 이익이 나는 것으로 만들 수 있다. 페이스북 호리즌은 진짜 페이스북 직원(그들 역시 아바타로 대표된다)이 모니터링 하는데 VR 안의 사람에게 영향을 끼칠 수 있는 일부 사회적 위험을 피하기 위해서다.

페이스북은 원칙적으로 내가 VR에서도 '나'이기를 요구하지만 다른 가상 현실은 좀 더 많은 자유를 부여한다. 그래서 소년이 마술사 간달프(Gandalf)처럼 보여질 수도 있고 나이 든 여성이 아이언 맨으로 등장할 수도 있다. 전적으로 다른 삶을 경험할 수 있게 해준 다는 측면에서 재미있는 가상 현실이다. 하지만 익명성에는 결과가 따른다. 소셜 VR은 마치 초창기 인터넷 같다. 채팅 룸에서 만난 이방인과 말을 하는데 그 어떤 온라인 에티켓도 없었다. 일부 VR 플랫폼에서는 사람들이 새로 들어 온 사람을 감성적으로 융단 폭격한다. 공격당한 사람은 도망가거나 경계를 설정할 틈도 없이 혼란에 빠진다. 그래서 직원 대상의 VR을 배치하려면 먼저 에티켓과 어떤 것이 사회적 괴롭힘이 될지 지침을 마련하는 게 필요하다. 사람들은 새로운 가상 세계 속에서 어떤 의미와 목적을 찾을 것이다. 그것이 물리적 세계에서 서로 관계하는 방식까지 바꾼다.

미래에는 디지털 현실과 물리적 현실 사이에서 끊김없이 일할 수 있는 사람을 찾는 구인 광고를 보게 될 것이다. 이미 지금도 '홀로그램 스타일리스트' 같은 직책이 있다. MR 제작사 메타스테이지(Metastage)의 홀로그램 스타일리스트는 사람들이 체적 비디오 캡처를 준비하는 작업을 도와준다. 어떤 옷을 입을지 그리고 어떤 머리를 하면 3D에서 전체가 잘 잡힐 수 있을지 골라준다. 구찌 같은 패션 브랜드는 이미 디지털 전용 의상과 액세서리를 시작했다. 가상의 고급 여성복 디자이너가 필터나 3D 자산 형태로 디지털 패션을 만든다. 점차 아마존 알렉사나 시리 같은 AI 로봇에 의존하면서 이것들이 일종의 문지기 역할을 할 것이다. 비즈니스 투 로봇 투 컨슈머(B2R2C) 마케팅 매니저는 로봇을 통해 고객에게 다가갈 것이다. 어떤 형태로 우리가 소통하는지와 상관없이 AR, VR, 5G는 영향을 미칠 것이라 예상한다.

엔터테인먼트의 붕괴

할리우드 역시 점차 몰입형 콘텐츠로 옮겨가고 있다. 관객에게 보이는 것뿐 아니라 제작 중에도 그렇다. 2016년, 영화감독 존 파브로(Jon Favreau)는 〈고블린과 노움(Goblins & Gnomes)〉이라는 영화를 통해 VR 실험을 시작했다. 그리고 이때 배운 것을 〈정글북〉과 〈라이온 킹〉을 리메이크할 때 적용했다.

전통적으로, 실사 촬영과 만화 영화의 조합에서 배우들은 마이크 앞에 서서 정지된 상태로 자신의 대사를 녹음한다. 파브로는 이런 전통적 방식 대신 연기자들이 라이브 공간에서 같이 연기하게 했다. 그럼으로써 그들의 동작과 표정을 파악할 수 있었고 그것을 만화 속으로 통합시켰다. 연기자들이 VR을 활용해 연기하게도 했는데 그럼으로써 자기 자신을 사자, 하이에나, 멧돼지처럼 볼 수 있게 했다. 촬영 스태프들도 VR 환경에서 작업했다. 이것은 배우들이 연기하는 방식을 완전히 바꾸었다. 자기 자신을 만화화된 인물로 보고 디지털 공간에서 상호작용할 수 있기 때문이다. 생각해 보라. 만약 사자를 연기해야 한다면 마이크 앞에 가만히 서 있겠는가 아니면 VR 속에서 자신이 사자로 보이는 것을 택하겠는가? 기술 잡지 와이어드(Wired)의 피터 루빈(Peter Rubin)은 이렇게 썼다.

"라이온 킹은 전적으로 가상 현실 속에서 촬영됐다(음, 사진으로 찍은 것 한 장은 예외로 하자). 우리가 알고 있는 오리지널 판의 모든 장소 - 프라이드 록(Pride Rock: 프라리드 랜드에 있는 높은 바위 -역주), 코끼리 무덤, 라피키의 고목(Rafiki's Ancient Tree) - 도 똑같이 존재한다. 하지만 만화가의 컴퓨터 안에 갇혀 있는 세트나 파일 형태는 아니다. 대신 일종의 영화 제작 비디오 게임 안에 360도 가상 환경으로 살아 있다. 그 안에는 디지털화된 동물이 가득하고 그 주위를 파브로와 그의 스태프가 흘고 다닌다. 헤드셋을 쓴 제작자들은 단지 가상의 형태라는 것이 다를 뿐인 모든 촬영 도구에 접속할 수 있다."

우리는 이것이 관객이 정보를 수동적으로 받는 기존 스토리텔링 방식의 영화를 '살아 있는 스토리(story living)'로 바꿀 것이라 믿는다. 그렇게 되면 관객이 대리인을 통해 영화에 능동적으로 참여하고 마음먹은 대로 행동할 수 있는 역량이 생긴다. 이것을 경험하는 궁극적 방법은 VR과 같은 인공 현실을 통하는 것이다. 물론, 전적으로 새로운 것은 아니다. 과거에도 이와 유사한 내레이션(narrative) 개념이 존재했다. 특정 디지털 기술을 이용해 "당신의 모험을 골라보세요"와 같은 옵션을 섞은 것이다. 앞으로 5년 안에는 이 "스토리 리빙"에서 "스토리 두잉(doing. AR과 유사한 것이다)"으로 또 다른 전이가 있을 것이다. 여기서는 사람이 이야기의 일부가 된다. 슈퍼 차지된(supercharged)

포켓몬 고(Pokemon Go)를 떠올려 보라. 과거의 수동적 관객이 이제 능동적 관객이 되면서 참여나 엔터테인먼트에 있어 발전을 이끌 것이다. 상호작용을 하는 스토리텔링 기술의 활용이 늘면 매체 간 경계가 허물어진다. 중세시대의 대격전을 TV로 본다면? 컨트롤러(아니면 VR 세트)를 집어 들고 전세를 일변시키는 것을 도와보라. 이런 경험이 우리 옆에 있는 화면으로 곧 다가올 것이다.

"엄마, 알렉사에게 상냥하게 해 주세요!"

디지털 기기가 우리 삶 어디에서나 더욱 흔해지면서 이러한 장비에 대한 관점과 태도가 바뀌고 있다. 전화기는 항상 켜져 있고 이메일은 손가락으로 누르기만 하면 전송되고 사람들은 기계와 함께 일하는 법을 배우고 있다. 직장에서 기계를 동료로 삼는 것뿐 아니라 집에서도 넘쳐 나는 기술을 쓰게 될 것이다. 사무실에서 할 일이 스마트 폰을 통해 집에서도 가능해지면서 어떻게 개인적 삶과 직장 생활이 통합되는지를 배우고 있다.

우리는 일과 삶의 균형을 보는 대신 그것이 하나의 원이라고 믿는다. 예를 들어 제프 베이조스(Jeff Bezos: 아마존 창립자)는 그의 커리어와 개인적 삶 간의 관계가 호혜적이고 대부분의 다른 사람과 달리 그 둘을 구분하지 않는다고 밝혔다. 그는 "나에게 일과 삶의 균형에 관해 늘 묻는데 내 생각엔 심신을 악화시키는 말이다. 말 자체가 둘 간에 엄격한 거래가 있음을 함축하기 때문이다. 실제로 그 둘은 하나의 원이다. 둘 간의 균형의 문제가 아니다."

이게 젊은 세대가 디지털 기기를 나이 든 사람과 달리 보는 이유일지 모른다. 캐시는 아마존의 인공 지능 비서인 알렉사를 일종의 도구로 본다. 하지만 아이들에게는 알렉사가 좀 더 디지털 친구 같은 경험을 가져다준다. 좋은 예로, 만약 알렉사가 그녀의 말을 이해 못했다고 직선적이고 권위적 톤으로 말을 한다면 그녀의 아들은 이렇게 말할 것이다. "엄마, 알렉사에게 상냥하게 해 주세요." 아이들은 알렉사를 디지털 친구로 보기 때문이다. 그런 아이들은 장차 로봇이나 코봇을 좀 더 잘 받아들일 가능성이 크다.

만물 인터넷(Internet of Everything)

1999년부터 시작해 네트워크로 연결된 장비들의 커뮤니티를 '사물 인터넷: Internet of things(IOT)'이라 부른다. 이 명칭은 이미 구식이, 그것도 빠르게 구식이 되어 가고 있다. 연결된 사람, 장소, 사물의 급속한 팽창과 상시 연결성으로 우리의 전화기, 컴퓨터, 자동차, 여타 장소로부터 데이터가 지속해서 전송되고 있다. 셀 수 없이 많은 이기종 장비와 센서 간의 네트워크는 말할 것도 없다. 구매, 운동 습관, 웹 브라우징, 온도 조절 습관, 그 외에도 많은 것들이 모니터링되고 분석되고 금전화된다.

장비와 센서는 정부와 기업에서 활용할 수 있는 정보망을 만들었다. 그래서 데이터를 '신 석유'라 부르는 것이다. 물론 말장난이지만 그래도 너무 엉성한 비유다. 왜냐하면 석유가 유한 자원인 데 반해 데이터는 세계 곳곳에서 매일 새롭게 만들어진다. 이제 수십억 개의 기기들이 AI를 갖춘 인터넷을 통해 연결되어 있다. 여기서 나오는 데이터를 분석해 효율을 높이고 제품, 서비스, 새로운 기술을 향상하는 데 활용한다. 하지만 연결되는 것은 사물만이 아니다. 사람(문자 주고받기), 장소(화상 회의), 행동(쇼핑) 역시 계속 연결된다. 그래서 사물이 아닌 만물 인터넷이라 부르는 게 더 나을지 모른다.

온도계, 현관 카메라, 조명 스위치, 냉장고, 스마트 TV도 다 같은 네트워크에 링크되어 몇 개의 앱으로 조정할 수 있다. 홈 보안 시스템에 의해 조정되는 십여 개의 센서는 말할 것도 없고 모든 것이 우리 장비 상에서 연결되고 관리되는데 이 모든 것이 인터넷 덕이다. 집 안만 얘기해도 이렇다. 헬스케어 산업은 건강 관련 목적과 분석을 위해 의료 장비와 헬스케어 서비스를 연결하는 데 IoT를 활용한다. 제조, 농업, 운송에서도 마찬가지다. 통신, 조정, 정보 처리가 하나의 네트워크를 통해 관리된다. 자율 주행 자동차는 수백 개 센서를 모니터한 데이터를 고속 처리하는데 이것 역시 상시 연결성 덕분이다. 인터넷은 수많은 사람, 장비, 센서, 비즈니스 부문을 불과 수십 년 전에는 상상도 못 했던 방식으로 연결한다. 더 많은 장비가 서로 소통하고 우리의 일상을 관리하면서 만물 인터넷은 직장, 집, 그리고 개인의 삶을 바꾸고 있다.

디지털 쌍둥이

우리가 사는 물리적 세계의 경제는 제한적이다. 건물과 집을 위한 공간도 제한되어 있고 하루의 시간도 제한되어 있다. 하지만 디지털 경제가 있는 이 세계의 디지털 복사본이 있다면 거의 무제한의 세계가 될 것이다. 최소한 물리적 세상의 한계 없이 그 어느 때보다 확장될 것이다. 여기서 디지털 쌍둥이의 개념이 등장한다. 그것은 이 세상 모든 것을 일대일로 카피한 것이다. 사람은 자신의 가상 복제품을 만들 수 있다. 미팅, 사회적 상호 작용, 예술, 디자인 등을 위한 물리적 공간의 카피도 있을 수 있다. 디지털 쌍둥이는 IoT, AI, 기계 학습, 소프트웨어 분석 등을 통합해 살아있는 디지털 시뮬레이션 모델을 만들고 그것들은 자신의 물리적 상대가 변하는 것에 따라 업데이트되고 변한다.

예를 들어 테슬라는 "만드는 자동차 모두에 디지털 쌍둥이가 있고 그것은 차량의 차대 번호(vehicle identification number: VIN)와 결부되어 있다. 데이터는 지속해서 차와 공장을 오가면서 전송된다. 예를 들어 차 문의 덜커덕거리는 소리가 들리면 소리가 나는 문의 유압을 변경하는 소프트웨어를 다운로드 받아 고칠 수 있다. 테슬라는 차에서 받은 데이터를 바탕으로 소프트웨어를 정기적으로 업데이트해 고객 차에 내보낸다." 직원들은 자신의 물리적 삶과 디지털 삶, 둘 다를 관리하기 위해 역량을 더 향상해야만 한다.

평면 화면(Flat Screen)의 횡포

앞에서 설명한 산업의 붕괴는 흥미롭지만 한 가지 문제를 초래한다. 만약 우리가 지금의 방식대로 미래 기술을 계속 사용한다면 다수가 심각한 건강 문제에 직면할 것이다. 직장이나 집에서 주로 앉아 지내기 때문이다.

엠마(Emma)를 만나보자. 그녀는 미래의 우리 동료다. 피부는 창백하고 건조하며 충혈된 눈을 가졌는데 종일 컴퓨터 화면만 쳐다봐서 그렇다. 손목과 발목을 반복적으로 쓰다 보니 그 부분만 유독 부어올라 있다. 무엇보다 최악인 것은 컴퓨터 앞에 몇 시간을 앉아 있어 굽은 허리다. 사실 엠마는 헬스 전문팀이 3,000명 이상의 유럽 근로자를 조사한 서베이 데이터에 바탕 해 만든 실물 크기의 인형이다. 여러 사무실에 그녀가 모습을 드러내면서 그 무서운 외모가 모두에게 경고를 하고 있다. 만약 지금의 작업장 환경과 관습이 바뀌지 않는다면 20년 후 우리의 모습일지도 모른다.

〈미래의 직장 동료 (The Work Colleague of the Future)〉라는 제목의 보고서는 우리 혹은 우리 동료가 미래에 어떤 모습일지를 예측한 것이다. 스마트 폰을 보느라 계속 등을 구부리고 있는 데다 물리적 움직임을 전혀 고려 않고 설계한 작업장 때문이다. "(잘못된) 작업 환경의 직접 결과로 이미 눈이 짓무르는 통증(50%), 허리 통증(48%), 두통(48%)으로 고통받는다고 말한 영국 직장인의 비율이 병약한 엠마의 설계에 영향을 끼쳤다. 엠마 역시 스트레스와 연관된 습진, 비만, 혈액 순환이 잘 안 되고 팔다리가 붓는 정맥류로 고통받고 있다."

이 연구를 이끈 행동 미래학자 윌리엄 하이엄(William Higham)은 "직장 생활에서 급격한 변화, 이를테면 더 많이 움직인다거나 책상에서의 자세를 검토한다거나, 규칙적으로 걷는 시간을 갖거나, 아니면 컴퓨터 설치 구조 개선을 고려하지 않는다면 사무실이 우리를 몹시 아프게 만들 것이다"라고 말했다. 그는 우리가 너무 많이 앉아 있다고 주장한다. 평생 자그마치 8년을 앉아 있다는 것이다. 그리고 등이 굽은 것은 스마트 폰을 보는 것 때문만이 아니라 의자에서 구부정하게 앉아 있기 때문이란다. 책상의 형태를 다르게 하거나, 더 많이 걷고 더 많이 만나고 그 밖의 다른 변화들로 엠마처럼 보이는 것을 막을 수 있다. 그리고 또 다른 해결책이 있으니 바로 공간 컴퓨팅(spatial computing)이다.

머리를 들고 손은 자유롭게
..

공간 컴퓨팅은 새로운 형태의 컴퓨팅으로 인공 지능과 컴퓨터 비전을 합쳐 디지털 콘텐츠를 우리 현실에 끊김 없이 섞는 것이다. 몇 가지 기술로 이루어지는데 컴퓨터를 스크린 밖에서 사용하고 우리의 실제 삶에서 한 층을 이루게 한다. 우리가 물리적 세계를 이해하는 것을 도와주기도 한다. 주로 바이러스를 추적하고, 무인 자동차를 조종하고, 바다를 보여 주고, 멸종 위기종을 기록하고, 선거 결과 지도를 만드는 데 사용한다.

공간 컴퓨팅은 증강 현실 헤드셋을 사용해 작업자가 고개를 들고 몸을 움직이는 것을 가능하게 해 준다. 그것은 캠프파이어 시대로 돌아가자는 운동과 상통한다. 라디오와 텔레비전이 등장하기 전에는 캠프파이어에 둘러앉아 서로의 눈을 바라보며 얘기를 나눴다. 오늘날은 엠마가 경고했던 것처럼 전화기를 내려다보느라 등을 굽히고 산다. 하지만 이 공간 컴퓨팅 장치를 활용하면 곧 '고개를 드는' 경험과 다시 한번 '사람의 눈을 보게' 될 것이다. 언젠가 메론 그리베츠(Meron Gribetz)가 TED 강의에서 소개하기도 했다. 그는 두 사람이 AR 헤드셋을 쓰고 같은 홀로그램 주변에서 일하면서 서로에게 눈을 맞추고 있는 것을 보여 주었다. "우리의 거울 신경세포 시스템(mirror-neuron subsystem: 특정 행위를 수행할 때뿐 아니라 타인의 특정 행위 관찰할 때 모두 활성화되는 신경세포 -역주)은 만약 서로의 얼굴과 손을 3D에서 볼 수 있다면 서로, 그리고 일과 더 잘 연결될 수 있다는 것을 암시한다."

크고 무거워 다루기 힘든 VR 헤드셋이 싫다면 장비들이 계속 작아지고 있다는 것을 참고하라. 엔지니어이자 기업가인 피터 디아만디스와 스티븐 코틀러는 이 문제가 오래 가지 않을 것이라 말한다. "연구자들은 이제 나노테크를 이용해 스마트 폰보다 해상도가 6배나 더 높은 스마트 콘택트렌즈를 만든다." AI, 음성 인식, 5G, AR, 공간 컴퓨팅 같은 기술의 융합은 정보를 안경이나 헤드셋으로 전달해 준다. 그래서 위를 보고, 눈을 맞추고, 서서 움직이면서 복잡한 일을 완수할 수 있다. 이것이 아래도 구부정한 자세보다 더 자연스럽기도 하다.

이상향(Utopia) 아니면 반이상향(Dystopia)?

사람은 본능적으로 변화를 싫어하고 반대하도록 만들어져 있고 미래에 대해 숙명론적 견해를 갖는 경향이 있다. 하지만 미래학자인 나는 미래에 관한 생각을 즐기고, 그것의 잠재력을 상상하며 전략적 예지력을 제공한다. 한마디로 우리는 원래 낙관적이지만, 창조적으로 낙관적이다! 사람, 기술, 세상이 얼마나 복잡한지 신중히 생각하면 반이상향적 관점 혹은 이상향적 관점 하나만을 고집할 필요가 없음을 깨달을 것이다. 진실은 그 중간 어딘가에 있다.

논리적 관점에서 보면 미래는 프로토피아(protopia: process와 utopia를 결합한 신조어로 완성이 아니라 꾸준히 더 나은 세상으로 나아가고 있다는 뜻 -역주)일 가능성이 크다. 완벽하고 행복하지만은 않을 것이다. 하지만 최악의 반이상향도 아닐 것이다. 긍정적 측면과 부정적 측면 둘 다 있을 것이라는 뜻이다. 하지만 전체적으로 보면 세상은 더 나아질 것이다. 디지털 마케팅 컨설턴트인 마커스 웡(Marcus Wong)은 "프로토피아는 사람들이 더 이상 생존을 위해 싸우지(반이상향) 않는 상태로 정의된다. 더 이상 완벽(이상향)을 받아들이지도 않는 상태다. 뭔가 새롭고, 뭔가 더 빠르고, 뭔가 더 나은 것을 만들 모든 기회는 동시에 새로운 문제를 낳을 것이다. 그것은 우리가 처음부터 만든 문제는 아니다. 꼭 나쁜 것도 아니다. 어떤 문제는 오히려 있는 것이 좋다"고 말했다.

과연 로봇이 사람의 일자리를 뺏어 갈까? 아마 그럴 것이다. 자동화가 확산될 것이기 때문이다. 하지만 자동화는 새로운 일자리를 창출하기도 한다. 그래서 회사가 노동력이 증강되었을 때의 미래가 반이상향이거나 이상향이 아니라는 사실을 이해한다면 직장의 미래를 준비하는 방식이 바뀔 것이다. 늘 최악의 시나리오만을 생각할 필요는 없다. 모두가 행복한 완벽한 시나리오도 마찬가지다. 뭔가 중간 절충점을 생각해야 한다.

미래는 지금 그것을 준비하는 사람들의 것이다

큰 변화에 적응하면서 민첩성을 유지하는 것은 대부분의 회사나 직원들에게 익숙하지 않다. 하지만 만약 배운 것을 잊고, 다시 배우고, 다시 기술을 습득하는 것을 훈련한 사람들이라면 그 미래에서 성공할 수 있다. 직원이나, 간부나, 중역이나 그 위의 사람 모두 준비해야만 하는 것이 있다. 문제는 많은 젊은 남녀가 그들을 21세기에 요구되는 노동력에 맞게 준비해 주지 않는 시스템에서 공부하고 있다는 것이다. 우리의 교육 시스템은 여전히 산업 시대에 갇혀 있다. 비판적 사고, 어떻게 새로운 기술과 회복력을 개발해야 하는지, 어떻게 기존의 것을 잊고, 다시 배우고, 다시 기술을 습득해야 하는지 가르쳐 주지 않는 시스템이다. 그것은 사람들에게 하나의 커리어를 준비시켜준다. 기본적으로 내일이 어제와 같을 것이라는 가정에서다. 학생들은 미래가 어떤 모습이 될지 상상하는 것이 아니라 그동안 지속되어 온 환경에서 어떻게 일해야 하는지를 배운다.

같은 회사에서 수십 년을 일한다는 이전 세대의 생각은 구식이 되었다. 이제는 평생 다수의 커리어를 가질 것이다. 수명이 길어지고 시장이 급격히 변하기 때문이다. 대학은 다가오는 과학기술의 변화에 대비해 그들 자신을 교육해야만 한다. 그래서 많은 사람이 추정하는 것과 아주 다른 미래가 오더라도 학생들이 준비되게 만들어야 한다. 후에 직장을 가지게 되었을 때도 예지력과 상상력이 없으면 곧 뒤처지게 된다. 애플의 전 CEO였던 존 스컬리(John Sculley)가 말했듯이 "미래는 가능성이 분명해지기 전에 그것을 보는 사람의 것이다."

기업은 일찍 시작하는 것으로 직원들이 미래를 준비하는 것을 도울 수 있다. 이를테면 새로운 기술과 그 기술이 어떤 임무에 왜 영향을 끼칠지 얘기해 주는 것이다. 변화 관리 기법을 활용해 직원들이 AI를 위협이 아닌 일종의 혜택으로 보는 것처럼 기술에 순응하는 걸 돕는 것도 있다. AI는 사람이 귀찮아하는 일을 대신한다! 월 마감 때문에 밤늦게까지 일해야 했는데 이제 AI가 그 일을 맡아 5시에 퇴근할 수 있다. 모든 것을 AI와 연결하는 것이 다 인간을 대체하는 것은 아니다. 그보다 노동력과 기술의 적절한 균형을 찾는 것이다. 직원들에게 권한을 부여해 그들이 변화의 희생자가 아니라 일부로 느끼게 하라.

이 책은 여러분이 자신의 미래를 주도하고, AR, AI, 5G로 노동력을 증강해 성공을 향하는 데 필요한 지식을 무장시켜 줄 것이다. 그런 기술이 무엇이며 어디까지 와 있으며 전 산업계에 걸쳐 어떻게 이용되고 있고 그것을 가지고 본격적 시작을 하려면 어떻게 해야 하는지를 논할 것이다.

제 2 장

디지털 실체를 향한 전진

오늘날 증강 현실, 인공 지능, 스마트 폰, 그리고 5G 같은 고속 무선 네트워크는 많은 사람에게 이미 몸에 밴 기술이 되었다. 작업자들은 휴대전화로 어디에서나 연락받을 수 있다. 전화기나 스마트 폰에 대고 말하는 것도 이제 너무 자연스럽다. 친구와 만나거나 업무 회의를 하러 가는데 가상 현실 헤드셋을 착용하는 것도 더는 별일이 아니다. 이런 유형의 기술을 편안히 사용하게 되기까지 수십 년이 걸렸다. 기술 융합으로 가능해지는 미래를 이해하기 위해서는 먼저 어떻게 우리가 여기까지 왔는지를 물어봐야 한다.

우리를 여기까지 오게 해 준
하드웨어, 소프트웨어, 네트워크
··

1965년, 고든 무어는 "통합 회로 하나에 담을 수 있는 부품 수가 매년 두 배가 돼서 1975년까지는 믿기 어렵겠지만 65,000개에 달할 것이다"라고 예측했다. 그의 예측이 맞는 것으로 증명되자 무어는 훗날 무어의 법칙으로 알려지게 된 그의 예언을 칩 위의 트랜지스터 수가 2년마다 두 배가 되는 것으로 수정했다. 이 법칙은 생산업체와 프로그래머들에게 2년마다 더 작고 빠른 장비가 등장할 것을 보장해 주었다. 그런 기술이 있을 것이라 확신했기 때문에 미래향 제품을 자신 있게 설계할 수 있었다. 이제 미래의 역량이 거의 끝이 없다는 것을 알게 된 회사들 역시 계속 발명과 혁신을 해 나갈 수 있었다.

무어의 법칙은 사람들이 PC를 넘어 생각할 수 있게 했다. 더 작고, 빠른 칩은 스마트 폰, 가상 현실 헤드셋, 증강 현실 안경, 스마트 워치, 스마트 스피커 같은 새로운 타입의 컴퓨팅 장비를 만들 수 있음을 의미했다. 하지만 더 작고, 더 강력한 칩에도 불구하고 '60년대의 VR 장비'는 지금과 전혀 달랐다. 두 발명가 이반 서더랜드(Ivan Sutherland)와 톰 퍼니스(Tom Furness)는 '60년대에 VR의 비밀을 발견'한 사람들이다. 1968년, 서더랜드는 컴퓨터가 만든 그래픽을 이용해 사용자에게 격자무늬의 룸을 보여 주는 시스템을 구축했다. 이것을 다모클레스의 검(Sword of Damocles: 왕의 머리 위에 한 올 말총에 매달린 칼. 권자의 위험을 빗댄 서양 속담 -역주)이라 이름 붙인 장비에 구현했다. 그것이 '원시적인 선 표현과 무거운 하드웨어'로 만들어졌고 사용자 머리에 불안정하게 걸려 있었기 때문이다.

다모클레스의 검은 증강 현실을 향한 첫 디딤돌이었다. 사실 부분적으로 시스루(see-through)였기 때문에 최초의 AR이자 VR 장비로 종종 인용된다. 같은 60년대에 톰 퍼니스가 미 국방부를 위해 고급 조종석과 가상 인터페이스를 개발했다. 그는 증강 현실뿐 아니라 가상 현실을 개발한 선구자로 여겨지며 워싱턴 대학교에서 산업 및 시스템 공학을 가르쳤다. 가상 환경에서 파일럿을 훈련하는 것은 안전성을 높이고, 돈을 절약하고, 위험하거나 다양한 시나리오를 소개해 무한 실습을 할 수 있게 했다. 하지만 서더랜드와 퍼니스에게는 불행하게도 아직 하드웨어와 소프트웨어를 대량 도입할 정도에 이르지는 못했다. 가상 현실은 1990년대에 가서야 다시 돌아올 수 있었다. 기업에서는 VR이 계속해서 성장했지만, 대중들에게는 거의 잊혀져 있었다.

월드 와이드 웹

당연한 말이지만 이 모든 것은 월드 와이드 웹이라는 촉매가 없었다면 달라졌을 것이다. 80년대와 90년대 초에는 실시간으로 동작하는 온라인은 AOL, 컴퓨서브(CompuServe), 프로디지(Prodigy: 시어즈로 바크와 IBM이 공동 개발한 모뎀을 통한 온라인 정보 서비스 −역주)의 거대한 울타리 정원 안에 있다는 것이 일반적 통념이었다. 1994년, 짐 클라크(Jim Clark)와 마크 안드리센(Andressen)이 넷스케이프(Netscape)를 설립했다. 넷스케이프는 오늘날의 온라인 경험을 특징 짓는 거의 모든 기술의 토대를 깔았다. 그 이후 등장하는 무수한 웹사이트와 기술에 문을 열어 주면서 그들이 더 이상 AOL 생태계에 의존하지 않게 했다.

1990년대에는 인터넷 회사를 창업하는 누구라도 펀딩을 받을 수 있었다. '서핑 더 웹(surfing the web)'이라는 말이 만들어졌고 브라우저 전쟁이 벌어졌다. 그리고 오늘날 우리가 아는 주요 회사들, 이를테면 아마존, 크랙리스트(Craigslist), 이베이 등이 시작됐다. 넷플릭스는 닷컴(dot-com) 시대에 설립되었고 구글도 마찬가지다. 2000년이 도래하자 필연적으로 인터넷 거품이 터졌다. 하지만 1990년대는 '연결성'이 미래라는 것을 분명히 보여 주었다.

1990년 대의 VR
..

가상 현실은 1990년대에 와서 부활했다. 당시 버추얼리티(Virtuality, Inc.)라는 회사가 가장 잘 알려진 제작사였다. 여전히 부피가 큰 헤드셋과 여기에 달린 기계는 주로 오락에 사용되었고 데이브&버스터(Dave&Buster) 같은 식당에서도 발견됐는데 새롭고 신기하기는 했지만 거추장스러웠다. 수십 년이 지나 오큘러스(Oculus)의 창업자 파머 럭키(Palmer Luckey)가 버츄얼리티 장비를 사서 헤드셋을 만들 생각을 했지만 주변의 만류로 그만두었다.

1984년, 톰 지머만(Tom Zimmerman)이 데이터글로브(DataGlove)를 만들었다. 데이터글로브는 끊김 없는 센서를 장착해 기존 마우스의 클릭과 드랙(click and drag) 기능을 초월하는 상상을 가능하게 했다. 오늘날 사용하는 제스처(gesture, 몸짓)의 세계를 연 것이다. 지머만은 1980년대에 제론 레니어(Jaron Lanier)와 VPL(비주얼 프로그래밍 언어, Visual Programming Language) 개발에 착수했다. VPL은 외부 텍스트 언어에 게임을 프로그래밍하지 않고 비디오 게임 안에 프로그래밍 하는 것이다. 어떤 면에서는 근대 '게임 엔진' 개념의 시작이었다. 아이들은 각 그림에 붙은 코딩 작업을 볼 수 있었고 그것을 모아 정렬하면 서브루틴이 되었다. 데이터글로부는 VPL를 위한 입력 장비로, 최초의 제스처 기반 프로그램 언어였다.

다시 가상 현실이 실리콘밸리에서 생기를 띄게 되었지만, 대부분 사람은 VR이 공상 과학 소설에 나오는 뭔가에 불과하다고 믿었다.

그리고 1992년, 브렛 레너드(Brett Leonard)가 스티븐 킹(Stephen King)의 이야기를 각색한 영화 론머 맨(Lawnmower Man)을 발표했다. 가상 현실로 알려진 몰입형 3차원 매체를 처음으로 대중문화에서 그린 컬트 고전이다. 톰 지머만은 영화 속 피어스 브로스넌(Pierce Brosnan)이 데이터 글로브를 사용하던 기억을 얘기 했다. "너무 세게 잡아당겨 광섬유가 부서질 것 같았다. 하지만 내 아이디어가 생명을 얻는 것을 보니 정말 신기했다." 론머 맨은 사람들이 VR의 엄청난 잠재력을 볼 수 있게 도왔다.

1989년, 이번에는 닌텐도가 파워글러브(Power Glove)를 출시했다. 닌텐도 엔터테인먼트 시스템(NES)이 설계한 파워글러브는 100달러에 팔렸고 게임 콘솔에 직접 연결해 작동했다. 손가락과 손의 동작을 잘 집어냈고 오차 범의 1/4인치 내의 정확성을 보였다. 파워글러브는 직관적 손 제스처로 게임을 즐길 수 있게 한 최초의 비디오 게임 컨트롤러다. 복싱이나 드라이빙 게임을 좋아하는 아이들이 몸으로 게임을 장악하고 몰입감을 느끼게 해 주었다. 아직도 파워글러브의 추종자들이 소수 남아 있다. 음악을 만들기 위해 그것을 해킹한 사람도 있었다.

불행히도 글러브는 완성도가 그리 높지 못했고 제공되는 스토리도 수준 이하여서 겨우 100,000개가 팔리는 데 그쳤다. 더군다나 본체에 연결되어 이동이 제한적이었다. 그래도 파워글러브의 뛰어난 마케팅은 젊은 세대에 크게 어필했다. 대중문화에서 성공하면서 닌텐도와 다른 게임 제조사들이 지속해서 제스처 기반의 게임 장비를 만드는 계기가 되었다.

2010년 대의 증강 현실과 가상 현실
..

증강 현실은 가상의 오버레이(overlay)와 물체를 사용자의 물리적 현실 안에 배치한다. 그것을 전화기, 태블릿, 머리에 쓰는 디스플레이를 통해 접속한다. 구글은 2012년 4월에 자사 최초의 증강 현실 안경을 출시했다. 바로 구글 글라스(Google Glass)다. 여러 용도로 요긴하게 쓸 수 있는 장비였지만 시기가 안 좋았다. 구글은 그것을 어디에 활용하면 좋을지 정의하지 못했다. 이를테면 일상의 활용, 혹은 작업, 혹은 게임, 아니면 일회성 상황에서 쓰는 게 효과적인가? 배터리 수명은 스마트 폰에 비해 너무 짧았다. 무엇보다 사람들이 카메라가 그들이 하는 모든 것을 주시하는 것에 불편해했다. 사생활에 대한 우려를 적절히 처리하지 못했기 때문이다. 사람들은 그 글라스를 착용한 사람이 비밀스럽게 비디오를 촬영할까 봐 두려워했다. 일부 회사와 식당은 자신들의 직장과 식당 내에서 글라스의 사용을 금지했다. 사회가 용납하지 않는 방식으로 글라스를 쓰는 사람들을 묘사하는 '글라스홀(glasshole: 애스홀(asshole)과 구글 글라스를 조합해 구글 글라스를 부적절하게 사용하는 사람을 비꼬아 한 말 -역주)'이라는 신조어까지 등장했다.

2015년, 결국 구글은 글라스 익스플로러 프로그램(Glass Explorer Program)을 종료했다. 공식적으로 보류한 것은 아니지만 글라스는 시장에서 사라졌다. 결국 프로그램은 'iPod의 아버지'로 알려진 토니 파델(Tony Padell)에게 넘어 갔다. 그리고 그의 노력에 힘입어 이제 기업에서의 견고한 활용을 통해 돌아왔고 언젠가 소비 시장에도 다시 등장할 것 같다.

구글만이 가상 헤드셋을 만드는 데 관심을 가진 건 아니다. 오큘러스는 2012년 킥스타터(Kickstarter: 미국의 대표적 크라우드 펀딩 서비스 -역주)를 시작했다. 단언컨대 그들의 킥스타터 비디오는 개발자들을 위한 가상 현실의 재탄생이라 할 수 있다. 전설의 비디오 게임 개발자 존 카맥(John Carmack), 밸브(Valve)사의 게이브 뉴웰(Gabe Newell)과 마이클 아브라시(Michael Abrash)가 이를 보증해 주었다.

비디오에서 아브라시는 "오큘러스 리프트(Rift: 오큘러스에서 개발한 가상 현실 헤드셋 디스플레이 -역주)는 완전 새로운 산업의 시작이 될 수 있다. 결국에 가서는 진정한 증강을 체험할 것이다"라고 말한다. 오큘러스의 킥스타터는 25만 달러를 모으려는 원래 목표를 간단히 넘겼다. 결국 9,500명의 후원자로부터 243만 7,249달러라는 엄청난 금액을 모았다.

오큘러스가 VR 게임의 리더로 자리매김하면서 세계는 VR에 대한 열망이 가득했다. 초기 오큘러스 제품에는 많은 선, 센서, 심지어 Xbox 컨트롤러가 요구되었다. 반면 최근 제품에는 선이 없고 더 이상 컴퓨터가 필요 없다. 오큘러스 퀘스트(Quest)는 올인원 게임 시스템인데 어디서나 실행할 수 있고 핸즈 프리와 (컨트롤러 없이) 제스처를 활용한다. 이제 그들의 기술이 다른 분야에서도 사용되는데 헬스케어부터 자동차 산업까지 망라한다.

2014년 3월, 페이스북 CEO인 마크 저커버그(Mark Zuckerberg)는 23억 달러에 오큘러스를 인수했다. 오큘러스 자체도 이 거래에 놀랐다. 놀라는 그들에게 저커버그는 이렇게 말했다. "이 제품은 잠재력이 있다고 생각해요… 단지 차세대 게임 플랫폼이 아니라 진정한 차세대 컴퓨팅 플랫폼으로서요."

증강 현실의 첫 히트작

세계적으로 센세이션을 일으킨 포켓몬 게임은 이미 많은 사랑을 받았다. 그러다 2016년 포켓몬 고(Pokemon Go)를 통해 지도 위에 자신을 가져다 놓는다. 사람들은 처음으로 이 증강 현실 앱(포켓몬 고)을 통해 실제 생활에서 포켓몬을 잡을 수 있게 됐다. 게임은 곧 전 세계적 현상이 되면서 첫 20일 동안 1억 달러의 수익을 올렸다. 게임의 인기가 절정에 다다랐을 때는 전 세계적으로 5,400만 명의 활성 사용자와 5억 건의 다운로드를 기록했다. 처음에는 약 150종의 포켓몬으로 시작했지만 2020년에는 약 600개로 늘어났다. 또한 많은 마케팅 캠페인을 통해 증강 현실 앱이 단순 재미나 게임이 아니라 그 이상임을 보여 주었다. 실제로 게임에 광고를 낸 많은 지역 기업에서 방문 고객과 매출이 극적으로 늘었다.

네트워크

무선네트워크에는 독특한 역사가 있다. 1980년대에 사람들이 벽돌처럼 큰 전화기를 들고 돌아다닌 이후 정말로 많이 발전했다. 최초의 무선 네트워크인 1G는 1979년 일본 도쿄에서 출시된 이후 전 세계로 펴져 나갔다. 하지만 서비스 지역이 한정적이었고 시스템 간 로밍 지원이나 호환이 안 됐다. 암호화도 잘 안 돼서 누구라도 전파 탐지기를 가지고 통화에 끼어들 수 있었다. 이런 상황을 뚫고 모토로라의 휴대폰 다이나택(DynaTac)이 1990년까지 무려 2억 명의 가입자를 유치했다.

무선 네트워크는 순식간에 사람이 소통하는 방식과 문화에 영향을 끼쳤다. 2G는 문자 주고받기와 사진 및 멀티미디어 메시지를 보내는 게 가능했다. 3G에 이르러서는 벤더들이 사용하는 네트워크 프로토콜을 표준화했다. 비디오 스트리밍도 가능해졌다. 이때부터 뉴스부터 스포츠, 오락 등 모든 것을 손바닥 안에서 보기 시작했다. 스카이프(Skype) 같은 인터넷 전화(Voice over IP: VoIP)가 시작되고 아이폰이 출시된 것도 3G 네트워크의 마지막 몇 년 동안이다. 이러한 기술은 출장 없이 국제회의를 하고 재택근무를 하는 것부터 장거리 관계까지 모든 것에 영향을 끼쳤다. 오늘날 대부분의 사람은 4G를 사용한다. 고화질 비디오 스트리밍이 가능해졌고 모바일로 웹에 접속할 수 있게 됐다. 이를 위해서는 특별히 4G를 위한 장비를 만들어야 했고 이는 애플을 세계 최초의 1조 달러 기업으로 이끌었다.

회사로 간 기술

제록스(Xerox)의 팔로 알토(Palo Alto) 연구 센터는 사무실을 영원히 바꾸었다. 컴퓨터가 그래픽 사용자 인터페이스(GUI)에 기반한 운영 시스템을 지원하도록 처음부터 다시 설계한 것이다. 그리고 마침내 데스크톱에 비유되는 컴퓨터를 만들었다. 센터에서 컴퓨터 과학 랩을 운영하던 밥 테일러(Bob Taylor)는 "그 기계(Alto: 제록스가 1973년 출시한 초기 개인용 컴퓨터 -역주)는 거대한 변혁을 가져올 것이다. 그가 '사무실 작업 중 힘들고 단조로운 일'이라 부른 것의 상당 부분을 제거해 사무직 근로자들이 인간으로서의 가치 제고에 필요한 고차원 기능을 수행하게 해 줄 것이다"라고 말했다. 오늘날 인공 지능과 그의 형제들인 기계 학습 및 로봇 프로세스 자동화에 관련된 많은 주장과 같은 내용이다.

직장에서의 AI 반대 논거는 모든 사람이 고차원의 일을 할 수 있는 능력을 갖추고 있지 않다는 것이다. 미국 노동 통계국(Bureau of Labor Statics)의 1987년 보고서에 따르면 "(삶을 변화시키는) 기술에 대한 우려는 인류 역사 내내 계속되어왔다." 하지만 보고서는 컴퓨터, 로봇, 유연 생산 시스템, 다른 사무 생산성 기술과 같은 기술의 발전 때문에 해고된 사람이 상대적으로 적었다는 사실을 발견했다. 사실 컴퓨터 때문에 실직당할 것이라고 대부분이 생각했던 단순 사무직원은 오히려 증가하면서 컴퓨터에 의해 없어진 일자리를 상쇄했다. 여기에 더해 컴퓨터의 도입은 과거에 비용과 시간이 너무 많이 들어 비현실적이라고 제쳐 놓았던 작업을 가능하게 했다. 실제로 사무실에 컴퓨터가 도입되면서 새로운 일자리가 생겨났다. 그리고 컴퓨터 제조와 관련된 새로운 산업도 등장했다.

T.L. 앤드류(T.L. Andrews)에 따르면 "이제 직물을 만드는 작업의 98%가 자동화된 사실에도 불구하고 직조공의 수는 19세기 이후 오히려 늘어났다." 피터 디아만디스와 스티븐 코틀러는 이렇게 말한다. "준 법률가나 법률 사무원도 마찬가지다. 둘 다 AI의 도입으로 일자리를 잃을 것으로 예측된 직종이다. 하지만 1990년대에 법률 사무소에 도입된 디스커버리 소프트웨어(discovery software: 정식 재판 전 소송 당사자 간 서로 관련된 정보를 요청, 공개하는 증거 개시 제도를 지원하는 소프트웨어 -역주)는 그 반대 결과를 이끌었다. AI가 디스커버리를 너무 잘해 내자 그 밀려드는 증거를 꼼꼼하게 살펴볼 사람이 더 필요하게 된 것이다. 그래서 준 법률가 고용이 오히려 늘어났다." 비슷한 예로 ATM은 업무 효율을 높이고 비용을 줄였는데 그 결과 더 많은 은행이 지어져 더 많은 사람을 고용하게 됐다.

하버드 비즈니스 리뷰에서 1,500개 회사를 조사한 결과 기업은 사람과 기계가 같이 일할 때 가장 큰 성과 향상을 달성할 수 있었다. 이 연구는 리더들에게 사람을 쫓아내는 것에 대해 경고하고 대신 사람이 기계, AI와 협력할 방안을 찾을 것을 독려했다. 예를 들어, BMW는 그들의 전통적인(이를테면 자동화된) 조립 라인을 사람과 로봇으로 구성된 팀으로 대체하면서 85%의 생산성 향상을 보았다.

AI, AR, 5G도 일자리와 효율성 측면에서 비슷하게 성장할 확률이 높다. 알다시피 VR 산업은 성장하는 중이다. 소비자용 가상 현실 하드웨어와 소프트웨어 시장 규모는 2019년 62억 달러에서 2022년에는 160억 달러를 넘을 것으로 추정되고 증강 현실 사용자는 2022년까지 미국에서만 9,500만 명 이상에 달할 것으로 예상된다. 이 숫자들은 회사가 핵심 기술로 혹은 그들의 가치 사슬을 보완하는 수단으로 공간 컴퓨팅 기술에 투자하고 있다는 것을 의미한다.

인구학적 변화

기술은 우리의 문화와 소통 방식을 바꾸었다. 또한 한 세대가 다른 세대와 관계하는 방식도 바꾸었다. 밀레니엄 세대는 인터넷이 즉시 가용하지 않은 환경에서 자란 마지막 세대다. 인터넷은 밀레니엄 세대와 같이 성년이 되었다. 그러면서 그들의 베이비 붐 시대 부모에 앞서 그들의 직업관과 사회관을 형성했다. 그들의 부모가 페이스북을 함으로써 마침내 소셜 미디어를 따라잡았다고 생각했던 것처럼 밀레니엄 세대와 인터넷 세대인 Z세대는 다른 플랫폼으로 빠르게 움직였다.

Z세대에게 인터넷과 스마트 기기는 정체성의 일부 혹은 연장이다. 그들은 인터넷과 함께 자랐다. 그리고 대부분은 스마트 폰이나 태블릿을 항상 눈앞에 두고 살았다. 그들 세대에게 기술은 의도적이라기보다 본능적인 것에 더 가깝다. 친구가 된다는 것은 앱 망(인스타그

램, 왓츠앱, 페이스타임, 틱톡)을 통해 상호작용하는 것이다. 그들의 우정에는 기술이 필수적으로 통합되어 있고 그들의 소셜 스킬은 기술과 대면 접촉의 하이브리드 형태로 바뀌었다. 소셜 라이프를 위한 이런 식의 기술 사용은 Z세대와 미래 세대가 세상과 어떻게 상호작용하기 바라 는지를 말해준다. 가상 환경에서 학교나 직장을 가고 인간과 비슷하 게 생긴 로봇과 상호작용하거나 AI 절친을 갖는 것이 전혀 이상해 보 이지 않을 것이다. 그들이 이미 바라는 삶이 계속 연장되는 것일 뿐 이다.

행동 변화

휴대전화와 인공 지능이 사람의 행동 방식을 바꾼 것은 의심의 여 지가 없다. 요즘 밈(meme: 특정 메시지를 전하는 그림, 사진, 짧은 영상 -역주)에서는 사람들이 모여 서로 대화는 하지 않고 전화기만 보는 것을 자주 볼 수 있다. 지난 20년 동안 기술이 견고해지면서 우리는 더 이상 전화 번호를 기억하지 않는다. 사람들은 다른 사람에게 묻는 대신 휴대전 화에 조언이나 길 안내를 구한다. 우정은 소셜 미디어상에서 '좋아요' 가 얼마나 많은지로 측정된다.

'거북목 증후군(text neck)'은 스마트 폰을 잘못된 자세로 보는 데서 오는 고통을 표현하는 말이다. 등을 구부리고 구부정하게, 그러다 목 까지 굽으면 되돌릴 수 없는 손상이 생긴다. 볼라쉬 박사(Dr. Bolash)는 이렇게 말했다 "연구에 따르면 머리를 앞으로 1인치 떨어뜨릴 때마다 근육에 가해지는 하중이 두 배가 된다. 턱을 가슴으로 향하고 스마트 폰을 보면 약 27kg 정도의 힘이 목에 가해질 수 있다. 푹 꺼진 자세로 앉으면 폐의 확장 능력을 제한해 폐 기능 손상을 초래한다. 산소를 덜 들이마시는 것은 온몸에 더 많은 산소 운반 혈액을 공급하기 위해 심장이 더 힘차게 뛰어야 한다는 의미다."

부모는 아이가 너무 오래 스마트 폰을 보는 것을 걱정한다. 하지만 대개 자신들의 기기 사용은 의식하지 못한다. 연구들은 10대가 스마트 폰을 하루 6시간에서 10시간을 쓴다는 것을 보여 주었다. 반면 어른의 경우 최소한 하루 3시간을 스마트 폰에 쓰는데, 전화기를 두드리거나 화면을 다른 인식기에 대거나 아니면 그냥 만지는 횟수가 2,600번에 이른다. 그리고 하루에 거의 100번을 들었다 났다 하는데 거의 10분에 한 번꼴이다. 이 수치는 지난 몇 년 사이에 급격히 늘어났다. 이렇다 보니 중학교에서라도 적절한 스마트 폰 사용 습관을 가르치는 것이 좋지 않을까 싶다. 스마트 폰은 부모들의 정서적 존재감을 떨어지게 해 '산만한 육아'라는 용어까지 생겼다. 청소년이나 어른 모두 얼마나 많은 시간을 스마트 기기에 쓰는지 생각해 보면 볼라쉬 박사의 조언이 모두의 건강을 증진할 수 있을 것이다.

이메일을 체크하고, 소셜 미디어에서 '좋아요'를 얻거나 문자 메시지를 받는 데서 오는 도파민(dopamine: 기분을 좋게 하는 행복 호르몬인 뇌 신경전달물질 중 하나 -역주) 분비는 많은 이를 중독에 빠뜨린다. 페이스북, 스냅챗, 인스타그램 같은 플랫폼은 슬롯머신이나 코카인을 할 때 사용되는 신경 회로와 똑같은 것을 사용한다. 그럼으로써 그들의 제품을 가능한 한 많이, 계속 사용하기를 바란다. 문자 메시지든 인스타그램의 '좋아요'든 모든 알림이 긍정적인 사회적 자극과 도파민 유입의 잠재력을 가진다.

작업자용 앱 역시 이런 중독성 행위를 이용한다. 작업을 게임화하는 것이다. 예를 들어 슬랙(Slack)은 직원들을 앱으로 불러들여 자기 일에 집중하지 못하게 한다. 직장 이메일이 집까지 따라오면서 '인터넷에 상시 접속된(always on)' 상황을 만들었다. 여기에 코로나19가 많은 사람을 강제로 원격 근무하게 하면서 집이 사무실이 되었다. 영상 회의는 직원들의 개인적 삶을 직장으로 불러왔는데 카메라를 통해 집과 가족생활을 들여다볼 수 있기 때문이다.

물론 기술이 진화하면서 더 자연스러운 사용자 인터페이스가 등장해 중독성을 덜어 줄지도 모르겠다. 몇 년 전부터는 '디지털 미니멀리즘(Digital Minimalism)'이 사람을 기기로부터 떼어놓기 위한 수단으로 호응을 얻고 있다. 라이트폰2(LightPhone2) 같은 제품은 스마트 폰 중독을 끊고 좀 더 일상생활과 가까이하는 것을 도우려 특별 제작된 것이다. 스마트 폰 때문에 이제 사람의 주의 지속 시간이 금붕어보다 더 짧아졌는데, 마이크로소프트는 2000년(혹은 모바일 혁명이 시작된 즈음)부터 인간의 평균 주위 지속 시간이 12초에서 8초로 떨어졌다는 사실을 발견했다.

물론 기술로 인한 행동 변화가 다 나쁜 것은 아니다. 기술은 사람이 좀 더 창의적으로 사고하는 걸 가능하게 했다. 이를테면 유튜브 콘텐츠 크리에이터가 되거나 페이스북 사업을 시작하는 것들이다. 인터넷 게임을 하거나 가상 현실 속에 있을 때 교감을 느끼거나 심지어 물리적으로 존재하는 느낌이 들게도 한다. 핏빗(FitBit: 일일 활동, 운동, 수면 등을 모니터링하는 웨어러블 앱 -역주)이나 스마트 폰에 설치된 걸음 수 측정 같은 웨어러블은 지속해서 운동을 하게 자극을 준다. 사람들이 직장이 있는 곳으로 옮겨 가게 되면서 우정도 장거리가 되었다. 하지만 몰입형 경험을 주는 소셜 미디어, 웹 미팅, 소셜 피트니스 앱, 공간 컴퓨팅 같은 기술로 친구나 가족 간에 20년 전에 가졌던 고립감은 느끼지 않을 것이다.

밀레니엄과 Z세대의 기술 사용 방식은 기술 변화의 원동력이 되었다. 그들은 '코드를 자르는' 방식으로 TV 시청 방법에 영향을 끼쳤고 이는 넷플릭스 같은 스트리밍 서비스를 케이블 방송보다 훨씬 강력하게 만들었다. Y펄스(Ypulse)의 콘텐츠 담당 임원 메리라이 블리스(MaryLeigh Bliss)는 Z 세대가 "엔터테인먼트 기업을 더 모바일 중심의 기업으로 만들며 산업뿐 아니라 광고도 변화시키고 있다"고 말한다. 84 5G, AI, VR 역시 좀 더 주류가 되면서 유사한 긍정적 파괴가 발생할 것이다.

이것의 의미는?

기술은 사람이 일하고, 놀고, 소통하고, 세상을 경험하는 방식을 바꾸었다. 최신 장비와 모바일 기술의 도입은 계속될 것이다. 하지만 어떻게 그것을 사용할 것인가는 바뀔 수 있다. 장비와의 인터페이스가 더 음성 기술과 AI가 결합한 형태가 되고 스크린 의존도는 덜 해질 것이다. 휴대전화는 광범위하게 도입되어 우리가 새로운 방식으로 세상을 볼 수 있게 해 준 1세대 기술이다. 스마트 글라스, 사람의 마음을 읽을 수 있는 뉴로 테크(neuro-tech: 뇌와 컴퓨터 과학기술을 결합한 것 -역주) 헤드폰 같은 웨어러블, 뇌 패턴을 감지할 수 있는 스마트 워치 등은 직장과 일상에서 사람의 행동 방식을 계속 바꿀 것이다.

이 과정에서 '육체노동(manual labor)'에 대한 전통적 사고는 문제가 될 것이다. 로봇이 제조업의 중심 무대를 차지할 것이기 때문이다. 동시에 증강과 가상 현실은 정신 장애가 있는 사람을 포함해 더 많은 사람이 일할 수 있게 할 것이다. 이 기술들이 정신 장애가 있는 사람의 뇌를 보완해 줄 것이기 때문이다. 새로운 기술은 새로운 기회를 창출한다. 변화를 두려워하기보다 오히려 집중한다면 우리의 미래는 디지털 시대의 선택(picking)에 맞게 충분히 무르익을 것이다.

어디로 가고 있나

세대 간 차이에도 불구하고 기술 간극은 좁혀지고 있다. 밀레니엄 세대가 소셜 미디어를 가장 많이 쓴다면 그다음으로 X세대, 베이비 부머 세대와 침묵 세대(Silent generation: 대략 1920~1940년 사이 태어난 사람들 - 역주)가 바짝 뒤따르고 있다. 2012년부터는 이 나이 든 세대 사이에서 페이스북 사용이 가장 빨리 늘고 있다. 베이비 부머들은 스마트폰 사용에 있어서는 젊은 세대를 뒤쫓는 입장이지만 점차 사용 비율이 늘고 있다. 2011년에는 25%의 베이비 부머만이 휴대폰을 가지고 있었다. 하지만 2019년에는 68%가 보유하고 있다. 더 오랫동안 노동 시장에 있을 그들에게 스마트 폰과 다른 기술의 사용은 계속 일할 수 있는 능력을 향상해 준다.

지난 몇 년간, 과학기술 분야 전문가들은 무어의 법칙이 종말로 향한다고 예측했다. 더 작은 칩이나 트랜지스터를 만드는 것이 칩을 불안정하게 만드는 지점에 도달한 것이다. 하지만 이것이 기술과 혁신의 종말을 의미하지는 않는다. 그보다는 다른 기술 영역에서 기하급수적 성장이 자리 잡을 것이라는 의미다. 지나온 과거는 증강과 가상 현실, 인공 지능, 무선 네트워크에 관한 많은 아이디어가 결코 새로운 것이 아니라는 것을 가르쳐 주었다. 그것들의 잠재력은 수년간 잘 알려져 있었다. 하지만 기술이 완벽해지고, 그것을 이해하고 적절하게 활용하기까지 시간이 걸렸다. 이전 세대로부터 배우고 연구함으로써 기술은 인류가 나아지는 데 더 기여할 수 있다.

METAVERSE

제 3 장

새로운 글로벌 컴퓨터

: 여섯 개의 축 위에 미래를 구축한다

이번 장에서는 여섯 개의 기술 신조어를 철저하게 탐구한다. 바로 IoT, AI, 클라우드, 블록체인, 확장 현실, 그리고 5G다. 이 컴퓨터 분야의 여섯 개 기술 축으로 여러분의 세상을 재구성해 직업이나 사업에 도움받기를 바란다. 이것들 자체와 어떻게 미래의 모습을 다시 만들지를 명확히 이해하면 직원들에게 설명할 때 도움이 될 것이다. 하지만 이러한 기술로 조직을 긍정적으로 바꾸기 위해서는 단순히 익숙해지는 것 이상이 필요하다.

불행히도 많은 리더가 기술을 도입하는 것 자체에 흥분을 주체 못한다. 새로운 컴퓨팅 분야의 성공적 도입을 담보하려면 상당한 비용이 필요하고 세심히 계획된 설계와 전략을 요구한다. 정확한 통찰력 없는 실험은 회사의 성장을 저해하고 기업 브랜드에 손상까지 줄 수 있다.

그렇다고 이러한 기술에 집적거리지 말라는 건 절대 아니다. 실험은 배움의 필수적 부분이다. 그보다는 이러한 도구를 사내에 배치하기 전에 먼저 명확한 전략을 수립하라는 충고다. 과거 사례를 보면 이 기술들이 의도치 않은 - 때로는 당혹스러운 - 결과를 낳은 경우가 종종 있었다. 마이크로 소프트와 트위터가 사용자가 손쉽게 변질시킬 수 있다는 치명적 결함을 가진 AI를 출시해 빚어졌던 반발을 기억해 보라. 회사 규모를 늘리려는 꿈을 가진 스타트업은 기술 공룡의 이런 실수로부터 값비싼 교훈을 얻을 수 있다. 물론 대담하고 때론 뻔뻔해야 한다. 하지만 그 큰 야망과 겸손 그리고 주의 사이에 균형을 이루어야 한다.

솔직히 이 기술들의 잠재적 혜택을 오해하기 쉽다. AI, IoT, AR, 기타 이와 비슷한 기술을 제공하는 벤더들은 환상적인 약속을 하는 것으로 유명한데 결국 목적은 그것들을 홍보하는 것이다. 문제는 이런 기술을 잘 아는 리더가 적다는 것이다. 그 때문에 벤더 말만 믿고 아주 값비싼 실패를 맛볼 가능성이 크다. 중요한 것은 개방적이 되는 것이지 겁을 먹으라는 것은 아니다. 걱정은 그만하고 이 기술들이 작업의 본질에 어떤 영향을 끼칠지, 개인의 업무 성과를 어떻게 향상할지, 조직의 효율성을 어떻게 끌어 올릴지를 상상해 보라.

XR, AI, 연결된 장비, 블록체인의 어떤 조합이 가장 큰 ROI를 가져다주거나 직원들을 많이 업그레이드시킬지 결정하려면 회사가 해결하고자 하는 문제에 초점을 맞추어야 한다. 우리는 현재와, 가까운 장래에 어떻게 삶을 살고 사업을 할지에 깊고 광범위한 영향을 끼치는 여섯 개 기술을 정의했다. 이 기술들은 전체 구성에서 각각 한 코너를 차지하고 있어 얼핏 서로 단절되어 보일 수 있다. 하지만 그렇지 않다. 대부분 이 기술들을 개별적으로 보고 이렇게 물어보기 쉽다. "그렇다면 어디다 내기를 걸어야 할까?"

하지만 이렇게 그림을 보는 것은 잘못된 방법이다. 훨씬 나은, 제대로 된 방법은 이 기술 모두를 심포니 오케스트라에서 같이 연주하는 다양한 악기로 보고 이렇게 묻는 것이다. "어떤 것이 가장 와 닿는가?", "어떤 것이 내 사업이 성공하는 것을 도울까?" 더 친해지면 이 기술들이 궁극의, 차세대 컴퓨터를 구성하는 상호의존적 요소들로 보일 수 있다. 그것들의 주 초점과 적절성을 쉽게 시각화하기 위해 다음 리스트와 후속 섹션에서는 각 기술을 우리와 친숙한 비유를 들어 설명하겠다. 예를 들어 인공 지능은 앱으로, 클라우드는 하드 드라이브로 생각하는 것이다. 이런 설명이 기술 학습의 딱딱한 측면을 둔화시키고 이 놀라운 기술들을 쉽게 설명해 주기를 바란다.

1. **인풋(Input)**: 마우스나 키보드처럼 데이터를 입력할 수 있게 해 주는 것(IoT)

2. **앱(App)**: 모바일 앱처럼 특정 목적을 위해 설계된 소프트웨어 프로그램(인공 지능)

3. **스토리지(Storage)**: 정보를 저장하거나 관리하기 위한 곳. 하드 디스크나 USB 플래시 드라이브 같은 것(클라우드 스토리지)

4. **보안(Security)**: 비밀번호나 다른 암호화 인증 메커니즘처럼 개인 데이터에 접근하고, 보호하고, 안전하게 지키기 위한 시스템(블록체인)

5. **디스플레이(Display)**: LED 모니터처럼 정보를 주고받을 수 있는 스크린(확장 현실)

6. **네트워크**: 컴퓨터를 인터넷에 접속할 수 있게 해 주는 이를테면 모뎀 같은 장치(5G)

사물 인터넷(IoT): 다수 입력

IoT에 관해서는 지난 10년간 많은 얘기가 있었다. 수십억 개의 장비를 그것이 어디에 있든 연결을 통해 스마트해지게 한다는 기술! 사물 인터넷은 센서, 소프트웨어, 그리고 블루투스나 다른 인터넷을 통해 상호 통신할 수 있는 무선 기능이 탑재된 물체들의 네트워크를 일컫는 말이다.

IoT에서는 입력이 가장 중요하다. 키보드는 명령문을 기다리고, 마우스와 터치패드는 클릭을 기다린다. IoT는 다양한 장비 전체에서 진행되고 있는 차세대 '컴퓨터' 지식을 받아 유통한다. IoT는 컴퓨터를 구성하는 요소의 하나일 뿐이기 때문에 많은 설명은 하지 않겠다. 컴퓨터를 얘기할 때 마우스나 키보드에 관해 말을 많이 하지 않는 것과 같다. 컴퓨터의 개념은 단순히 하나의 장비 너머로 더 확대되고 있다. 5G, XR, AI 사이에서 네트워크로 연결된 지능이 되고 있다. 그 지능이 덩굴손을 통해 물리적 현실의 많은 코너까지 뻗어 있는 모습이다.

사물 인터넷은 당신의 집에도 있다. 온도조절장치에 연결된 보안 시스템을 생각해 보라. 온도조절장치는 집이 '외출'로 설정되면 대기 모드가 되고 알람이 꺼지면 다시 원상태로 돌아온다. IoT는 모든 것을 측정하고 추적하는 무수히 많은 센서를 연결한다. 이를테면 수도 사용량, 장비 상태, 교통, 대기 오염, 신체 정보, 건설 도구 등 수없이 많다. IoT는 산더미같이 많은 양의 데이터를 활용해 세상을 더 효율적이고 안전하게 만드는 일을 한다.

수년 동안 산업계 내부에서는 우리가 사용하는 수십 개의 장비가 서로 통신하며 우리의 역량을 넓히고 삶을 더욱 편하게 만들 것으로 예측해 왔다. 이미 그렇게 되고 있다. 하지만 산업별로 그리고 지역별로 속도는 다르다. 이렇게 연결된 장비에는 다수의 계측기, 기구, 그리고 가장 일상적인 니즈를 위해 사용하는 이를테면 토스터 같은 생활가전부터 쭉 올라가 항공 교통 관제 레이더까지 포함한다. 이러한 사물은 정보를 실시간으로 주고받으며 우리의 삶이 하나의 활동에서 다음으로 끊김이 없이 이어질 수 있게 해 준다.

기술적 측면에서는 IoT를 지구 전역에 있는 수많은 이기종 장비 안의 컴퓨터 칩과 네트워크 통신 장치로 생각할 수 있다. 키보드에서 카메라까지 IoT는 그런 장비를 이용해 실제 세상을 보고 상호 작용한다. 수많은 실 세계 데이터를 수집하고 분석함으로써 사람과 조직이 더 효율적으로 일할 수 있는 스마트한 선택이 가능하게 해 준다. IoT는 점차 인간 활동의 많은 영역을 아우르고 있다.

당신이 사는 곳. IoT는 이미 스마트 홈 분야에 상당 부분 진출해 있다. 집에서 일반적으로 사용하는 것들이 이미 가정 배전망을 통해 상호 연결되고 있다. 아마 온도조절 장치, 전동 칫솔, 혹은 냉장고가 연결되어 있을 수 있다. 알렉사로 조종되는 전자레인지나 전등일 수도 있다. 서로 연동된 보안 카메라, 도어 벨, 도어 락, 알람 시스템도 있다.

당신이 일하는 곳. 조직과 직종 관점에서 보면 IoT는 운송과 물류에 널리 사용된다. 어떤 회사는 IoT로 현장의 야전 장비나 전력 도구 같은 자산을 추적한다. 한 회사는 IoT를 이용해 모든 충전용 코드리스 드릴의 위치, 각각의 드릴이 얼마나 많은 구멍을 뚫었는지, 그리고 각 구멍이 얼마나 깊은지, 비트를 얼마나 자주 갈았는지 파악한다. 이 결과 현장을 일종의 연결된 툴박스로 변모시키는 데 성공했다. 다른 회사는 IoT로 가능해진 웨어러블을 생산해 가위형 리프트 같은 고가 승강장을 사용하는 작업장의 안전을 향상했다. 이 IoT 솔루션은 안전벨트를 제대로 착용 하지 않으면 알람을 울리거나 시스템을 정지시켜 사람의 생명을 구했다. 거대한 통신 타워에서 작업하는 정비사는 일반 근로자와 비교해 사망과 상해의 위험이 훨씬 더 큰 환경에 노출되어 있다. IoT를 탑재한 보호장치가 이런 위험을 극적으로 줄였다.

공동체에서. IoT는 정부나 공공 분야에도 엄청난 이득을 주고 있다. 특히 효과가 큰 영역 중 가장 일반적인 분야는 교통 관리다. 데이터 공유의 기준이 확립되면서 차량, 빌딩, 다른 인프라 간 실시간 통신을 쉽게 해 신호등이 필요 없는 스마트 도로 시스템을 만들 수 있다. 차들은 목적지에 도착하기 전에 주차 장소를 찾고 선택할 수 있다. 조만간 구급차가 앞에 있는 차량의 경로를 바꾸어 병원에 더 일찍 도착할 수 있을지도 모른다.

인공 지능: 우리의 앱

이상향적 예언에서부터 반이상향적 경고까지, AI는 인류의 마음을 사로잡았고 이제 일부 공포가 피어오르는 지점에 와 있다. 메리 셸리(Mary Shelley)의 책 《프랑켄슈타인》이나 스탠리 큐브릭(Stanley Kubrick)의 〈2001 스페이스 오디세이〉, 알렉스 가랜드(Alex Garland)의 〈엑스 마키나〉 같은 영화 속에 묘사된 것과 같다. 반면 다른 이들은 그것의 로맨틱 변형을 좋아하게 되었는데 스파이크 존즈(Spike Jonze)의 〈그녀〉에 그려진 것과 같다.

많은 전문가가 AI가 가장 발달된 인간의 사고에 근접하거나 능가하기를 바라기 때문에 기대가 거의 신화에 버금가는 위치까지 올라갔다. 그 결과 많은 사람이 우리가 그것에 관해 얘기하는 무엇이라도 전부 수긍하는 경향마저 생겼다. 확실히 AI는 놀라운 것이 맞다. 하지만 부정확한 내용투성이의 잡동사니가 되어서는 안 된다. 인공지능을 제대로 전망하기 위해서는 그것을 둘러싼 추상적인 개념들을 너무 깊게 파고들지 말고 실용적인 측면에 집중해야 한다. 이를 위한 쉬운 방법 중 하나는 AI를 비록 그것이 더 강력하더라도 그저 또 다른 앱으로 보는 것이다.

기술의 역사 내내 우리는 특정 목적을 위해 도구를 사용해 왔다. 컴퓨터에 있어 그것은 컴퓨팅 파워를 조정하는 애플리케이션 혹은 프로그램을 뜻한다. 하지만 모든 데이터를 모으는 센서의 바다에서 독립형 앱은 더는 그런 작업을 감당할 수 없다. 또 사람이 '클라우드'

에 축적된 방대한 양의 데이터를 이해하고, 측정하고, 분석할 시간도 능력도 없다. 그래서 우리가 하고 싶지만 직접 하기 싫거나 할 수 없는 일을 컴퓨터에 가르치기 시작했다. 인공 지능은 그러한 도전에 맞춰 성장하고 있는데, 주로 AI의 지시를 받을 수 있는 강력한 컴퓨터가 그 경탄스러운 임무를 자기 뜻대로 해 나가게 한다.

AI는 '딥러닝(deep learning)'을 통해 인간이 설정한 원칙(rule)과 광범위한 데이터를 이용한다. 그것으로 1)정보를 빨리 해석하는 방법을 배우거나, 2)스마트한 제안을 하거나 다음 단계를 제안한다. AI와 IoT로 보강된 컴퓨터는 세상을 '보는' 것을 배우고, 자율적으로 사물이 의미하는 것을 '배우는' 기계가 된다. AI는 엄청난 양의 정보를 체계화하고, 패턴을 찾아 통찰력을 제공할 수 있다. 그 엄청난 컴퓨팅 파워 덕분에 세계의 가장 큰 도전 일부와 맞붙는 데 사용되기도 한다. 이를테면 질병 감지와 지상 교통 관리부터 빈곤 완화와 기후 변화 같은 것이다.

많은 조직이 인공 지능의 시야를 넓히고 있다. 주로 한 개 분야에 초집중해 AI를 덜 인공적으로 만드는 것을 겨냥한다. 자연어 이해(Natural Language Understanding: NLU)가 그 대표적 예다. NLU는 알렉사와 같은 음성 기술 제품에 이용된다. 소울 머신(SOUL Machine: 인공 지능을 인간화하는 것을 목표로 디지털 인간을 제공하고 있는 회사 -역주)이 만든 사실적(photo realistic) 모습의 챗봇과 가상 인간에도 사용되어 우리가 말하는 것을 디코딩해 감정을 추론하거나 전달한다. 다른 예로는 뇌-기계 인터페이스(Brain-machine interface, BMI)가 있다. BMI는 인간의 뇌에서 전달된 정보가 컴퓨터 소프트웨어나 로봇 메커니즘을 통제하는 데 사용되는 시스템이다. 생활 지원 장비 형태의 BMI는 행동 장애나 감각 장애를 가진 사람이 일상의 일들을 수행할 수 있게 한다.

AI는 번창을 위한 인류의 능력뿐 아니라 사람이 기술과 더 잘 상호작용하게 도울 것으로 예측된다. 기술이 발전할수록 기술을 분석하고 적응하는 우리의 능력 역시 발전한다. 상당 부분은 기술 그 자체에 기인하고 여기에 더해 AI와 컴퓨터 주도의 데이터가 기술을 사용하는 새로운 방법을 찾게 도와주기 때문이다. 변화를 두려워할 필요는 없다. 사람과 기계 간에 이루어진 조화를 본 것처럼 미래 역시 틀림없이 더 밝을 것이다.

클라우드: 새로운 하드 디스크

기술이 더욱 저렴하고 좋아지면서 더 많은 사람과 기업이 엄청난 컴퓨팅 파워에 접하게 되었다. 한때는 부족하고 비쌌던 컴퓨팅 자원이 이제는 너무 많아 푼돈으로도 빌릴 수 있게 됐다. 하지만 더 중요한 것은 그것들의 놀라운 능력을 이용해 거의 어떤 과제라도 처리할 수 있다는 것이다. 일반 사무작업부터 세계를 바꾸는 연구까지 망라한다.

클라우드는 그런 자원 중 하나다. 이론의 여지는 있지만 클라우드 컴퓨팅의 여러 측면 중 특히 무제한의 데이터 저장은 가장 강력한 특징이다. 20세기 마지막 몇십 년 동안, 이 '제한 없는 스토리지' 개념은 컴퓨터 사용자 사이에 환상으로 간주되었지만 결국 2000년대 중반에 이 꿈이 이루어졌다. 그 30년 남짓 기간 우리는 실리콘 메모리 칩에서 시작해 분리 가능한 디스켓, 고용량 하드 디스크 드라이브, 칩 위의 초고속 스토리지로 변천해 왔다. 과거 스토리지는 초고가였기 때문에 아껴 써야만 했다. 그리고 데이터를 읽고 쓰는데 (오늘날 기준으로 보면) 아주 오랜 시간을 기다려야 했다. 컴퓨터는 시종 제한된 컴퓨팅 파워로 작은 스토리지와 저 메모리 환경 속에서 데이터를 (아주 느리지만) 처리하느라 고군분투했다. 당시는 깜박거리는 불빛과 스크린에서 보여 주는 진행 표시줄이 뭔가 진행되고 있음을 확인시켜 줘 다소의 위안이 되었다.

오늘날은 스토리지가 넘쳐나 기업과 개인이 GB(기가바이트)의 데이터 공간을 무료로 가질 수 있다. 그것만으로 충분하지 않다면 TB(테라바이트, 천 기가바이트)의 스토리지를 저렴한 비용으로 가질 수 있다. 이 새로운 현실은 그 어느 때보다 커진 용량의 자릿수가 잘 보여 준다. 1980년대와 1990년대에 사용되던 플로피 드라이브(floppy drive)의 용량은 1.44MB였다. 같은 기간 대부분의 내장 하드 드라이브는 100MB에서 500MB였고 드물게 1GB가 넘는 스토리지가 있었다.

이제 아마존 같은 클라우드 호스팅 서비스 제공자들은 클라우드 주도 경제의 순풍을 제대로 즐기고 있다. 아마존은 지난 15년간 서버를 임대해 왔다. 그리고 이제 클라우드 컴퓨팅은 모든 유형의, 모든 규모의 기업에 필수적 자산이 되었다. 전 산업에 걸쳐 비디오와 고해

상도 그래픽이 필수 도구가 되면서 대부분의 회사가 클라우드 호스팅 서비스의 편의성과 수용력을 받아들이고 있다.

온라인 게임조차도 사용자에게 최고의 성능을 담보하려면 클라우드 서버에서 운영해야 하는 상황이다. 예를 들어 최고 인기 게임 포트나이트(Fortnite)의 현재 사용자는 3억 5,000만 명이 넘는다. 이 모든 사용자의 게임 데이터를 처리하는 것은 클라우드 기술 없이 불가능하다. 아마존 블로그 포스트에 따르면 포트나이트는 2018년 기준으로 월 2페타바이트(petabyte: 천 테라바이트)의 데이터를 처리한다. 당시 사용자가 1억 2,500만 명이었고 게임을 만든 에픽게임즈(Epic Games)의 추정 매출이 24억 달러에 달했다. 그 방대한 양의 데이터를 처리하기 위해서는 최소 2,000테라바이트의 하드 드라이브를 무더기로 운영해야 했다. 한 달에 총 200만 기가바이트의 스토리지가 필요했다! 여기서 덜 분명하게 언급된 것은 클라우드 스토리지가 단순히 회사가 데이터를 쏟아부을 수 있는 충분한 공간을 제공하는 것 이상으로 훨씬 더 많은 것을 성취하게 해 주었다는 사실이다. 클라우드에 데이터를 저장함으로써 시스템의 컴퓨팅 파워 역시 기하급수적으로 증강할 수 있었다는 것이다.

클라우드는 이미 데이터 스토리지 관련 반복되던 문제를 해결했다. 사람들은 실제 스토리지 장소를 찾아다니는 것에 익숙해 있다. 그런데 이제, 그것이 '구름 속에서' 항상 가용하게 된 것이다. 카메라로 사진을 찍을 때마다 클라우드 위에 있는 어도브(Adobe), 구글, 혹은 애플의 하드 드라이브에 자동 업로드 된다. 일반적인 것부터 중요한 것까지 모든 개인 데이터를 클라우드를 구성하는 그 강력하고 남아 도는 서버에 저장한다. 사진, 비디오, 좋아요, 공유, 탐색, 의료 데이터, 세금, 돈 등 모든 것이 온라인 어느 구석에 (바라건대 안전하게) 존재한다. 드디어 디지털로 표현될 수 있는 모든 것을 저장하는 기본적 장소가 클라우드가 된 것이다.

블록체인: 새로운 로그인 비밀번호

많은 경우, 클라우드에 저장한 데이터는 안전하게 보호되고 방어해야만 한다. 예를 들어 누구나 자기 은행 계좌와 금융 거래 데이터의 비밀을 지키고 싶을 것이다. 계약서, 주고받은 이메일, 디자인 특허, 민감한 사업 거래 등도 엄격한 기밀이 필요하다. 소셜 네트워크에서는 개인 정보를 친구나 가족처럼 신뢰할 수 있는 사람하고만 공유하려 할 것이다. 자칫 곤란한 부분을 타인이나 일반 대중이 들여다보는 것을 막기 위해서다. 데이터 절도와 여타 사이버 범죄의 증가하는 위험, 심각성, 빈도를 고려할 때 로그인과 비밀번호 같은 기존 보호장치는 분명 업그레이드해야만 한다. 사이버 보안 전문가 간의 압도적 합의에 기초해 볼 때 블록체인 기술은 디지털 경제가 필요로 하는 궁극의 보안 업그레이드일지 모른다. 이것은 다른 데이터 블록을 안전하게 연결하는 혁신적 아이디어로 출발했다.

비트코인은 가상의 교환 매체다. 그 등장 초기에 시장을 파괴하고, 모든 투자자를 열광시키고, 은행가들을 자극했다. 그 분야를 처음으로 개척했기 때문에 좀 더 포괄적이긴 하지만 약간 모호한 용어인 '암호 화폐(혹은 가상 화폐: cryptocurrency)'의 동의어가 되었다. 비트코인의 등장에 사이버 보안 전문가 집단도 흥분했다. 그것의 운영이 기반하고 있는 개념 때문이다. 흔히 '분산 원장 기술(Distributed Ledger Technology)'로 언급되는 것이다. 여기서는 오너십의 이동, 지급, 핸드세이크(handshake: 둘 이상의 장치가 서로 보조를 맞추어 처리하는 것 -역주), 서명, 그외 많은 기록이 영구적이고, 바꿀 수 없다. 이게 블록체인으로도 불리는 것이다.

블록체인은 지금까지 우리가 정의한 기하급수적으로 발전하는 기술의 핵심을 보완하는 일종의 디지털 암호화 혹은 안전한 '서명(signature)'이다. 데이터를 클라우드에 저장하는 것뿐 아니라 안전하게 지키는 것도 중요하다. 만약 뭔가를 소유하고 있으면 누구도 나한테서 그것을 가져갈 수 없다. 하지만 일단 내줘 버리면 결코 찾아올 수 없다. 원래 암호 화폐를 관리하기 위한 분산 접근법으로 개발된 블록체인 기술은 다른 많은 분야도 급속히 향상할 수 있는 엄청난 잠재력을 제공한다. 자산/소유권 보안, 데이터 보호, 중앙은행과 금융 기관, 부정 방지, '스마트 계약(smart contract)'을 통한 사업 관계 자동화 등. 사실, 이미 그 유용성을 감지한 의료, 식품 안전, 환경 보호, 인도주의적 활동, 패션, 귀금속 시장에서도 널리 사용되고 있다.

한편, 영국 싱어송 라이터로 그래미상을 받았던 이머전 히프(Imogen Heap)는 그녀의 노래를 만들고 출시하는 데 참여한 모든 사람에게 대가가 제대로 지급되게 블록체인을 사용한다고 알려졌다. 히프의 목표는 '공정 거래' 음악 산업을 구축하는 것이다. 음반사와 음악 스트리밍 서비스를 건너뛰어 음악가와 프로듀서, 작사가, 엔지니어 팀이 그들의 작업을 통해 창출한 데이터와 금전의 오너십을 더 가지게 하는 것이다.

블록체인은 적절한 때 적절한 일이 자동으로, 속임 없이 일어나도록 돕는다. 곧, 기표소에서도 그것이 적용되는 것을 볼 수 있을지 모른다. 선거 부정을 막는 것뿐 아니라 패배를 인정하지 못하는 측을 침묵시키기 위해서다.

확장 현실(Extended Reality: XR): 새로운 디스플레이

헬렌 파파기아니스(Helen Papagiannis)는 자신의 책 《증강 인간: 기술이 새로운 현실을 만드는 방법》에서 어떻게 현실의 유리를 뚫고 나갈지를 쓰고 있다. 바로 그것이 확장 현실이다. XR은 모든 감각을 통합하는 인터페이스다. 만지고, 보고, 듣고, 냄새 맡고, 맛을 보는 것. 산업계에서는 아직도 그 용어에 대한 합의를 끌어내는 중이지만 그 본질에서 확장 현실은 공간 컴퓨팅과 같다. 스크린을 넘어 증강 현실과 가상 현실을 섞어 놓은 것이고 디지털 세계와 좀 더 자연스러운 방식의 상호작용을 제공한다. 확장 현실을 완전히 이해하기 위해 그것을 구성하는 기술들을 하나씩 살펴보자.

증강 현실. 증강 현실(AR)은 물리적 현실 위에 디지털을 덮어씌운 것이다. 누군가 얼굴 필터를 이용해 자기 귀를 토끼 귀로 만드는 걸 본다면 그게 바로 AR이다. 스마트 워치에서 출발 시간을 상기시켜 주는 진동도 AR이다. 심지어 디지털 후각과 미각도 있지만, 상대적으로 덜 사용되는 AR 유형이다. 증강 현실은 휴대폰이나 스냅챗(Snapchat)의 스펙터클(Spectacle) 안경에도 구현할 수 있다.

AR과 함께 공항을 걸어 보자. AR 안경이 GPS를 이용한 가상선을 바닥 위에 보여 주면서 게이트까지의 거리를 말해준다. 안경에 탑재된 AI에 항공사 라운지가 어디 있는지 물어보면 길을 바꿔 안내해 준다. 라운지에서 가능한 메뉴를 안경 위에 보여 주기도 한다. 마음에 드는 메뉴를 선택해 클릭하면 라운지에 도착할 때쯤 준비가 된다. 스마트 워치는 세 번 윙윙거리면서 비행기 탑승 시간이라는 정보를 발한다. 디지털 계피 향을 재현한 게이트를 지나 걷다 보면 진짜 벤딩머신으로 끌려가게 된다. 물론 거기에 진짜 계피는 없다.

가상 현실. 가상 현실은 완벽한 가상 세계에 들어서고 있다. 촉각 장갑과 전 방향 VR 트레드밀 같은 장비는 우리를 더 깊이 가상 세계에 물들게 한다. 가상 현실은 공감을 일으키고, 유지율을 높이고, 업무를 향상하는 강력한 도구이다.

이머스(Immerse)는 VR로 직원 경험(employee experience)을 완전히 바꾸어 놓은 회사 중 하나다. 한 사례 연구에서 이머스는 자체 플랫폼을 이용해 저장 유조차의 우발적 과다 투입을 시뮬레이션했다. 이 시나리오를 실제 생활에서 훈련하기는 몹시 어렵고 위험하다. 하지만 VR은 이 시나리오를 안전하고, 반복 가능하며, 비용 효율적 방법으로 재창출해 낼 수 있다. 수습 직원은 같은 시뮬레이션을 몇 번이고 하면서 어떻게 나아지고 있는지를 볼 수 있다. 회사는 각 직원의 발전을 이 시뮬레이션으로부터의 데이터를 가지고 모니터할 수 있다. 클라우드상의 가상 현실은 콘텐츠를 늘리고 줄이는 것을 가능하게 한다. 좀 더 고등 훈련을 준비하는 시간도 줄어들고 시뮬레이션을 통해 한 번에 더 많은 사람을 참여시킬 수 있다. 가상 현실은 병원에 있는 환자의 통증 관리부터 프로토타이핑과 가상 미팅(이제 2D 비디오 전화와는 작별이다)까지 다른 사용처가 많다.

체적 비디오(Volumetric Video). 체적 비디오는 실생활의 사람과 물체를 3D로 캡처한다. 홀로그램(hologram)으로도 잘 알려져 있다. 〈스타워즈: 새로운 희망〉에서 R2D가 레이아 공주(Princess Leia)의 홀로그램을 보여 준 때를 기억하라. 그것이 바로 체적 비디오다.

아바타 디멘션(Avata Dimesion)은 워싱턴 D.C.에 있는 체적 캡처 스튜디오다. 그들은 70개의 IOI 12 메가픽셀 볼류캠(Volucam: IOI의 고해상도 비디오카메라 라인 -역주)을 사용해 홀로그램을 만든다. 회사는 고객이 훈련이나 오락을 위한 체적 비디오를 만드는 것을 돕는다. 확장 현실은 그야말로 사용자 인터페이스의 극치다. 우리의 세계를 스마트 폰으로는 가용하지 않은 정보, 오락, 그리고 경험을 향해 활짝 열어 줄 것이다. 계속해서 다른 떠오르는 기술들이 여기에 포함될 것이다.

이 통일된, 제한된 틀이 없는 디스플레이는 모든 가용 데이터를 맥락에 맞게 가져온다. GPS와 다른 지도 및 센싱 기술을 가지고 모든 장소와 엮인 'AR 클라우드'는 어떻게 컴퓨터, 센서, 로봇이 세계를 보는지와 어떻게 그것들이 우리와 상호작용 할지를 압축하는 기술이 될 것이다.

5G: 새로운 네트워크

1989년 월드 와이드 웹이 첫선을 보이기 전에는 인터넷에 연결하는 방식이 굉장히 경직됐었다(인터넷 자체의 근원은 멀리 1860년대까지 올라간다). 브라우저는 그 자체가 없었다. 근거리 통신망(Local Area Network: LAN)은 컴퓨터를 다른 컴퓨터 혹은 LAN과 연결할 때 텔레넷(Telent), FTP, 혹은 아키(Archie) 같은 특정 애플리케이션을 통해야 했다. 그나마 업로드, 다운로드, 채팅 이외에는 별로 할 게 없었다.

이 '데이터 단계'의 인터넷에서 마침내 '내용(contents)과 맥락(context) 단계'로의 변천이 일어났다. 이 단계에서 웹은 활발하게 운영되는 페이스북, 링크드인, 트위터 같은 소셜 네트워크뿐 아니라 웹사이트상의 방대한 공개 정보를 연결했다. 그다음이 바로 AR 클라우드가 사람, 장소, 사물을 끊김이 없이 이어주는 단계다. 처음 출발에서 마지막 단계에 이르는 여정은 결코 순탄한 여행일 수 없다. 특히 그것을 통해 데이터가 흘러가는 텔레커뮤니케이션(telecommunication, 이를테면

1G나 5G) 표준의 경우는 더 그렇다. 그 파란만장한 여정에서 어떤 특징들이 있었는지 살펴보자.

다이얼 업(Dial-up) 인터넷 접속: 인터넷 서비스 공급자를 통해 공중 전화통신망(Public Switched Telephone Networks: PSTN)에 연결하기 위해 그 시끄러운 모뎀을 사용함. 연결이 자주 끊기고 쓰는 만큼 과금됨. 음성 전화를 끊어야 인터넷 데이터를 흘려보낼 수 있었음.

1G: 무선 기술의 1세대. 아날로그 통신 표준을 사용했음.

2G: 2세대 무선 휴대 기술. 처음으로 아날로그에서 디지털 표준으로 이동함. 네트워크 속도와 데이터 처리 용량에서 점진적 개선이 있었음.

초기 광대역(broadband): ISDN이나 T1 선을 사용함. 비싸고 당시로는 흔치 않았음.

고속 인터넷: 집에서는 우리를 들뜨게 만들고 회사에서는 생산성을 높임.

와이파이 기술: 세기가 바뀔 때 등장함. 케이블로부터 해방시켜 줌. 스마트 폰, 태블릿, 프린터, 카메라, 차량, 웨어러블, 드론 등의 능력을 확장해 줌.

3G: 모바일 웹(web)과 앱(app)의 부상을 용이하게 해 줌.

4G: 3G보다 빠르지만, 여전히 이류임.

5G: 기술자들과 산업 분석가들이 진정한 모바일 광대역으로 간주함. 집에서 떨어져서도 와이파이 유형의 경험을 제공해 줌.

전문가들은 5G를 구성하는 표준과 기술이 결국 IoT 인풋, 클라우드 스토리지, AI 애플리케이션, AR 제품을 연결해 메타버스(metaverse)를 구축하고 유지하리라 예측한다. 진짜 그렇게 되면 컴퓨터는 더는 책상 위, 가방, 아니면 주머니 속에 얌전히 있지 않을 것이다. 그야말로 어디에나 존재하며 마치 우리 주변의 공기와 같을 것이다. 모든 것을 추적하고, 데이터를 고속으로 분석 처리하고, 항상 일할 준비가 되어 있다. 50GB 게임이나 4K 해상도의 장편 영화 한 편을 다운로드하는 데 얼마나 걸릴지 걱정할 필요도 없다.

하지만 이런 업그레이드에 시선이 고정되어 단기적 관점으로 보다 보면 더 큰 그림을 놓치기 쉽다. 그렇게 새로 발견한 편의성에 너무 빠져 눈앞에서 벌어지고 있는 대도약을 눈치 못 채는 것이다. 어떤 지역에서는 단지 마케팅적 술책이 아닌 진짜 5G 서비스가 이미 제공되고 있다. 그런 곳에서는 데이터가 전송되기를 기다리는 사람이 더는 없다. 필요한 데이터 모두가 항상 존재하고 거의 즉석으로 접근할 수 있다. 5G는 관련된 모든 유행어 가운데 많은 사람이 불가능하다고 생각한 것을 이루어냈다. 정말 대단한 곳으로 우리를 데려다 주었으니 바로 기다림의 종식(end of waiting)이다.

모든 사물에는 장소가 있다

이러한 기술을 여러분이 어떻게 생각하든 그것들은 개별로 존재할 때보다 합쳤을 때 더욱 강력하다. AI, 블록체인, IoT, XR, 클라우드, 5G는 고성능 컴퓨터(uber-computer)의 핵심 요소를 대표한다. 그것들이 우리의 인풋, 앱, 스토리지, 그리고 스크린이다. 그것들이 글로벌 도전을 해결하고, 우리가 일하는 방식의 변혁을 가져오고, 우리가 사는 세상을 더 좋게 그것도 극적으로 더 좋게 만들 것이다.

그 미래는 이미 와 있고 각 조각이 모이는 중이다. 효율, 편의성, 좋은 경험에 대한 공동의 갈망이 분열되어 보이는 기술이 서로 조화를 이루고, 융합되고, 데이터를 통해 혜택받는 방식에 힘을 쏟도록 몰고 있다. 오늘날의 보통 노동자를 슈퍼맨 같은 존재로 바꾸고 있다. 자신들이 매일 같이 일하는 기계와 제품으로부터 발생하는 정보에 접근할 수 있는 사람이 그런 사람이다. 융합 기술은 작업자들이 서로 소통하는 것을 도우면서 더 강한 팀과의 협력을 강조한다. 이런 기술을 하나의 솔루션으로 회사에 편입시키면 리더들의 직원과 고객에 대한 이해가 더 나아질 것이다.

전 세계 모든 산업과 기업에서 이 장에서 서술한 여섯 개 기술 축의 광범위하고 놀라운 적용 범위를 발견하는 중이다. 채용과 훈련에서부터 제품 설계와 마케팅까지 이 기술들은 사실상 조직의 모든 부서와 기업 운영의 모든 측면에 영향을 끼친다.

METAVERSE

META

천천히 그러다 갑자기

급격한 변화가 다가온다

제 4 장

미래는 이미 와 있다
: 증강 노동력

지금까지 부상하는 기술의 여섯 개 축을 살펴보고 어떻게 지금에 이르렀는지 그 과정을 추적해 봤다. 이제 빠르게 발전하는 산업에서 실제로 어떤 일이 벌어지고 있는지를 배울 시간이다. 산업의 선도 기업들이 이 기술을 신속히 적용해 성공한 사례를 간단히 둘러보자. 상상력이 촉발되고 우리 근로자들도 증강할 수 있다는 확신이 들 것이다. 자신의 산업이 아닌 장들은 뛰어넘어도 되고 다 읽어도 된다. 다른 산업에 있는 동료를 위한 아이디어를 발견할 수 있을지 모른다. 새로 발견한 영감을 어떻게 적용할 것인지는 나중에 배울 것이다.

증강 노동력은 어떤 모습일까?

IoT, AI, 블록체인, XR, 5G는 거의 모든 산업과 삶의 모든 측면을 급격히 바꿀 것이다. 사람들이 일하는 방식뿐 아니라 교육과 훈련받는 방식을 본질적으로 바꿔 놓기 때문이다. 이 기술들은 새로운 삶의 방식을 초래할 것이다. 과거 사람이라면 인식도 못 할지 모르지만, 그 기술과 같이 성장한 사람은 의심의 여지 없이 받아들일 것이다. 그것들은 우리 삶과 끊김이 없이 이어지는 부분일 것이고 바라건대 인류 역사의 궤도를 더 좋게 바꿀 것이다.

우리 산업에서 증강 노동력은 어떤 모습일까?

로사리오 B. 카사스(Rosario B. Casas, XR 아메리카 공동 창립자 겸 CEO)

"우리가 노동력을 증강하고 있는 그 순간이 바로 그들의 일상 업무가 실행 가능한 통찰력으로 전환되는 순간이다. 그럼으로써 재무적 KPI(key Performance Indicators: 핵심성과지표)뿐 아니라 다른 두 영역, 지식 관리와 프로세스 오너십까지 좋아지게 한다. 또 회사가 종업원의 모든 활동을 프로세스상의 개선이나 조정으로 전환할 수 있는 순간이다. 기업 아키텍처, 사물 인터넷, 체적 컴퓨팅의 거의 실시간 통합이 5G나 그다음 세대 통신 기술로 가능해진다."

예언된 미래: 마이너리티 리포트의 세계

선견지명이 있었던 영화 마이너리티 리포트(Minority Report, 2002)에서 스티븐 스필버그 감독은 전적으로 믿음이 가는 초현대적 세상을 제시했다. 보안용 홍채 스캐너가 지하철 승객을 확인한다. 갭(Gap) 매장에 들어서면 역시 스캐너가 우리를 알아보고 최근 구매한 것을 언급하면서 지금 할인판매 중인 새로운 카키색 바지를 제안한다. 고급 인공 지능 알고리즘을 활용한 것이다. 안면 인식과 홍채 인식은 거의 모든 곳에서 볼 수 있다. 거리를 걷다 보면 개인화된 광고가 봇물 터지듯 쏟아진다. 인공 지능이 내장된 스캐너는 우리의 기분과 심리 상태를 인식해 그 정보를 바탕으로 제품을 제안한다. 스카이다이빙이나 성적 판타지, 심지어 자기 상사를 죽이는 경험을 할 수 있는 증강 현실 아케이드에 비싼 돈을 내고 입장한다. 각자의 집에는 서로 말을 하고 음성 인식 소프트웨어로 운영되는 각종 기술이 가득하다. 벽 크기만 한 스크린이 달린 컴퓨터를 천장에 달린 고급 카메라가 추적하는 손동작으로 작동한다. 마치 지휘자를 연상시키는 팔 움직임으로 정교한 조종이 가능하다. 이 제스처 기반 인터페이스로는 각각의 손가락이 다른 기능을 수행할 수 있다. 모든 자동차는 AI와 자기 부상 시스템으로 구동되고 자율 주행한다. 이때 자기 마찰과 도로에 깔린 전기를 사용하면 기존의 각종 연료는 쓸모가 없어진다.

인공 지능을 활용한 로봇 기계는 믿기 어려울 만큼 현란한 능력을 보인다. 도처에 3-D 스크린과 홀로그램 비디오가 깔리고 사람들은 컬러 신문을 e리더기로 읽거나 전통적 신문 모양을 한 폴더블 e페이퍼(ePaper)를 읽는다. 이 무선 장비는 각종 비디오, 채팅 글, 긴급 발표를 실시간으로 보여 준다. 이 정도면 아마 10G 기술을 활용하지 않을까? 경찰은 제트팩(jetpack: 등에 메는 개인용 분사 추진기 -역주)과 음파 전기 충격기를 착용한다. 모든 것이 믿을 만하고 친숙하게 느껴진다. 하지만 전부 새로운 것이다.

스필버그가 어떻게 이렇게 실감 나는 세상을 만들었는지 궁금하다. 현시점에서는 아직 전부는 아니고 일부만 존재하지만, 나머지도 조만간 가능해 보인다. 비디오 전단을 보면 다수의 명성 높은 기술 전문가를 모아 2054년의 미국이 어떤 모습일지를 그리게 한 것 같다. 여기에는 미래학자, 건축학자, 작가, 컴퓨터 과학자, 바이오 메디컬 연구자 외 다수가 포함되어 있다. 영화의 미술 디자이너 알렉스 맥도웰(Alex McDowell)은 소위 '2054년 바이블'로 불리게 된 80페이지 분량의 가이드북을 남겼다. 여기에는 건축, 사회 경제, 정치, 기술 발전의 여러 측면과 어떻게 개별 경제가 전체 형태를 구축하는 데 기여하는지를 열거했다.

물론 살인을 미리 예언해 프리크라임(PreCrime: 인공지능을 통해 범죄자 리스트를 만들어 범죄를 예측하고 예방하는 기술 -역주) 조직이 미리 막을 수 있게 돕는 그 '예지력을 가진 사람'은 없을지 모른다. 하지만 영화 속 거의 모든 것은 과학자, 엔지니어, 바이오 메디컬 연구자, 컴퓨터 과학자, 작가들이 이미 완성했거나 작업하고 있거나, 가까운 장래에 작업할 것들이다. 사실 영화 속 많은 예언이 35년은 더 빨리 구현되었다는 사실이 상세히 열거된 기사도 있다. 그렇다면 지금은 어떤가? 분명 스필버그는 미래를 정확히 예측했다. 감탄할 정도다. 하지만 확신하건대 그 미래는 지금이다.

앞 장에서는 맥락의 관점에서 많은 설명을 했다. 왜 기업들이 이러한 신기술에 관심을 가져야 하는지를 살펴보고 과거 걸어온 길을 되돌아보면서 어떻게 지금에 이르렀는지 그 과정도 살펴봤다. 그런 조망을 통해 오늘날 가장 핫한 여섯 개 기술을 도출하고 그 개요를 서술했다. 바로 IoT, AI, 클라우드, 블록체인, XR, 5G다. 지금부터는 각 산업 분야에서 이 기술들을 어떻게 적용하는지 살펴볼 것이다. 이어지는 섹터에서는 엔터테인먼트, 패션, 소매, 서비스를 포함한 특정 분야에 초점을 맞출 것이다. 각 산업이 새로운 컴퓨팅 환경에서 훈련, 설계, 생산, 마케팅과 영업, 협업 등에 어떻게 이 기술을 활용하고 있는지 들어가 볼 것이다. 또한 새롭게 등장한 기술이 자신을 변호할 수 있도록 할 것이다. 즉, 이 핵심 기술이 다양한 산업에 어떻게 적용되는지 살펴보면서 그것이 프로세스를 가속화하고, 대규모 작업을 수행하고, 효율성을 대폭 향상하고, 스마트한 선택이 큰 변화의 원동력이 될 수 있는 분기점에서 의사 결정권자에게 결정적 통찰력을 제공하는 것 등을 상세히 파헤쳐 볼 것이다.

제 5 장

채용

: 재능의 증강

앞에 나온 것처럼 기술은 거의 모든 산업의 구조를 바꾸고 있다. 하지만 기업은 사람이 만들고 운영한다. 그리고 혁신, 성장, 성공을 만들어 가는 핵심 자산은 결국 인간의 재능이다. 최소한 지금은 그렇다. 하지만 특정 작업, 역할, 혹은 기업 문화에 관한 한 모든 사람의 스킬, 경험, 성격 특성이 같은 것은 아니다. 추가해서, 채용 프로세스 자체도 전면적 정비가 아니더라도 변신이 필요하다.

AI 로봇을 이용한 채용: 적임자를 찾는 데서 고용까지

오늘날 기업이 당면한 주요 과제 중 하나는 폭주하는 이력서와 구직 신청서를 적절히 처리하는 것이다. 설사 이력서나 경력서가 사실과 차이 나는 내용을 교묘하게 작성한 것일지라도 채용팀은 그 몇 페이지의 글이라는 아주 좁은 시각을 통해 후보자를 평가하고 회사에 도움이 되겠는지 판단할 수밖에 없다. 물론 후보자 평가에 필요한 교육은 받지만 정말로 염증 나고 지치는 작업이다. 특히 한 자리에 수십 명이 지원했을 때는 이력서에 감춰져 있는 중요한 뉘앙스를 간과할 가능성이 크다.

오늘날 채용과 구직 간의 역동성은 마치 체스 게임과도 같다. 구직자는 잠재적 고용주가 구인 광고에 밝힌 필요성에 맞춰 자신의 이력을 기술한다. 또한 회사가 원한다고 생각되는 인재상에 맞게 내용을 작성한다. 이러다 보니 이력서 간의 변별력이 실종된다. 즉, 이력서만 보면 거의 모두가 채용을 고려할 만한 인재로 보이는 것이다. 이때 특정 목적으로 설계된 특화형 AI(narrow AI: 약(한) AI로도 부름 -역주)가 탑재된 ATS(지원자 추적시스템, Application Tracking Systems)로 문제를 해결할 수 있다. 이미 이 시스템을 사용하는 것이 일반 관행이 되어 기업 채용의 주류 솔루션이 되었다. 추측건대 거의 모든 포춘 500(Fortune 500) 회사가 AI 구동의 ATS를 활용해 폭주하는 이력서를 걸러낸다.

ATS 알고리즘은 응시자의 스킬 셋과 인성에서 회사가 높은 점수를 부여하는 특정 용어나 패턴을 찾도록 짜여 있다. 그리고 사전에 정의된 범주에 기반해 최고의 후보자를 추천한다. 채용 매니저는 그 많은 지원서 전부를 들여다보는 고된 업무를 하지 않아도 된다. 반면 ATS를 통해 이력서를 제출하는 구직자에게는 이제 ATS 탐색과 랭킹 알고리즘에 이력서를 최적화하는 것이 중요해졌다. 그래서 이력서에 키워드를 덧대고 파싱 오류(parsing error)를 유발할 수 있는 테이블 사용을 피한다.

ATS의 사용은 양쪽 모두에 득이 된다. 구직자의 경우 자신의 지원이 어떻게 진행되고 있는지 알고 싶다. 하지만 채용 매니저나 직원이 모든 지원자의 질문에 답하거나 이슈 처리를 위해 항상 대기하지는 않는다. 다행히 챗봇으로 불리는 대화형 AI로 연중무휴 필요한 정보를 제공해 줄 수 있다. 이 저기능(low-functioning) AI는 자연어 처리(Natural Language Processing: NLP)를 이용해 지원자의 질문을 이해해 문자 메시지 앱이나 다른 플랫폼을 통해 답한다. 또, 후보자가 다음 단계에 도달하게 되면 자동으로 알림 통보를 보낸다.

이런 가상 보조원과 챗봇은 구직자를 돕는 것과 동시에 채용 매니저와 회사를 자격 미달 후보자의 홍수로부터 보호해 주는 또 다른 방어선 역할을 한다. 일부 회사는 이보다 더 나아가 인터뷰 단계에서도 AI로 질문과 대답을 분석해 후보자의 업무 전문성, 자신감, 신뢰도 등을 평가한다.

5G: 통신망을 통해 바로 등장하다

2012년 미국의 인사담당자 중 63%가 비디오를 통해 채용 인터뷰를 진행했다. 2020년 4월에는 그 수치가 86%로 껑충 뛰었다. 코로나 19는 일부 회사가 본사를 완전히 (물리적) 폐쇄하는 영구적 변화도 낳았다. 이러한 변화로 2025년까지 약 3,620만 명의 미국인이 원격으로 일할 것으로 추산된다. 전염병 이전과 비교하면 87%가 증가한 수준이다. 이렇게 가상 인터뷰를 진행하는 채용 담당자와 원격의 응시자 간에는 네트워크 스피드와 인터뷰 도구의 업그레이드가 필요하다.

5G의 등장으로 이제 통신 속도는 초광속에 접어들었다. 5G는 고도의 통신망을 대중화할 것이다. 실시간 협업을 독려하고 스트리밍체적 비디오 같은 미래 기술을 가능하게 할 것이다. 이런 5G의 도움으로 인터뷰도 3D 비디오로 바뀌고 있다. 홀로그램 인터뷰는 과거에도 있었다. 2015년 스티븐 호킹(Stephen Hawking) 박사가 시스코(Cisco)와 뉴사우스웨일스 대학(University of New South Wales: 호주의 명문대)을 통

해 시드니 오페라 하우스에 등장했을 때 이미 DVE Telepresence Holographic Live Stage 기술을 사용했다.

2020년, NBA는 터너스포츠(Turner Sports)와 ESPN의 홀로그램 코트 사이드(courtside) 인터뷰에 5G를 사용하기 시작했다. NBA는 AT&T와의 공동 작업으로 5G를 이용해 NBA 선수와 해설자가 자연스럽게 서거나 앉아 눈을 마주 보며 대화하는 것을 가능하게 했다. 이들은 마치 같은 장소에 있는 것처럼 NBA 플레이오프 등에 관한 얘기를 자연스럽게 나누었다. 더 많은 통신사가 5G를 설치하면서 이런 유형의 홀로그램 파워가 조만간 모든 이에게 가용해질 것이다. 그리고 사람들이 2D 비디오보다 선호하는 새로운 통신 방식이 될 것이다. "5G가 더 빨라지는 것에 따라 대역폭 속도 역시 빨라지면서 더 몰입적 경험을 하게 될 것이다. 그리고 나면 그것을 경험하고 가상 현실에 적용하고 싶어 하는 사람을 위한 기회가 늘어날 것이다." NBA 부 커미셔너 마크 테이텀(Mark Tatum)이 한 말이다.

확장 현실(XR): 이미 취직된 것처럼 일하라

일부 후보자와 고용주는 전화 혹은 웹 컨퍼런스 앱을 통한 인터뷰에 만족하지 않을 수 있다. 그중 특히 뛰어난 응시자, 실제 업무 현장에 대한 '감을 느껴보기' 원하는 응시자에게는 XR의 다양한 솔루션을 통해 회사의 문화, 사무실, 시설 등을 보여 줄 수 있다. 실제로 많은 기업이 가상 현실을 통해 몰입적 사무실 투어와 그들 문화에 대한 짧은 경험을 제공한다. 제조 공장은 생산 라인과 그것을 운영하는 기술팀을 VR로 그릴 수 있다. 글로벌 브랜드 회사는 AR을 통해 그들의 제품을 보여 주고 운영과 시설에 관한 주문형, 경험 형태의 소개를 할 수도 있다. 문화를 중요시하는 고용주라면 종업원 복지 시설과 직장 안팎에서의 팀 다이내믹을 보여 줄 수 있다.

지난 몇 년에 걸쳐 우리 고객 다수가 회사 사람들, 분위기, 작업 공간 등에 우수 후보자가 매력을 느끼도록 VR을 활용하기 바랐다. 이것은 많은 브랜드 회사들이 웹사이트에 끼워 놓은 회사 소개 비디오의 업그레이드 버전이다. XR은 조직 문화와 시설을 보여 주는 데 더해 역할 오디션과 모의 필드 테스트에도 사용할 수 있다. 주목할 만한 전례로 항공사, 비행 학원, 군용기 회사들은 오랫동안 모의 비행을 통해 신입에게는 기본적 비행 원칙을, 베테랑 파일럿에게는 고급 비상 프로토콜을 가르쳐 왔다. 의과 대학 역시 XR을 이용해 외과 의사를 훈련한다.

같은 기술이 채용 목적에도 적합할 수 있다. 조립이나 진단처럼 육체적 하드 스킬을 요구하는 역할이나 비즈니스 협상 같은 소프트 스킬에 의존하는 일 모두에 적용할 수 있다. XR과 그 하위 분야(증강 현실과 가상 현실)를 특정 업무 역할에 대한 후보자의 유효성을 검증하는 데 이용하는 것은 채용 프로세스를 업그레이드 시켰다. 테이블 위에 각기 다른 기계 부품이나 전자 부품을 놓고 응시자가 태블릿 혹은 AR이 탑재된 안경과 손동작으로 상호 작용하게 함으로써 평가와 훈련이 가능하다. 즉, 응시자가 어떻게 테이블 위의 부품, 도구, 기계, 그리고 다른 가상 물체를 조립하고, 분해하고, 고치고, 다루는지를 가지고 기술 전문성을 평가한다. AR을 사용하면 응시자가 자신들이 하는 일을 진짜로 아는지에 대해 꽤 정확히 평가할 수 있다.

한편으로 최전방 사업 조직은 AR을 지렛대 삼아 복잡한 시나리오를 시뮬레이션하고 후보자들의 행동, 스킬 셋, 유효성, 어려운 대화나 스트레스 상황에서의 전반적 성과를 평가할 수 있다. 이 시나리오에는 투자 권유, 모의 판매, 스태프 채용/해고, 프로젝트 협상, 고객 불만 처리 등이 포함된다. 이미 대기업과 스타트 업 똑같이 이러한 기술을 활용해 큰 효과를 얻고 있다.

로스앤젤레스에 있는 테일스핀(Talespin)은 기업을 위한 XR과 AI 플랫폼에 특화된 회사다. 2019년에 종업원 해고 시뮬레이터를 출시했는데 그런 상황에서 리더가 적절한 대인 관계 기술을 가졌는지를 평가할 수 있다. 시나리오에는 거의 인간과 흡사한 가상 인물이 등장한다. 그는 평가 대상자가 말하거나 행동하는 상황에 맞추어 감정적으로, 때로는 책상을 치는 것처럼 폭력적으로 반응한다. 이에 대한 대상자의 반응 시간, 감정 이입, 결과물이 얼마나 성공적이었는지에 관한 데이터가 채용 담당자에게 전달되어 검토된다. 채용뿐 아니라 수행 평가, 스태프 승진 등 다른 목적에 맞게 시뮬레이션의 내용을 바꿀 수도 있다.

반복적이고 별로 스킬을 필요로 하지 않는 작업이 점점 더 자동화로 대체되면서 더 많은 노동력이 정보 근로자로 전환할 것이다. 이들에게는 해당 업무 전문성과 소통 스킬 둘 다가 요구되고 회사는 그런 사람을 찾고, 훈련하고, 유지하는 데 AI와 XR에 대한 의존을 더욱 늘릴 것이다. 인사담당자는 이러한 기술이 요구하는 새로운 지식과 스킬에 대한 이해뿐 아니라 AI, AR, 5G가 최고의 후보자를 가려내고, 유인하고, 유지하는데 제공하는 놀라운 잠재력을 이해하는 것 역시 중요하다.

증강 채용의 기회

○ AI는 회사가 많은 지원자를 자세히 살펴보고 그중 스킬과 경험의 최고 조합을 가진 사람을 찾게 도와준다.

○ AI는 구직자가 그들의 지원서를 잘 작성해 성공확률을 높이는 것을 돕는다.

○ XR은 컴퓨터 투어, 혹은 일에 대한 적합도를 측정하는 몰입형 시나리오를 통해 회사가 더 나은 재능을 가진 사람을 채용하도록 돕는다.

제 6 장

훈련

: 적시 지원 및 그 이상

기업은 채용한 새 인재가 부여된 역할을 잘 해낼 수 있도록 훈련해야 한다. 직원들이 새로운 기술을 개발하도록 돕든, 기존 기술을 재교육하고 업그레이드하든 교육 프로그램은 모든 조직의 지속가능성을 위해 매우 중요하다. 인력 훈련은 고용 라이프사이클에 있어 반복되는 단계로 특히 기술이 커다란 차이를 나을 수 있다.

인공 지능: 핵심을 놓쳤다!

··

조직은 AI를 여러 용도로 사용한다. 특히 인력 개발 측면에서는 그 적용 분야가 무한대다. 예를 들어 기계 학습 알고리즘을 통한 훈련 활동 분석으로 학습 격차를 찾아내 훈련 프로그램의 효과를 향상할 수 있다. 또한 훈련생이 새로운 과제를 수행하거나 어려운 과제를 푸는 동안 AI를 통해 실시간 동적 제안으로 도움을 줄 수 있다. 많은 회사가 인공 지능을 이용해 훈련 속도를 가속화하고 효과를 극대화한다.

글로벌 제조업체 스탠리 블랙 & 데커(Stanley Black & Decker)는 딥하우(DeepHow) 플랫폼으로 직원들이 업무 수행 시 데이터를 수집한다. 일단 데이터가 수집되면 '스테파니(Stephanie)'로 알려진 AI를 통해 추출과 합성을 거친다. 이렇게 정리된 작업 흐름은 하나의 교육 비디오가 된다. 스테파니는 전문가 지식을 끊임없이 수집하고 체계화한다.

작업자에게는 다국어로 적기에 정보를 제공하는데 이 AI를 통해 지식 디지털화가 고도로 효율적이 되고 조직 전체에 확장할 수 있게 되었다. 이런 유형의 플랫폼은 직원의 스킬을 향상할 뿐 아니라 담당자가 이직하더라도 고객에게 끊김 없는 서비스를 제공할 수 있게 한다.

스태프 훈련을 업그레이드하는 또 다른 방법은 챗봇의 활용이다. 누구나 웹 사이트에서 간단한 문자 채팅이 가능한 챗봇에 익숙할 것이다. 이 챗봇은 훈련 과정에 관한 훈련생의 질문에 언제나 답할 준비가 되어 있다. 이런 챗봇의 얼굴이 바뀌고 있다. 공감, 연민, 융통성이 AI의 (디지털) DNA에 심어지고 있다. 인간 직원과 감성적으로 연결될 수 있다는 것은 훈련생의 유지율과 완료율이 높아지는 결과를 가져온다. 메리빌 대학교(Maryville University: 미국 미주리 주에 있는 간호 대학교 –역주)의 디지털 인간 미아(Mya)와 엠마(Emma)는 학생들에게 연방정부 학자금(FAFSA) 신청 방법을 지도하고, 학교 문화에 관한 정보를 공유하며, 학업 계획에 관한 조언을 한다.

내 업무가 토스터를 조립하는 것이라고 해 보자. 그리고 나를 고용한 회사는 증강 현실로 구축한 가상훈련 환경 속에 AI 프로그램을 운영한다. 나는 작업대 위에 임의로 놓여 있는 여러 부품을 조립해 토스터를 만든다. 이때 AR 프로그램은 어느 부품과 도구를 먼저 골라야 하는지 디지털로 표시해 준다. AI는 내 조립 동작을 관찰해 아마 이렇게 말할지 모른다. "이봐요, 뭔가 문제가 있어 보이는 데 도와줄까요?" 아니면 내가 질문할 수도 있다. "이 인장 코일 스프링의 위치가 어디지?" 아니면 "이 기어의 회전력을 어떻게 조절하지?" 그러면 AI가 지식 베이스를 찾아본 후 내 숙련도에 맞춰 답을 해 준다. 내 동작과 질문을 바탕으로 적절한 훈련 단계(초급, 중급, 고급, 전문가)와 내 니즈에 맞는 학습 모듈을 추천할 수도 있다.

AI 훈련 플랫폼은 트레이너가 훈련생과 물리적으로 가까이 있을 필요성을 상당히 줄여준다. 그 때문에 훈련팀은 더 많은 시간을 학습 모듈을 잘 만드는 데 집중할 수 있다. AI 트레이너는 직원의 훈련 만족도를 향상하고 동시에 인력 개발 매니저와 스태프들을 일상 업무에서 해방 시켜 더 고차원의, 전략적으로 더 중요한 임무를 수행할 수 있게 한다.

5G 기술: 원격 교육에 새로운 의미를 부여하다

컴퓨터 기반 훈련은 5G의 엄청난 속도와 처리량에 힘입어 비약적 발전을 했다. 예를 들어 100만 달러짜리 인쇄기를 운영할 사람을 새로 뽑았다. 만약 그가 두 권으로 된 매뉴얼 또는 두꺼운 파워포인트 슬라이드 뭉치를 통해서만 단기간에 경쟁력을 쌓을 수 있다면 많은 시간을 들여 전력을 다해야 할 것이다. 반면 충실도 높은 훈련 시뮬레이션을 5G를 통해 제공한다면 몰입형 학습 경험이 가능하다. 이것은 훈련받는 사람의 감각과 사고를 해당 시뮬레이션의 시각적, 기하학적, 방법론적, 만화적 측면과 긴밀히 연결해 준다. 훈련생은 금방 모든 각도에서 그 부품이 어떻게 보이는지, 운영 시 느낌이 어떤 건지, 특정 결과를 제공하기 위해 어떻게 기계를 조종해야 하는지를 알게 될 것이다.

충실도 높은 경험을 제공하는 것에 더해 조직은 이 고품질 훈련을 어느 곳에서도 진행할 수 있다. 이제 훈련 대상자 전부를 본사까지 실어 나르는 대신 누구나 지점, 공장, 아니면 집에서도 PC를 통해 멀리 떨어져 있는 생산 시설을 관찰할 수 있다. 과거에 5일간의 실전 훈련을 위해 매년 수백 명의 고객과 인사 직원을 유럽까지 실어 나르던 회사가 있었다. 지역의 전문 기술자들과 소통하기 위해서뿐 아니라 사람들을 기계 바로 가까이에서 친숙하게 만들려고 한 것이다. 교통비, 숙박비, 훈련비, 기타 관련 비용을 포함해 일 년 총비용이 약 100만 달러에 달했다. 이제 고속 광대역망 혹은 5G를 통한 원격 디지털 훈련이 제공되면서 회사는 그야말로 모든 사람을 가상으로 한곳에 모을 수 있다. 물론 비용도 훨씬 적게 들고 번거로운 이동도 전혀 없다. 더군다나 팀원들을 훈련 장소로 나르던 때와 비교해 학습 결과가 비슷하거나 오히려 더 좋았다.

5G는 다른 연계된 기술에 비해 덜 중요해 보일 수 있지만 사실 지구의 미래를 다시 만들고 있는 주요 이슈와도 관련되어 있다. 기후 변화의 가혹한 현실이 곧 닥칠 것 같은 데에는 항공 여행 및 그와 연계된 기업과 고객 생태계의 '탄소 수치(carbon-shaming: 탄소 배출로 환경에 악영향을 끼치는 항공 여행을 비난하는 비행 수치와 비슷한 의미임 −역수)'에 일정 책임이 있다. 더군다나 2020년을 아수라장으로 만든 것과 비슷한 또 다른 전염병의 가능성도 여전히 크다. 이 두 이슈를 제대로 다루려면 원격

근로, 협업, 훈련의 사례가 필수적이다. 물론 이것은 5G 무선 네트워킹을 통한 더 빠른 연결성의 확실한 사례들이다.

확장 현실(XR): 가상의 현장 연수(On the Job Training, OJT)

확장 현실의 훈련 적용은 다양한 측면을 가진다. 그중 고 충실도와 강화된 시뮬레이션이 가장 도드라져 보인다. 전반적으로, XR 시뮬레이션은 훈련의 효과, 훈련생의 안전, 작업 성과를 향상해 준다. 예를 들어 만약 건초 포장기, 천공판, 아니면 다른 위험한 장비의 사용법을 배워야 한다면 XR 시뮬레이션이 더 안전하고, 빠르고, 쉽게 장비에 능숙해지도록 도와줄 것이다. 어떤 기계라도 운용하고, 고치고, 관리할 방법을 훈련할 수 있다. 낮은 조명 상황에서의 수리, 닳아해진 부품의 교체, 혹은 특정 출력물 생성을 위한 기계 환경 설정 등 어떠한 유형의 시나리오도 가능하다. 이를 통해 회사와 훈련생 모두 안전 위험과 실제 장비를 훼손하거나 파손시키는 위험을 제거하는 추가 효과를 얻을 수 있다.

세계에서 가장 규모가 큰 것 중 하나인 뉴욕시 철도 시스템은 하루에 거의 900만 명을 실어 나른다. 지하철 관리소는 오래된 객실 차량을 주기적으로 새것으로 교체한다. 하지만 오래된 선로, 스위치, 정류장 같은 것은 계속 유지하고 있는데 그 대부분이 무려 1930년대의 것들이다! 장비의 노후화를 고려할 때 지하철을 안전하고 견고하게 운영하려면 기술자들이 무더기로 필요하다. 그래서 경영진에게는 새로운 철도 기술자를 훈련하는 것이 항상 큰 도전으로 다가온다. 말했듯이 수백만 명이 매일 철도로 출퇴근한다. 추가 공지 때까지 지하철을 폐쇄한다는 말은 입 밖에 꺼낼 수도 없다. 그래서 그들이 보유하고 있는 약간의 유휴 장비를 이용해 새로운 기술자를 가르친다. 트레이너팀은 위험한 상황을 고려해 안전을 트레이닝 프로그램의 최우선으로 하고 있다.

이와 같은 전통적 훈련은 따분하고, 비효과적이며 시간 낭비다. 아마 모두가 빙 둘러서 그 귀한 장비를 힐끗 보는 정도일 것이다. 훈련생은 훈련 초기에 그 기름투성이의 주철 기계들을 만지고 조작할 기회가 있는데 무게가 몇백 파운드에 달한다. 이 모든 교육상 애로를 고려할 때 새로운 기술자가 선로 작업을 안전하게 할 수 있으려면 최소 1년 정도의 훈련이 반드시 필요하다. 더해서 제대로 자격을 갖춘 철도 기술자가 되기 위해서는 또 다른 2년의 견습 기간이 필요하다. 한편 HR은 다음 세대 작업자들과 공유되어야 하는 전임자의 불가사의한 지식 때문에 몇 명의 퇴직자를 항시 주변에 두어야만 한다.

VR/AR은 그 귀한 장비의 디지털 3D 카피를 통해 훈련생 모두에게 고도로 몰입적이고 실제적인 경험을 즉각 제공한다. 더군다나 어떠한 유형의 어려운 시나리오도 필요에 맞춰 시뮬레이션해 개념, 프로토콜, 기술을 보강할 수 있다. XR 시뮬레이션은 전통적 방식보다 훨씬 더 심도 있고 빠른 훈련을 가능하게 한다.

다양성 훈련, 수용 훈련, 성희롱 방지 교육 등은 특히 어렵다. 단순히 새로운 일을 배우는 것이 아니라 세상을 다른 관점에서 볼 것을 요구하기 때문이다. VR 퍼스펙티브(VR Perspective) 같은 회사는 가상 현실을 통해 그런 도전을 완화하는 것을 목표로 한다. VR 퍼스펙티브의 창립자 마이라 랄딘(Myra LalDin)은 다양성 훈련이 모든 직원을 위한 것이라 말한다. 일부 다양성 훈련과 수용 훈련이 주로 사람이 잘못한 것을 추려내는 것이라면 VR 퍼스펙티브에는 그런 지적이 없다. 그가 직접 VR에 등장해 "들어가 스스로 배워라. 결론도 스스로 내려라. 학습 도구와 토론을 통해 다른 사람으로부터 배우고 직접 경험으로부터 당신이 원하는 문화를 만들라"고 말한다.

전반적으로, XR은 훈련에서의 도전을 전부는 아니더라도 상당 부분 해결해 준다. 주로 학습 과정에서의 단조롭고 고된 일을 많이 빼내고, 뭐가 필요한지 혹은 어떤 부분이 부족한지를 알아내기 위한 유용한 데이터를 모으고, 더 저렴하고 쉽게 훈련할 수 있게 해 준다. 또한 전문가들과 매니저들이 더 좋은 훈련을 만드는 데 집중하도록 더 많은 시간을 만들어 준다.

사물 인터넷: 연결된 직장

도어 락, 온도 조절기, 전등, 가전제품 등이 그 자체로 흥미를 유발하는 경우는 드물다. 하지만 사물 인터넷이 그것을 바꾸었다. 일상적인 전기 장비들이 이제 네트워크 안에서 서로 연결되어 자신에 관한 혹은 주변 정보를 공유한다. 이것이 스마트 홈, 스마트 차량, 스마트 공장, 그리고 불과 수십 년 전까지만 해도 공상 과학 만화에서나 나오던 것들의 부상을 이끌었다. IoT 리더 에릭슨(Ericsson)에 따르면 2025년까지 약 240억 개의 IoT 장비가 네트워크에 연결될 것이다.

훈련 분야에서의 IoT 적용은 그야말로 끝이 없다. 흔한 예로 근거리 무선통신(Near Field Communication: NFC)이라 불리는 IoT 구동 기술을 들 수 있다. 지브라 테크놀로지(Zebra Technologies)는 50년 된 회사로 다양한 인쇄, 트래킹, 라벨링 솔루션을 공급한다. 회사는 소매, 제조, 물류, 헬스케어, 정부 및 다른 산업계 기업 고객을 대상으로 NFC 칩을 판매하고 구축해 왔다. 이 고객 중 하나가 원한 것은 공항이나 다른 시설에서 일하는 자신의 정비 요원에게 치명적일 수 있는 잠재적 위험을 완전히는 제거 못하더라도 최소한 방지하는 것이었다. 항공 정비 인력은 각자의 전문분야에 따라 비행기 기체, 날개, 방향타, 꼬리 안전장치의 청소, 페인트칠, 수리, 품질 점검을 한다. 많은 항공기의 꼬리지느러미 꼭대기는 55피트(16.76미터), 대략 5층 빌딩보다 약간 더 높다. 그 고도에서 떨어지면 죽거나 심하게 다친다.

이 수직 꼬리지느러미에서 일하려면 고소 작업대(aerial work platform)가 필요하다. 대개는 가위 승강기(Scissor lift) 형태인데 작업자들은 안전벨트를 차고 그것을 작업대에 고정한다. 하지만 사람이기에 가끔 이 프로토콜을 잊어버린다. 한 번의 안전 불이행은 비극적 사고가 될 수 있지만 자주, 반복되면 회사는 문을 닫게 될 것이다.

지브라는 이러한 위험에 대처하기 위해 NFC 라벨을 안전벨트와 개인 보호구, 그리고 다른 안전 장비에 부착했다. 그리고 앞에 언급된 고객을 위한 프로토콜, 센서, 라벨 시스템을 제작했다. 이 시스템에서는 NFC 라벨을 카라비너(carabiner: 등산할 때 사용하는 타원 또는 D자 형 강철 고리 -역주)에 붙이고 NFC '리더(reader)'를 작업자가 벨트를 끼우는 부분에 붙인다. 시스템은 작업이 안전 프로토콜을 따라 정해진 순서대로 진행되는 것을 보장한다. 사전 정의된 순서에서 일탈이 발생하면 알람이 울리거나 프로세스가 중단된다. 이런 방식으로 만약 정비 인원이 안전벨트 착용을 잊어버리면 그 벨트에 상응하는 NFC 라벨이 작동하지 않거나 적절한 전파를 전송하지 않는다. 그러면 가위 승강기가 작업대를 올리지 않고 대신 경고 알람을 내보낸다. 이 솔루션은 작업자의 사고 발생률을 '0'으로 줄여 많은 목숨을 살리고 생산성을 보호했다. 프렌즈 위드 홀로그램에서는 창립자 겸 CEO 코트니 하딩이 직원 훈련에 VR/AR을 활용하는 데 선봉에 서 있다. 그녀는 이렇게 말했다.

"우리는 소프트 스킬에 초점을 맞춰 몇 개의 VR 훈련 요소를 구축해 왔다. 이제는 협업적 VR 공간에서의 사업도 시작했다. 액센추어와 에베뉴에스(AvenueS)를 위해 만든 것은 모바일 월드 콩그레스(Mobile World Congress)에서 최고 VR/AR로 뽑혔고 SXSW(SXSW: 사우스바이사우스웨스트, 북미 최고 콘텐츠 페스티벌 -역주)에서 혁신상 최종 후보로 올랐다. 이미 몇 개 주가 사용하고 있는데 인디애나주에서는 그것을 사용하고 나서 사회복지사 이직률이 18% 감소한 것으로 보고됐다."

아리오 테크놀로지(Ario Technologies)는 확장 가능한 웹과 모바일의 파워를 증강 현실과 합친 것으로 알려져 있다. 이 AR SaaS 회사는 2020년 버라이즌(Verizon)의 5G 제품, 서비스 및 앱 아이디어 경연대회인 '빌트 온 5G 챌린지(Built on 5G Challenge)'에서 우승을 차지했다. 이 결과 파트너십을 승인받아 버라이즌의 5G 네트워크와 같이 일하기 시작했고 네트워크 연결의 향후 도구로 아리오 AR을 준비하게 되었다.

5G가 이 산업에 가져다줄 가장 중요한 혜택은 모바일 엣지 컴퓨팅(mobile edge computing: MEC, 이동통신 기지국과 근거리에 데이터 처리/저장을 위한 서버 등 컴퓨팅 시스템을 구축하는 것 -역주)을 활용하는 능력, 지연 시간의 획기적 단축, 더욱 빨라진 다운로드 및 업로드 속도다. 프로세스를 클라우드에서 엣지로 옮길 수 있는 능력은 그렇지 않았다면 애플리케이션 연결에 100ms(밀리 세컨드, 1,000분의 1초) 혹은 그 이상이 요구될 수 있는 홉(hop: 각 패킷이 매 노드 또는 라우터를 건너가는 양상을 비유적으로 표현한 것 -역주)의 수를 줄여 줄 것이다. 이것은 5G가 아니라면 계속될 지연 시간을 바로 줄여 준다. 아리오의 공동 창업자 네이트 펜더(Nate Fender)는 다음과 같이 말했다.

"이제 데이터 속도가 빨라지면서 모바일 애플리케이션의 백그라운드에 대량의 데이터를 로드하는 것이 현실이 되었다. 온디멘드 AR 클라우드 맵, 더 거대해지고 훈련된 기계 학습 모델, 상호작용하는 3D 경험 등 5G 없이는 불가능했을 것들이 등장하고 있다. 5G는 디지털로 연결된 작업자에게 그런 유형의 끊김이 없는 경험을 진짜로 가져다줄 잠재력을 분명 가지고 있다."

그리고 훈련에 관련해서는 이렇게 말한다.

"기계 학습과 증강 현실 간에는 굉장한 공생 잠재력이 있다. 구체적으로는 수집된 영상을 비주얼 서치 엔진에 맞게 훈련해 공간 상호작용에 바로 적용할 수 있다. 산업체를 조망해 보면 디지털로 연결된 작업자들이 당분간은 꼭 유지해야 하는 오래된 장비가 산더미처럼 쌓여 있다. 이제 그 장비 중 하나에 접근해 생산 연도와 모델을 바로 알아내고 그 위치에 맞춰 사전 구축된 AR 클라우드 모델을 다운로드하는 것을 상상해 보라. 무엇보다 상황에 대한 인지가 즉각적으로 향상될 것이며 해당 작업자의 학습 강점과 3D 모델인지, 비디오 모델인지 혹은 둘 다인지 등에 따라 맞춰진 정보가 제시된다."

아리오의 사용자는 AI와 AR 기술을 활용해 주요 업무를 전례 없던 방식으로 수행할 수 있어 효율, 정확성, 역량이 향상되었다. 펜더는 제조업과 그 인력들의 변화 모습에 대해 큰 우려가 있지만 XR이 해결책을 제시할 수 있다고 믿었다.

"향후 수년에 걸쳐서도 못 채울 제조업 일자리가 수백만 개에 달할 것이고, 특히 공익 사업체(utility: 전기, 가스, 상하수도 등) 인력의 3분의 1 이상이 퇴직할 나이가 되기 때문에 기술의 갭이 커질 것이다. 그것은 20년 이상의 경험을 가진 인력과 갓 들어온 인력 간의 갭을 말한다. 이 갭을 메꾸는 데 훈련과 생산 환경 모두에서 공간 컴퓨팅을 효율적으로 사용하는 것을 목격했다. 고도로 반복적이고 예방적인 정비 절차가 정기적으로 행해지지만, 그것을 담당하는 일선 작업자들이 바뀐다는 변수가 있다. 공간 컴퓨팅은 경험이 거의 없는 사람과 그 고도로 복잡한 절차 간의 교량 역할을 한다. 생산에서는 새로운 제품 변종을 생산하기 위해 생산 라인을 바꾸는 일이 정기적으로 일어난다. 그 전환 과정의 단계들이 라인의 다른 구역에서 일어날 때 특히 공간적 맥락이 중요하다."

소피아 모샤샤(Sophia Moshasha)는 브라이트라인 인터액티브(Brightline Interactive)의 전 파트너십 대표이자 VR/AR 협회(VR/AR Association) 워싱턴 D.C. 지부 부지부장이다. 자신의 산업계에서 인공 지능이 어떻게 사용되고 있는지 묻자 다음과 같이 답했다.

"브라이트라인 인터액티브는 VR을 브레인 컴퓨터 인터페이스(brain computer interface: BCI) 및 AI와 결합해 사용하고 있다. 이를 통한 자율적이고 개인화된 훈련 경험을 추구한다. 브라이트라인의 솔루션인 성능 적응 가상 엔진(Performance Adaptive Virtual Engine: PAVE)은 다양한 센서 배열을 결합해 시뮬레이션 내에서의 적극적 반응과 수동적 반응을 평가하고 훈련 환경 내 그런 반응의 출현에 맞춰 특정 훈련생의 숙련도와 결점을 찾아내 훈련 목표를 정한다. 이러한 PAVE 방법론은 다양한 산업과 현장에서의 훈련에 옮겨져 사용자 니즈와의 상호작용에 기초한 콘텐츠를 내놓는다. VR/AR은 5G의 파워를 특히 소비자 시장에 제공하는 데 있어 진정한 테스트베드가 될 것이다. VR/AR을 통해 5G가 단순히 휴대폰에서의 더 빠른 데이터 전송만이 아니라 5G 이전에는 불가능했던 방식, 즉 공간적으로 정보를 접속하게 해 준다는 것을 보여주는 명백한 방법이 등장할 것이다."

AR을 통한 훈련은 산업이 더 복잡하고 빠르게 변하면서 더욱 필수가 될 것이다. 시설에 접근할 수 없는 사람을 어떻게 훈련할 것인가? 멘터가 곁에 있을 수 없을 때 새 장비에 대한 훈련은 어떻게 할 것인가? VR과 AR 훈련은 매뉴얼을 읽거나 비디오를 보는 것보다 훨씬 더 효과적이라는 것이 입증됐다. 그래서 영리한 회사라면 직원을 위한 VR 헤드셋에 기꺼이 투자할 것이다. 또 영리한 회사라면 이 이유 하나만으로 AR 기술에도 투자할 것이다.

증강 훈련의 기회

○ AI는 각 학습자에게 맞춤 훈련을 제공한다. 새로운 콘텐츠를 제안하거나 그들의 독특한 학습 스타일이 요구하는 대로 제시한다.

○ XR은 일관성과 반복성이 지속되는 다이내믹하고 몰입적 훈련을 통해 학습자에게 안전하게 자율권을 부여한다.

○ 5G는 학습자에게 더 강렬한 경험을 준다. 그들이 사무실에 있든 원거리에 있든 상관없다.

제 7 장

연구개발

: 미래를 좇다

R&D 분야에서도 AI가 큰 발전의 기회를 제공하고 있다. 로저 스피츠(Roger Spitz)가 말했듯이 연구자들은 AI를 이용해 할리신(Halicin)이라 불리는 새로운 약을 만들어 많은 유형의 박테리아를 죽였다. 최근에는 새로운 OCD(강박장애) 약을 만드는 데 AI가 아주 중요한 역할을 했다. 그것은 임상 시험 1상에 들어간 비인간이 만든 최초의 분자 약물이다. 수십 개의 AI 컴퓨터를 이용해 코로나바이러스 백신을 탐구하는 상상을 해 보라. 인간 지능을 훨씬 뛰어넘는 지능으로 기록적 시간 안에 솔루션을 찾을 것이다.

토론토 대학의 아비 골드파브(Avi Goldfarb) 교수는 2017년 세미나에서 왜 AI가 다목적 기술(General Purpose Technology)인지를 설명하면서 이렇게 말했다. "인터넷 혁명의 경제적 가치는 통신과 검색의 비용을 줄이고 그럼으로써 모든 정보를 쉽게 찾고 접근할 수 있게 해 준 것으로 설명할 수 있다." 골드파브 교수는 AI가 대규모로 사용되었을 때의 경제적 영향을 비용 절감에서 찾을 수 있지만, R&D에서는 비용 절감을 넘어 더 근본적 기회를 제공한다고 생각했다. "AI는 발명에 있어 새로운, 다목적을 달성할 방법으로 활용되어 경제에 훨씬 더 큰 영향을 끼칠지 모른다. 조직 내 혁신 프로세스와 R&D 부서의 본질을 뜯어고치는 방법이 될 것이다."

저자도 AI, 특히 딥 러닝이 정말 새로운 유형의 연구 도구라고 주장한다. 그것은 광범위한 분야에 걸쳐 새로운 탐구의 길을 열 것이다. 간단히 말해 AI는 발명 방법의 발명이다. 이런 발명은 특정 혁신 활동의 비용을 절감할 뿐 아니라 혁신 자체의 새로운 접근을 가능하게 한다. "이 새로운 도구가 적용되는 영역에서는 아마 기존에 써 놓은 대본을 뜯어 고쳐야 할 것이다."

우리 산업에서 증강 노동력이란 어떤 모습일까?

줄리 스미슨(Julie Smithson, MetaVRse 공동 창업자)

"증강된 노동력은 직원 및 고객과의 소통 지원을 위한 도움, 가이드, 시각화를 디지털로 수행한다."

엘리자베스 바론(Elizabeth Baron)은 포드 자동차에서 30년을 넘게 근무한 후 실버드래프트 슈퍼 컴퓨팅(Silverdraft Supercomputing)에서 몰입형 혁신 기술 연구원(Immersive Innovation Technical Fellow)으로 일했다. 그녀는 고급 렌더링(rendering: 2D 화상에 광원, 위치, 색상 등의 사실감을 불어넣어 3D 화상을 만드는 과정 -역주), VR, 시각적 효과 및 시각화에 필요한 방대한 계산과 프로세싱을 위해 슈퍼컴퓨터 고유의 아키텍처를 집중적으로 활용했다.

엘리자베스는 "AI는 자동차가 감정을 자극하면서도 과학적으로 보이게 하는 핵심 요소다. 자동차의 디자인과 성능을 몰입적이고 총체적 환경에서 이해하도록 상황에 따라 지능적 정보를 제공한다. 차는 경험으로 배워간다"라고 말하고 AR에 대해서는 "회사 내에 창출된 견고한 엔지니어링과 설계에 기반해 있어 누구나 쉽게 이해하는 설계, 엔지니어링, 생산 데이터를 몰입적 현실을 이용해 경험한다"라고 말했다. 5G는 AI와 AR을 함께 가져올 것이다. 5G는 자동차를 혁신할 것이다. 제품 개발 때 클라우드에서 저지연, 멀티 센서 VR을 사용하게 해 줄 뿐 아니라 무인 자동차와 스마트 시티까지.

약리 산업의 연구자들은 AI를 이용해 새로운 연구 분야를 찾는다. 자연어 처리(NLP)를 활용해 수천 개의 과학 연구 논문을 샅샅이 뒤져 더 파고 들어갈 재미있는 연구를 찾는다. AI의 가치는 대규모 작업에서 더 도드라진다. 연구 분야에서는 적절한 기회를 찾고, 솔루션을 발견하기 위해 깊이 파헤치고, 더 큰 혜택을 향해 이 이론들을 검증하는 데 AI가 필요불가결한 도구가 되고 있다. 전 산업에 걸쳐 R&D 팀이 AI와 AR을 이용해 데이터를 수집하고 체계화하고 이해한다. 그 결과는 전통 기술로 만든 것보다 더 안전하고, 더 효과적이고, 더 새롭고 흥미로운 디자인을 개발하는데 적용한다. 당신 조직의 연구 활동은 어떻게 파괴할 것인가? 몇 가지 제안을 해 본다

증강 연구 개발을 위한 기회

○ 심층 작업을 위한 기회 발굴을 위해 연구를 샅샅이 뒤지는 데 AI를 사용한다.

○ 연구자가 전통적 방식으로 실험이나 테스팅하는 것보다 훨씬 더 빠르고 안전하게 연구를 반복하기 위해 AI를 사용한다.

○ XR은 연구자들이 가상 모델 위에서 원격 협업을 할 수 있게 해 준다.

○ 5G는 더 많은 장소에서 더 많은 장비에 걸쳐 연구자들을 끌어모은다.

제 8 장

설계와 생산

: 실제로 더 나은 미래를 짓고 있다

기계가 '사람'이 될 잠재력은 여전히 기술의 가장 흥미로운 측면 중 하나로 남아 있다. 종종 공상 과학 소설에서 탐구되고 오늘날 일부 선도 사상가들이 크게 기대하는 개념이기도 하다. 사실 수년에 걸쳐 소수의 AI 시스템(이를테면 구글의 Duplex AI126)이 전설의 튜링 테스트(Turing Test)를 통과했다고 주장하고 있다. 이 테스트는 1950년 개발되어 컴퓨터가 인간과 같은 행동을 보이는지를 평가 결정한다. 하지만 테스트를 통과했다는 주장 대부분이 논란에 싸여 있다. 그런데도 사람과 가장 기본적 대화가 가능한 오늘날 챗봇의 능력은 이미 허((영화) Her), I, 로봇, 아이언맨(Ultron이 아니라 J.A.R.V.I.S) 같은 영화 속에 그려진 것과 비슷한 미래를 암시하고 있다.

우리 산업에서 증강 노동력은 어떤 모습일까?

소피아 모샤샤(VR/AR 협회 워싱턴 D.C. 지부 부 지부장)

"증강 노동력에 관한 아이디어는 특정 대상을 목표로 하는 정보가 그 정보를 가장 의미 있게 만드는 가장 적기 상황에서 제대로 전달되게 하는 것이다. 이때 그 전달 수단이 현재의 업무를 방해하는 것이 아니라 더 향상해야 한다. 조직은 증강된 노동력을 통해 오버헤드 비용을 줄이고 직원들에게 좀 더 매력적이고 풍성한 경험을 제공할 수 있다. 그리고 작업장에서의 효율과 생산성의 향상을 맛본다."

오늘날의 신경망(neural networks)은 이전에는 전적으로 사람의 영역으로 간주하던 일부 기능을 복제한다. 극단적으로 많은 데이터 세트를 아작아작 씹어 한 번의 사이클에 수백만 번의 시행착오를 거쳐 고급 '딥러닝' 알고리즘을 설계하고, 광범위한 제품군을 만들어 낼 수 있다. 아직은 최고의 인간 전문가에 견줄 솜씨는 아니지만 둘 간에 아주 흥미로운 시합이 막 시작된 것은 확실하다. 다시 한번 말하지만, 미적 측면과 현실성은 완전 별개 이야기다. 설계와 생산 프로세스를 향상하고, 간소화하거나 가속화 하는 기술이라면 모든 기업이 기꺼이 수용할 것이다. 이미 더 강한 다리, 더 효율적 건물을 만들고, 진단하고, 예측하고, 비용이 많이 드는 수리를 사전에 막는 데 이러한 기술을 적용하고 있다. 새로운 기술은 현대 생활의 필수품을 개념화하고 제작하는 기업의 기존 방식을 바꾸고 있다.

인공 지능: 발명은 99.999999% (디지털) 땀이다

우리는 기계가 예술을 창조하고, 음악을 만들고, 시를 쓰도록 가르친다. 인공 지능을 활용한 창조 작업에서는 컴퓨터와의 협업으로 전체 프로세스를 통제한다. 강력한 알고리즘이 무한 반복으로 특정 제품의 가상 모형을 만들어 낸다. 이 새롭고 창의적인 프로세스를 잘 활용하기 위해서는 AI 운영을 위한 룰 셋(rule set)과 허용 오차를 확립해야만 한다.

이를테면 건설 회사는 AI가 해당 프로젝트에서 특정 종류와 양의 콘크리트를 사용하게 설정한다. 엔지니어는 건물의 구조적 무결성과 안전에 끼치는 지진, 화재, 통풍구 온도의 영향을 알고리즘이 시뮬레이션할 수 있게 건물의 층수를 설정해 준다. 그러면 AI가 룰에 맞춘 디자인을 수천만 번 반복해 신속하게 만들어 내고 이어서 사람이 미학적 혹은 더 고차원적 기준에 근거해 최고의 디자인을 선정한다. 인공 지능은 우리가 재료를 덜 쓰고 완공까지의 시간도 덜 쓰면서 더 안전한 건물을 짓게 도와준다.

이 AI 구동의 '제너레이티브(generative)' 디자인 접근법은 기존에 사람이 하는 방식으로 사물을 만들지 않는다. 물론 AI가 설계하는 참신하고 충격적인 구조는 안전 기준 및 다른 사전 정의된 파라미터(프로그램 실행 시 명령의 세부적인 동작을 지정하는 숫자나 문자 -역주)에 부응하는 것이다. 셀 수 없이 많은 디자인 변경을 가상으로 구현하는 데 드는 엄청난 중노동은 전부 기계 학습이 수행한다. 그리고 가장 사람한테 어필할 수 있는 최종 후보까지 제안해 준다. 제너레이티브 디자인은 의사 결정권자가 특정 디자인의 실행 가능성을 판단하게 돕기도 한다. 실행 가능성은 품질, 유효성, 내구성, 생산 비용/시간, 환경에 미치는 영향, 시장성, 다른 비용 대비 효과를 기반으로 한다.

차세대 기술이 경제, 예술, 문화 생산에 있어 인간의 중심적 역할을 전부 빼앗아 가지는 않는다. 오히려 인간의 창의력을 증강해 준다. 인간은 어떤 패턴으로부터의 편차는 감지해 내는 능력이 있지만, 그 편차의 원천 혹은 원인을 정의하고 고치는 데는 약할 때가 있다. 바로 이 부분에서 AI가 도움이 된다.

구글의 지메일이나 마이크로소프트의 아웃룩 같은 이메일 서비스는 우리가 타이핑할 문장을 예측함으로써 이메일을 쓰는 시간을 줄여준다. CAD 소프트웨어에도 같은 일이 벌어지고 있다. 기계 학습으로 수백만 개의 디자인을 공부해 다음에 어떤 모양 혹은 물체를 배치할지를 예측한다. AI 구동의 CAD 소프트웨어는 고객 계정이나 현재 만들고 있는 제품에 기초해 재빨리 학습하고 필요한 조정을 한다. 이 럼으로써 엔지니어의 시간, 컴퓨팅 비용을 절감하고 그 혜택을 고객에게 건네준다.

공장 안 AI는 생산 라인이 지금부터 일주일, 한 달, 혹은 일 년 후에 어떻게 운영될지 미래를 볼 수 있다. 이것은 생산자가 어떤 부품에 곧 문제가 생길지 혹은 곧 있을 정비 계획을 언제 수립해야 할지 알 수 있는 능력을 준다. 또 중요하거나 비정상적인 주문에 맞추어 계획을 잡을 수 있게 해 준다. 기계 학습을 통해 장비에서 나는 소리로 진단과 분류를 하게도 한다. 부드럽게 운영되는지, 털털거리는 소리를 내는지, 아니면 깨지는 소리를 내는지 등.

공장에서는 AI를 이용해 자동 생산 로봇 같은 장비를 모니터하고 고치고 있다. 예방 정비가 프로그램된 AI는 냉각 팬을 수리해야 하는지 혹은 언제 윤활유를 새것으로 교체해야 하는지를 알려준다. 사무실에서는 그런 AI가 모바일 앱으로 포장될 수 있다. 이를테면 복사기에 문제가 있으면 휴대폰을 가져다 네 복사기 상태를 '듣게' 할 수 있다. 휴대폰이 어떤 조치가 필요한지 말해줄 것이다. 심지어 어떻게 직접 수리를 하는지도 가르쳐 줄지 모른다.

프로토타입은 가상이지만 결과는 진짜다

기업은 제품을 만들거나 서비스를 제공하기 위해 시간, 노력, 돈을 들인다. 일반적으로 용인되는 사업비라고 하지만 어떤 사업부에서는 프로젝트 제안이나 개념 증명(Proof of Concept)을 하는데도 실제 제품을 생산하거나 팔 때와 비슷한 비용이 든다.

한 글로벌 제조사는 신제품을 내부팀과 고객이 테스트하고 평가하는 데 실제 생산하고 유통하는 데 쓰는 비용과 거의 같은 금액을 지출했다. 브랜드 가치를 지키기 위해 완제품 생산 전에 제품 아이디어를 프로토타이핑하고, 샘플링하고, 스태프 및 고객의 품평회를 하는 데 엄청난 노력을 들였기 때문이다. 마지막 날에 가서도 큰돈을 들여 시장 출시 전에 준비할 모든 것을 빈틈없이 정비했다. 특히 설계 과정에서 엄청난 낭비와 수많은 반복이 불가피했다. 여기에다 프로토타입 및 다른 민감한 정보를 제품 출시 전에 다수의 사람과 공유해 심각한 보안 위험까지 발생했다. 이 점에 관한 한 회사가 기업으로서 최대한의 효율을 달성하기 위한 역량이나 도구가 아예 없었다.

다행히도 지금은 5G와 XR을 조합해 사용하면서 상황이 달라졌다. 이제 사람들이 보고, 상호 작용할 수 있는 디지털 3D 버전으로 제품을 시뮬레이션한다. 임원진과 공급망 전체에 걸친 파트너 그리고 잠재적 고객까지 이 시뮬레이션 된 제품을 다각도에서 검토한다. 부품을 바꾸어 보거나 제품의 변형을 테스트할 수도 있다. 과거처럼 제품의 동시 리뷰와 승인을 용이하게 하려고 여러 장소로 보낼 필요가 없어졌다. 고속 인터넷이나 5G를 통해 세계 곳곳의 멤버들이 라이브로 진행되는 가상 프로세스에 참여해 제품을 더 좋게 만드는 협업을 할 수 있다. 누구나 이렇게 말할 수 있다. "이 기능을 뒤에 배치하면 어떨까요?" 혹은 "대신 이 차가운 소재를 쓰는 게 어때요?" 제품은 참여자들의 요청에 기반해 실시간으로 무수히 많은 반복을 거친다. 이런 집중된, 광대역 애플리케이션은 몰입형 경험의 가치가 유지되게 돕는다. 디지털 제품 모델은 엔지니어링과 제조뿐 아니라 마케팅에도 사용된다.

5G와 XR은 회사의 프로세스가 공격적이고 게임을 바꿀 변혁을 내재화하게 도왔다. 사실 혁신적 기업은 비용을 더 적게 쓴다. 결과를 더 빨리 얻고, 자신의 지적 자산을 안전하게 보호한다. 이런 미래 기술은 기업이 현재의 문제를 해결하는 강력한 솔루션이다.

제품 설계자들은 NVIDIAS의 홀로데크(Holodeck) 같은 XR 플랫폼을 사용해 시뮬레이트 된 실시간 환경에서 모델 작업을 한다. XR에서는 설계자들이 동료들과 실시간 협업을 통해 제품 재료와 모델 비율을 확인받는다. NVIDIA 홀로데크는 설계자, 동료, 주주들을 세계 곳곳에서 끌어모아 고도로 현실적이고, 협력적이고, 물리적으로 시뮬레이트 된 VR 환경 속에서 새 제품을 만들고 탐구할 수 있게 한다. 홀로테크는 전적으로 가상 현실 안에 있다. 현실 생활에서는 아직 완전히 개발되지 않았을 자산에 대한 실시간 협업을 할 수 있게 한다. 이런 방식으로 작업을 하면 프로토타이핑 에러가 줄어든다. 설계자들이 제품을 1:1의 비율로 다각적으로 검토하기 때문이다. 현실적인

VR 설계는 비기술인들이 제품을 쉽게 살펴볼 수 있게 해 준다. CAD 소프트웨어를 이해할 필요도 없고 제품이 실제 비율에서는 어떻게 보일지 머릿속에 그려 볼 필요도 없다. 이미 VR에서 원래 비율대로 볼 수 있기 때문이다.

XR과 5G가 연결된 공장에서는 직원의 안전도 향상된다. 공장은 부품, 기계, 사람이 바삐 움직이는 하나의 오케스트라다. 안전 가이드가 있지만, 사람이 어디 있는 게 가장 안전한지가 항상 명확하지는 않다. 연결된 카메라가 공장 내 미묘한 변화를 다 잡아내지는 못한다. 하지만 XR 헤드셋과 교신하는 인터넷 가능 센서는 사람을 안전하게 지킨다. 헤드셋이 아니어도 된다. 센서가 기계를 작동하는 사람의 스마트 폰이나 스마트 워치에 이상을 알리면 팔에 진동이 와 위험한 상황을 경고한다. XR과 연결된 장비는 이제 막 작업자에게 힘을 주기 시작했다. 적기에, 적임자에게, 적절한 장비로, 적절한 정보를 보내는 것이다. 작업자가 정보를 찾아가는 것이 아니라 정보가 작업자에게 온다.

제임스 애슐리(James Ashley)는 라이프맵(LifeMap)의 CTO다. 이전에는 빌딩 정보 모델링의 선두 업체인 VIMAec의 3D 개발 리더였다. 애슐리의 생각은 이렇다.

"AI는 주택 및 상업 건축물의 재료를 분석하는 데 사용되어 트렌드를 결정하고 벤더 전략을 가이드한다. 3D 건축 시각화의 당면 이슈 중 하나는 오래된 건물의 3D 포인트 클라우드(Point cloud: 점 구름, 공간에서의 데이터 포인트 세트. 각 포인트는 하나의 3D 모양이나 물체를 대표한다 –역주)로부터 유용한 도면을 재구성하는 것이다. 기계 학습은 이 문제를 풀기 위해 많은 사람이 기대하는 핵심 도구 중 하나이다."

애슐리에 따르면 건축가는 전체 빌딩을 2D 청사진으로부터 시각화할 수 있어야 한다. 하지만 실제로는 아주 소수의 사람만이 이것을 완벽하게 해낼 수 있다. 애슐리는 또 이렇게 말했다.

"현대 사무 빌딩의 건축은 인간이 조직해 만드는 과제 중 가장 복잡한 조율을 필요로 하는 것 중 하나다. 엄청난 예산과 실제로 이해하는 사람이 거의 없는 비전을 좇아, 완성까지의 시간이 많지 않은 상태에서 사람들이 모인다. 공간 컴퓨팅은 이 엄청난 과제에서 비효율적인 부분을 잡아내고 비용 절감을 돕는데 중요하지만 아직 빠져있는 조각이다."

건축 시각화는 엄청난 양의 데이터가 필요하기 때문에 엔지니어링과 건축 산업(AEC: Architecture, Engineering & Construction)에서 좀 더 일반적으로 사용하려면 5G 같은 기술이 꼭 필요하다. 애슐리는 5G가 "빌딩 실물 크기의 디지털 모델을 건축 현장으로 가져와 건축 프로세스를 가이드하는 능력을 가속화할 것이다"고 말하지만 한 가지 주의를 준다.

"건축은 오래된 기술이다. 가장 오래된 것 중 하나다. 어떻게 건축을 하느냐의 지식은 여전히 도제 과정(journeyman process)을 통해 전해진다. 가끔은 말 그대로 부모에서 자식으로 전수된다. 이 궁극의 지혜 기반 기술(건축, 제도, 벽돌 쌓기 등)에 새로이 부상하는 기술을 소개하려면 기존 것을 깨지 않고 향상하는 것이 중요하다. 잘 작동하지 않거나 더 작동하지 않는 것을 고치는 한편 AEC의 풍성하고 경이로운 부분은 반드시 보전해야만 한다. 이것이 항상 새로운 기술을 세상에 소개할 때의 위험이자 약속이다. 정신을 바짝 차리고 이미 존재하고 있는 것을 깨지 않아야만 한다. 인구가 많아지면서 AI, AR, XR는 더 필요해질 것이다. 그때그때 서로 의견을 주고받으면서 디자인을 시각화하고 제품을 조정할 수 있게 하는 능력 때문이다. 셀 수 없이 많은 산업이 가능한 많은 감각을 동원해 고객을 상대하는 것의 보상을 이미 거둬 들이고 있다."

증강 설계와 생산의 기회

○ 설계 엔지니어는 AI를 이용(제너레이티브 디자인)해 더 강하고, 안전하고, 비용 효율적인 부품과 제품을 만들 수 있다.

○ 설계는 시뮬레이션 환경에서 부하 테스트를 함으로써 더 나은 결과를 더 빨리, 더 안전하게 얻을 수 있다.

○ 엔지니어는 XR을 활용해 설계 협업, 테스팅, 훈련을 할 수 있다.

○ 5G를 통한 빠른 네트워킹은 다양한 지역과 장비에 걸친 대단위 실시간 협업을 가능하게 한다.

제 9 장

마케팅과 영업

가장 기술지향적 분야 중 하나인 마케팅과 영업은 AI, XR, 5G 및 다른 기술의 엄청 난 잠재력을 잘 활용하고 있다. 그중 가장 탁월한 분야가 디지털 광고다. 그 뿌리는 닷컴 시대까지 거슬러 올라가는데, 웹 페이지가 광고를 위한 소중한 부동산이 되 기 시작한 때이다. 수년에 걸쳐 시장의 지배적 세력들이 AI를 통한 매체 구매와 추 천 알고리즘을 이용해 광고 서비스 프로세스를 개선하면서, 클릭당 비용(cost per click)과 리타겟팅(retargeting: 사용자 검색 기록 및 방문 경로 등을 기반으로 각 각 다른 광고를 내보내는 온라인 광고 기법 ‐역주)같은 용어가 새로이 유행했다. 이제 전통적 마케터나 마케팅 회사들은 맥이 빠져 있고 그나마 간헐적인 마케팅마 저 사라진 이후의 삶을 준비하고 있다.

인공 지능

..

알고리즘은 사용자에게 잠재적 가치가 있는 어떤 데이터의 처리를 위해서도 정제될 수 있다. 예를 들어 한 시스템으로 교통 조절 센서나 지역 식품 소매상 시스템과 소통할 수 있다고 해 보자. 그래서 단골 소매상으로 가는 길에 교통 체증이 발생하면 역시 매력적 할인을 제공하는 다른 신선한 식품 소매상을 AI가 추천할 수 있다. 영업과 마케터들은 그들의 메뉴, 서비스 리스트, 다른 데이터에 접근할 수 있게 하는 AI 시스템을 고객에게 제공함으로써 이 새로운 공간에서 자신들 브랜드의 현실감을 확보할 수 있다. 또한 쿠폰이나, 얼리 버드 할인(early-bird discounts) 혹은 다른 제안을 할 수도 있다.

광고 네트워크는 프로그램에 따른 광고와 리타겟팅을 통해 모은 사용자의 온라인 행동에 관한 데이터와 과거 그들이 무엇을 클릭했는지에 기반한 알고리즘으로 클릭 확률이 높은 표적 광고를 판매하고 전달한다. 그 알고리즘은 모든 사람이 여태까지 보고, 읽고, 클릭한 모든 데이터를 본다. 그리고 유사하거나 적절한 혹은 연관된 제안을 하는 것이다. 이 과정은 브랜드 회사와 사용자 간 일종의 협업적 필터링으로 생각할 수 있다. 양쪽 다 추천된 제품이 더 적절할수록 이득이 된다. 오늘날, AI는 이 표적 대중의 구매와 판매에 동력을 공급하면서 전 플랫폼에 걸쳐 그 사용 범위를 크게 늘리고 있다.

비록 브랜드 회사들도 수십 년간 첨단 기법을 활용해 광고해 왔지만, 이 더 새로운 기술들이 디지털 마케팅의 사용자 경험과 사업적 혜택을 급진적으로 향상시켜 준다. 예를 들어 챗봇은 사용자가 브랜드 회사와 직접 소통할 수 있게 해 준다. 사용자에게 제품에 관한 질문을 하거나 특정 작업을 수행할 수도 있다. 오늘날 항공사부터 은행까지 거의 모든 산업이 대화용 봇을 사용해 마케터, 판매원, 고객 관리 전담 직원을 돕는다.

챗봇 자체도 단순 문자 기반 프로그램에서 요즘 인기 있는 알렉사, 구글 어시스턴트, 시리 같은 음성 인식이 가능한 가상 비서로 발전했다. 일부는 더 나아가기도 했다. 오토데스크(Autodesk)의 경우 처음에는 IBM과 손잡고 AI 구동 챗봇 에바(Ava)를 만들었다. 이 엔지니어링에 특화된 소프트웨어 회사는 이어서 소울 머신(Soul Machine)과 손잡고 에바가 사람 감성을 '보고, 듣고, 전달'할 수 있게 했다. 시각적으로 사실적이고 매혹적인 페르소나(persona: 외부 세계와의 적응에 필요한 표면적, 사회적 퍼스낼리티 -역주)까지 갖춘 에바는 오토데스크의 사용자들과 소통하며 가상의 감정 이입을 통해 그들의 관심사에 효과적으로 대처했다.

AI 구동의 디지털 인간을 설계하려면 앞에서 말한 페르소나, 디지털 화술 전문가의 리뷰, 그들의 대표 브랜드와 잘 맞는지 등을 두루 고려해야 한다. 그리고 마케팅 부서가 이 일을 해야 한다. 만약 소울 머신을 파트너로 선정한다면 그들의 디지털 DNATM 스튜디오(DDNA Studio)를 이용해 디지털 인간이 보고, 말하고, 공감하는 방식을 설계해야 한다. 디지털 인간은 단순한 AI 챗봇을 넘어선다. 그들은 고객에게 진정한 가치를 제공하기 위해 시간이 지날수록 성장하고 발전한다. 하지만 그 가치는 그들 뒤에 있는 사람이 그의 디지털 동료에게 명확하고 설득력 있는 가치를 제공할 때만이 가능하다.

마케팅 부서는 인공 지능을 이용해 광고 촬영 비용과 시간을 줄인다. 인공 지능과 비디오 합성 회사인 신디시아(Synthesia)는 AI를 이용해 지역에 맞게 광고를 변환한다. AI가 로고와 단어를 바꾸고 심지어 새로운 언어에 맞춰 사람들의 입 모양까지 조종한다. 글로벌 생산회사인 크래프트 월드와이드(Craft Worldwide)는 신디시아의 AI 기술을 배달 앱 저스트잇(JustEat) 안의 광고에 사용했다. 저스트잇 광고를 찍고 나서도 역시 신디시아를 이용해 그들의 메뉴로그(MenuLog) 브랜드 광고를 확 바꾸었다.

MetaVRse CEO 알란 스미슨은 마이너리티 리포트가 예지력 있는 영화라고 생각한다. 영화처럼 AI가 우리 바디 랭귀지를 분석해 마케팅과 광고 효과를 향상할 것이다. 스미슨은 이렇게 말했다.

"컴퓨터 비전(computer vision: 비디오카메라로 포착한 정보를 컴퓨터로 처리하는 것 - 역주)이 복잡한 3D 장면과 요소를 사진으로 만드는 것부터 지속적인, 다중 사용자 경험을 주기 위해 우리가 있는 환경을 학습하는 기계 학습 알고리즘까지 거의 모든 것에 AI가 사용된다. 머리 기울기, 심박동수, 걸음걸이, 시선 추적, 손 추적으로부터 모은 데이터는 우리가 초개인화된, 맥락화된 경험을 할 수 있게 할 것이다."

마케팅과 영업은 더 정확한 타겟팅을 통해 AI가 큰 몫을 해낼 것이다. 고객의 심박동수에 기반해 어떤 제품을 제안할지 영업 사원이 어떻게 알겠는가? 어떻게 눈 깜박할 사이에 넘쳐나는 정보들을 분석해 개인화된 솔루션을 도출해 내겠는가?

5G와 XR: 바로 코앞에서
· ·

5G와 XR이 합쳐져 가동되는 가상 스토어는 고객이 제품을 '잡아보고' '조작해 보고', 신발을 '신고', 재킷이 몸에 맞는지 혹은 다른 액세서리나 소품과 잘 어울리는지를 '볼 수' 있게 해 준다. 옵세스(Obsess) 같은 회사는 자사 점포를 가상 쇼룸으로 바꿔 브랜드가 구매자 경험 속에 녹아들게 했다. 가상 현실은 제품을 입체적으로 캡처하여 바로 고객 거실로 가져다줄 수 있다. 그냥 3D 모델에 그치는 것이 아니다.

마케팅과 영업은 더는 사람에 의해서만 통제되지 않는다. 이미 가상의 존재, 디지털 인플루언서, 홀로그래픽 모델이 마케팅 부서로 들어오고 있다. 마케팅 부서는 자체 디지털 인플루언서를 만들어 브랜드 이미지를 더 잘 통제하고 있다. 물론 그들의 진정성은 유지하고 있다. Z세대는 이미 인스타그램의 릴 미켈라(Lil Miquela) 같은 디지털 인플루언서에 큰 관심을 보이고 있다. 졸업해서 취직을 하면 가상의 존재와 계속 같이 일할 것을 기대한다.

많은 고객이 차세대 기술을 영리하게 사용하는 회사에 매력을 느낀다. 고객 경험은 결국 새로운 통화다. 특히 고객이 대화의 주도권을 갖는 뒤집힌 경제에서는 더 그렇다. 이 새로운 노멀(new normal: 시대 변화에 따라 새롭게 떠오르는 기준 혹은 표준 -역주)에서 새로운 기술을 초기에 채택한 회사는 단순히 진입점을 확보한 것 이상을 얻는다. 그들이 목표로 하는 고객 마인드쉐어(mind share: 소비자 인지도)를 얻는 것이다.

최첨단 웹사이트들은 컨피규레이터(configurator: 설정 프로그램. 맞춤 엔진으로도 불린다)를 통해 초기 AR 버전을 도입했다. 컨피규레이터는 이제 광범위하게 사용되는데 특히 자동차 산업이 가장 적극적으로 수용하고 있다. 예를 들어 스포츠카를 원한다면 AR 앱을 이용해 온라인으로 개인적 취향(그리고 예산)에 맞춰 옵션을 설정을 할 수 있다. 더 이상 주변 전시장을 방문할 필요가 없다. "빨간색 가죽 시트에 선팅한 창문, 그리고 썬루프를 원해"라고 말하면 이 앱들 중 하나가 나의 개인적 설정을 기록해 주위에 있는 딜러 모두에게 보낸다. 주변 딜러 중 내가 제시한 조건을 만족하는 제품을 가진 곳이 있다면 알림을 줄 것이다. 그렇지 않다면 선호하는 특정 딜러에게 그 차가 얼마나 빨리 필요한지 말해 준다.

컨피규레이터는 차의 트림, 색상, 실내 인테리어, 가격에 따른 옵션의 개인화 기능을 제공한다. 그런 편의성은 바이어와 셀러 모두에게 이득이 된다. 이미 특정 브랜드 자동차 판매의 약 90%가량이 컨피규레이터를 통해 발생하고 있다.

2017년, 존은 포르쉐의 첫 번째 AR-구동 컨피규레이터 앱 출시를 이끌어 냈다. 그 결과는 정말로 엄청났다. 포르쉐는 고객이 자신이 원하는 드림 카의 사진 같은 3D 렌더링을 아이폰 앱을 통해 만들고 검토할 수 있는 유일한 브랜드가 되었다. 아이폰에서 언제 어디서든 앱을 켜기만 하면 된다. 포르쉐의 앱은 초기 선례 이후 많은 수정을 통해 엄청난 발전을 했다.

AR 앱이 고객을 낚던 비슷한 시기에 포르쉐의 영업 마케팅팀에도 아주 값진 데이터가 공급되었다. 사람들이 앱을 많이 사용하면서 어떤 옵션에 가장 관심이 많은지 모델 선호도부터 색상까지 자연스럽게 정보가 생성되었다. 이를 바탕으로 포르쉐는 생산에서의 낭비를 줄이면서 더 많은 차를 더 빨리 팔게 함으로써 효율과 이윤이 현저히 향상됐다.

이런 형태의 AR 응용은 회사의 세일즈 사이클을 단축하면서 고객에 대한 사업적 지능을 장착하게 해 주었다. 일례로, 포르쉐의 경우처럼 어떤 색상이 가장 인기가 좋은지, 비율은 어떻게 되는지에 대한 통찰력을 갖게 되면 딜러가 차를 더 많이 팔 수 있게 하는 것뿐 아니라 구매 부서가 고객에게 진짜 인기 있는 색상에 바탕을 두고 효율적으로 페인트를 주문할 수 있게 한다.

추가로, AR 앱의 지속적 사용은 변화하는 고객 선호도를 실시간으로 업데이트해 주었다. 실제로 좋아하는 색상이나 기능이 수시로 바뀌었다. 그 결과 갑자기 파란색이 유행해도 놀라지 않았는데 파란색 차의 재고를 충분히 가지고 있어 오히려 그 기회를 잘 이용했다. 그렇지 않았다면 엉뚱한 고객 트렌드에 기습 공격을 당해 당장 그 과열된, 하지만 오래 못 갈 트렌드에 맞추기 위한 버건디 페인트가 충분하지 않다는 것만 깨닫고 있었을 것이다. 고급 브랜드 회사에는 수백만 달러의 기회 손실을 뜻한다.

영업은 시장 통찰력을 바탕으로 이루어지며, 기업은 새로운 유형의 데이터 마이닝(데이터 안에서 통계적 규칙이나 패턴을 찾아내 다양한 자료로 활용하는 기술 -역주)을 무시할 여유가 없다. 차세대 기술이 견인한 앱들은 회사에 고객의 정서, 행동, 그리고 무엇보다도 그들의 선택을 탐구할 수 있는 능력을 갖게 한다. 이것은 회사가 수요를 더욱 정확히 예측하고, 효율적으로 생산하고, 더 많은 제품을 더 빨리 팔고, 진화하는 고객 열망과 니즈에 계속 대응할 힘을 준다.

브록 대학교(Brock University)의 마케팅 교수 요아힘 숄츠(Joachim Scholz) 박사는 AR이 마케팅을 변혁시키고 있다고 단언한다.

"증강 현실이 의사 결정 과정에서 고객을 움직인다는 강력한 사례를 찾았다. 제품 구매 고려 단계부터 평가 그리고 실제 구매까지 전 과정에서 가치를 더해 주기 때문이다. 하지만 단순히 마케팅 기회만 보는 것을 넘어 고객이 어떻게 일상을 보내는지 자문해 보면 훨씬 더 큰 잠재력을 찾을지 모른다. 증강 현실은 제품을 고객 집 안의 미디어 채널로 만들 수 있고, 고객과 브랜드 간의 관계를 더 깊게 하고, 고객을 기리며, 전적으로 새로운 브랜드 스토리스케이프(storyscapes: story와 landscape의 합성어. 이야기로 구성된 개념적 경관 -역주)를 창출한다. 마케터들은 AR을 이용해 구전 마케팅을 촉발하고 소비 경험을 황홀하게 만들 수 있다."

AR이 현재 관심을 끄는 것은 새롭고 신기하기 때문일 수 있다. 하지만 미래에는 그 관심을 사로잡는 경험이 다른, 덜 몰입적인 경험을 한물가게 할지 모른다. 소매점 디자인은 전통적으로 신기술이 장악하는 세계다. 주요 소매업체들이 VR을 이용해 점포를 설계하고 있다. 존은 2020년에 미국 소매업체가 점포를 가상 현실로 재설계하는 것을 알았다. 회사는 수십 명의 관련자를 VR 헤드셋을 통해 가상 공간으로 초청했다. 모두 같이 통로를 지나 걸어갈 수 있었다(현실 세계에서 50명과 같이 해 보라). 그들은 조명을 옮기고, 제품 전시를 바꾸고, 다른 공간에 대한 브레인스토밍을 같이했다. 과거라면 50명을 특정 도시로 실어 날라 한 공간에서 프로젝트를 수행하게 했을 것이다. 엄청난 비용이 든다. 항공, 호텔, 식사, 수당, 그 외에도 많은 비용이 그 많은 사람에게 들어간다.

관련자 모두는 이 VR 경험이 너무도 인상적이어서 그들이 과거했던 방식으로 되돌아가는 상상은 하기도 싫다고 말했다. 미래의 점포를 전적으로 가상 환경에서 설계하는 것은 결국 회사가 해야 할 일이지만 그놈의 코로나가 이것을 더 가속화했다.

초기 증강: XR과 마케팅

마케팅 커뮤니티를 위한 XR 분야에는 다수의 전문가가 있어 XR의 사업적 잠재력에 관해 교육하고 있다. 이 흥미로운 분야의 최근 발전에 뒤처지지 않게 도와줄 몇 가지를 간단히 소개하겠다.

MetaVRse CRO 알란 스미슨(@AlanSmithson1 on Twitter). 스미슨의 회사가 제공하는 3D/XR 플랫폼은 크리에이터가 마케팅, 소매, 트레이닝, 헬스케어, 엔지니어링, 교육산업을 위한 솔루션을 설계할 수 있게 해 준다. 그는 처음 VR을 사용해 보고 "아하!" 하는 순간을 경험했다고 말한다. "이게 바로 인간의 미래 소통 방식이라는 것을 바로 깨달았다. 그 렌즈로 새로운 매체의 진정한 잠재력을 깨닫기 시작했다. 사람, 장소, 사물을 순식간에 실제 사진과 같은 3D 모델로 포착하는 사진 측량법부터 사람들이 좀 더 본능적인 방식으로 설계하고, 훈련하고, 팔고, 소통하게 해 주는 XR 협업 도구까지, XR은 바로 지금 조직에 진정한 가치를 창출해 주고 있다. 증강 기술은 우리 인간에게 뭔가 슈퍼 파워 비슷한 것을 줄 것이다. 우리 신체가 할 수 없는 일을 할 수 있게 해 줘 우리를 슈퍼 휴먼으로 만든다."

스미슨은 XR 기술이 향후 10년 안에 기업 시장에서 1조 달러 이상을 창출하리라 예측했다. 그는 XR이 어떻게 훈련에서 직원 유지율을 70% 증가시키고, 시선 집중률을 100% 향상시키고, 훈련 비용과 시간을 90% 절감하고, 영업에서 25% 더 높은 구매 전환율을 기록했는지 목격했다. 일부 사람은 XR 안경 착용을 극구 반대하리라는 것은 안다. 하지만 디지털 렌즈나 이동식 헤드셋이 나올 가능성이 있다. 스미슨은 안경 착용을 둘러싼 논란은 잊으라며 다음과 같이 조언했다.

"대신 '현재 존재하는 기술로 무엇을 할 수 있을까?' 같은 질문에 집중하라. 그러다 보면 이제 거의 표준이 되다시피 한 문제의 해결책을 개발할 수 있다. 우리가 주기적으로 사용하는 응용 사례를 찾아 온종일 안경을 쓰는 것을 당연하게 만드는 것이다." 아마 회의론자들은 반박하겠지만 스미슨은 다음과 같은 주장도 했다. "하루만 휴대폰이나 컴퓨터 없이 지내보라. 기기를 비행기 모드로 해 놓는 것도 좋다. 그러면 이미 증강 노동력의 삶을 사는 것이다."

많은 회사가 AR과 체적 컴퓨팅을 이용해 구매자가 집에서 편하게 쇼핑하는 동안 디지털을 통한 물리적 제품 경험을 제공하고 있다. VNTANA의 공동 창업자이자 CEO인 애슐리 크라우더(Ashley Crowder)는 고객사를 위해 적합한 규모의 3D 웹과 AR 경험을 만드는 것을 사명으로 한다. 그녀는 이러한 기술이 어떻게 회사 매출과 고객 만족을 높이는지 직접 목격했다. "우리 고객은 3D 시각화의 엄청난 가치를 안다. 특히 가구나 가전제품과 어울리는지를 테스트하는 AR이 최고다. 3D는 온라인 매출은 늘려주면서 반품은 줄여주는 것으로 입증됐다." 크라우더는 그러한 상호작용을 위해 엄청난 양의 데이터가 필요하기 때문에 5G가 대단한 가능성으로 이어지리라는 것을 안다. "5G는 우리가 고충실도의 3D 웹과 AR 경험을 만들게 돕고 있다. 이 모든 것이 클라우드 기반 CMS(Contents Management System)에 있다. 5G는 우리가 3D 자산을 웹상에서 AR, VR, 3D 형태로 보낼 수 있게 해 준다."

REI(Recreational Equipment Inc.)의 XR 전문가 알렉스 골드버그는 고객의 AR을 통한 구매를 돕고 있다. 그의 말을 들어보자.

"REI는 증강 현실의 도움을 받아 다수 제품을 풀 스케일(full scale)로 보여 줄 수 있다. 고객은 전화나 태블릿으로 쇼핑을 한다. 현재 제공되고 있는 AR의 능력을 활용해 제품을 자세히 검토하고, 심지어 아주 세밀하게 만든 텐트의 디지털 쌍둥이 버전 안으로 직접 들어와 볼 수 있게 해 주고 있다. 이 모든 것이 집에서 휴대전화로 쇼핑하는 중에 이루어진다."

사만다 G. 올페(Samantha G. Wolfe, @samanthagwolfe on Twitter)는 PitchFWD의 창업자이자 《새로운 리얼리티의 마케팅: 가상 현실과 증강 현실 마케팅, 브랜딩, 커뮤니케이션의 소개(Marketing New Realities: An Introduction to Virtual Reality & Augmented Reality Marketing, Branding, & Communication)》의 공동 저자이다. 그녀의 말에 따르면, AI와 기계 학습은 주로 AR와 VR 기술의 영향을 가속화하는 데 사용된다. 그것들이 만드는 새로운 세상이 진짜 세상과 좀 더 끊김이 없게 이어지게 한다. 이것은 옷을 사기 전에 입어 보거나, 가구를 살 때 집에 어울리는지를 시각화해 주거나, 아니면 캠퍼스 탐방을 하는 데 유용하게 사용될 수 있다.

나바 베르그(Navah Berg, @navahk on Twitter)는 소셜 VR(Social VR: VR 이용자들이 가상세계에서 커뮤니티 및 다양한 활동을 할 수 있는 서비스 -역주) 커뮤니케이션 전문가이다. 그녀는 AR이 패션 회사의 매출에 어떤 영향을 미쳤는가에 관한 물음에 "소셜에서의 증강 현실은 지속해서 그 경계를 확장하면서 콘텐츠를 대화형으로 아주 신나게 할 것이다"라고 말하며 "패션 세계에서의 최고 사례는 (영국 패션 브랜드) ASOS와 그들이 자사 제품을 쇼케이스 하는 데 사용한 '시 마이 핏(See My Fit)'이라는 AR 도구다. 이 것은 다른 크기와 체형의 모델에게 제품을 디지털로 입혀 볼 수 있게 해 준다. 이럼으로써 고객이 더 확신을 가지고 구매할 수 있게 한다" 라고 답했다.

랄프 로렌(Ralph Lauren)의 디지털 최고 책임자(Chief Digital Officer) 앨 리스 델라헌트(Alice Delahunt)는 가장 예지력 있고 진보적 사고를 하 는 리더다. 그녀는 랄프 로렌에서 디지털 캠페인 및 증강 현실 캠페 인 작업을 했다. 2020년, 랄프 로렌은 스냅챗(SnapChat) 및 비트모지 (Bitmoji, 개인의 이모지를 만들어 주는 앱 -역주)와 파트너십을 체결했다. 목표는 그들의 이야기를 젊은 소비자에게 전하는 방식을 완전히 파괴하는 것이었다.

보고에 따르면 약 1,000만 명이 랄프 로렌 비트모지 의류를 사용 했다. 비트모지 사용자들은 그 컬렉션에서 약 2억 5,000만 개의 디지 털 의류를 입었다. 랄프 로렌은 여기에서 멈추지 않고 그들의 로고를 스캔이 가능한 경험으로 바꾸기까지 했다. 스냅 사용자들은 스냅챗 상의 어떤 랄프 로렌 로고도 스캔할 수 있다. 그것이 폴로 셔츠 위에 있는 것이든 웹사이트에 있는 것이든 상관없다. 랄프 로렌 디지털팀 은 몇 년에 걸쳐 이 경험을 업데이트해 현 시즌에 맞추었다.

증강 현실을 향한 랄프의 움직임은 브랜드 회사들이 시중에 나와 있는 몰입형 도구를 사용하기 위해 어떻게 파트너십을 지렛대 삼아야 하는지 잘 보여 준다.

전 산업에 걸쳐 이러한 신기술의 도래는 리셋(reset)의 기회를 제공한다. 마치 이전 인터넷과 모바일 같은 다목적 기술과 똑같다. 그 기회를 꽉 잡아 고객 경험을 향상한 회사들이 더 많은 시장점유율을 차지하고 조만간 그리고 아마도 오랜 시간에 걸쳐 성공할 기회를 가질 것이다.

증강 마케팅과 영업에서의 기회

○ AI 챗봇은 고객이 직접 선택하고 문제를 해결하게 돕는다.

○ AR은 고객이 제품 탐방을 하고, 설정된 옵션을 숙독하고, 가상 실험을 하게 해 구매에 있어 더 확신을 갖게 한다.

○ VR은 고객이 직접 소매 점포를 방문할 수 없을 때 브랜드화된 환경과 제품을 같이 경험할 수 있게 해 준다.

○ 5G는 고객이 더 많은 장소와 더 많은 장비를 통해 풍부한 경험을 할 수 있게 돕는다.

협업

: '가상(virtual)'이라는 단어가 없어진다

이제 생산성 소프트웨어라 불리는 것이 더는 팀 협업과 소통에 충분하지 않은 시대가 되었다. 코로나로 집에서 일하는 지금 이 순간과 아마 이후에도 의사 결정 속도를 높이고 직원 만족도를 높이는 지능적 기술이 필요하다. 의사 결정은 아직은 팀원들이 원격 근무에 생소한 관계로 늦어져 있다. 하지만 인공 지능을 지렛대 삼으면 원격 근무를 좀 더 매력적 근무 대안으로 만들 기회가 존재한다.

AI 협업

음성 전환 소프트웨어는 교육, 훈련, 개인과 팀 간 협업에 지속해서 영향을 끼치는 가장 주목할 기술 중 하나이다. 음성 인식 자체는 1960년 이후부터 줄곧 우리 주변을 맴돌아 왔지만 기계 학습, 자연어 처리, 심지어 컴퓨터 비전의 형태로 진화된 AI가 전환 도구의 능력을 대폭 확장했다. 이전에는 사람이 하는 말을 단어로 전부 기록하는 데 그쳤다. 오늘날에는 그것을 알고리즘이 분석하고, 다른 말로 바꾸어 표현하고, 전체 기록을 요약까지 한다.

많은 기업이 전문직 종사자를 도울 새로운 방법을 찾아 왔다. 시스코(Cisco) 서베이에 따르면 응답자 4명 중 1명이 시간의 반을 미팅으로 보낸다. 실제 작업에 집중하기 위해서는 협업이 필요한 상황이다. 또 작업자의 95%는 AI가 업무를 향상할 수 있다고 믿는다. 인공 지능은 디지털 비서, 지능형 관계, 컴퓨터 비전 등의 형태로 직원의 만족도를 높이고 있다.

중국에서는 컴퓨터 비전과 얼굴 인식 소프트웨어를 이용해 학생의 참여 수준을 실시간으로 교사에게 알려준다. 소프트웨어는 학생들의 행동에 기반하는데 예를 들어 칠판을 쳐다볼 때 얼마나 열중하는지 혹은 선생님이 보고 있지 않을 때 얼마나 다른 곳을 흘깃흘깃 쳐다보는지 같은 것이다. 이런 정보를 가지고 어느 학생이 더 몰두하고 있는지, 어느 학생이 산만한지를 말해 줄 수 있다. 또한 수업 집중을 위해 어느 학생에게 질문을 할지도 추천해 준다.

이런 소프트웨어를 다른 시나리오에 맞게 만들 수도 있는데 이를테면 대중 연설, 팀 미팅, 기업 훈련 용도다. 그런 시나리오의 목적은 청중 가운데 따분해하거나 산만한 사람을 불러내는 게 아니다. 대신 발표자에게 좀 더 속도를 빨리하거나, 다음 주제로 넘어가거나, 조크하거나, 아니면 청중을 더 협조적으로 만들 수 있는 다른 테크닉을 쓸 필요가 있다는 경각심을 일으키는 것이다. 믿을 만한 (소프트웨어) 조력자가 있어 발표자가 청중의 관심을 못 끌고 있을 때 살짝 찔러 준다면 그야말로 게임 체인저가 될 수 있다.

다음 수십 년에 걸쳐 AI는 단순 명령과 통제를 받는 로봇에서 전략적 팀원으로 바뀔 것이다. 데이터와 분석으로 무장한 AI는 어떻게 매출을 늘리는지, 어디에 사람이 더 필요한지, 새로 뽑은 사람을 잘 적응하게 하려면 어떻게 해야 하는지에 대한 방법을 제시해 줄 것이다. AI는 사람을 비생산적 작업으로부터 해방시켜 창의력을 발산하게 하고, 더 고차원의 업무를 수행하고, 더 강력한 팀을 만들게 할 것이다.

회사가 가상 현실을 이용해 직원들이 발표를 잘하게 훈련하는 사례도 늘고 있다. 대부분의 의사소통을 이메일이나 문자로 하는 요즘 세계에서는 예전만큼의 대면 소통이 없다. 팀 전체는 말할 것도 없다. 오베이션(Ovation) 같은 VR 스피킹 회사는 대중 연설이 전문 경력 개발에 핵심 요소지만 실제로 청중 앞에서 말해볼 기회가 제한적이라는 것을 잘 알고 있다. VR 경험은 미팅, 컨퍼런스, 그리고 다양한 상황이 발생할 수 있는 다른 공공 연설 이벤트를 시뮬레이션한다. 우리의 뇌는 VR 청중을 진짜 사람과 같은 방식으로 인식한다. VR은 대중 연설을 두려워하는 사람부터 노련한 전문가까지 모두가 자기 재주를 활용하고 자기 아이디어를 소통하게 돕는다.

멀리 떨어져 같이 일하다

이제 많은 정보처리 관련 근로자가 만약 바이러스나 환경에 대한 우려가 있다면 좀 덜 붐비면서 인터넷 속도가 빠른 곳에서 일할 수 있다. 사람들이 나에게 "언제 다시 사무실로 돌아가나요?"라고 물으면 가까운 미래까지는 많은 사람이 원격으로 일할 것이라고 답한다. 가상으로도 서로 소통할 수 있다면 왜 굳이 물리적 사무실 가까이 살아야 하는가? 내가 필요할 때 바로 응대할 수 있는 한 어디에 사는가는 전혀 문제 될 게 없다. 원하는 곳 어디서든 살 수 있다.

기업이 직원을 사무실로 모으는 것은 사실 문화적 측면보다는 통제의 이유가 더 크다. 이제 사람들이 이미 사용하고 있는 도구로 생산성과 소통을 촉진할 수 있다. 그리고 집에서 일하더라도 원하는 결과를 유지할 수 있다. 단지 사무실에서 서로 얼굴을 보고 말하는 대신 이제 집에서 한다는 것이 다를 뿐이다.

많은 사람이 점진적으로 '무국적자'가 되고 있다. 옛날 방식으로 빠르게 돌아가지는 않을 것이다. 이 말은 누군가 뉴저지 본사에서 하와이로 이사했는데 사람들이 모를 수도 있다는 의미다. 그들이 보는 건 줌 미팅에서의 가상 백그라운드뿐이기 때문이다. 그래서 '무국적자(Stateless)'란 말이 아무에게도 말하지 않고 미국에서 이를 테면 슬로베니아로 이사를 간 직원을 일컬을 수도 있다. 실제로 최근 한 직원이 슬로베니아로 이사 간 것을 용케 숨겨 꽤 오랫동안 아무도 눈치채지 못했다는 얘기를 들었다.

시간대가 달라지는 것과 재외 근로자에 대한 세금 문제가 복잡하다는 것 외에는 다른 이들도 더 이국적인 곳에서 살고 싶다면 그 사람을 따라 하지 않을 이유가 없어 보인다. 예를 들어 만약 아이슬란드, 케이프타운, 라고스, 아니면 몬테비데오에서 살면서 일하고 싶다면, 왜 안 되겠는가? 이 경우 근무 성과가 향상되지는 않더라도 현 수준은 유지할 것이라고 확신한다. 당신 생각은 어떤가?

고용주의 경우 사람들을 원격으로 연결하는 새로운 방법을 찾을 필요가 있다. 기술은 참여, 지원, 디지털 커뮤니티를 제공할 수 있는 훌륭한 수단이다. 하지만, 단지 휴대폰이나 헤드셋에서 멀어지는 것으로 일과를 끝마치는 것이라면 직원들을 더 돌볼 필요가 있다. 직원들이 회사와의 관계에서 더 좋은 경험을 할수록 회사와 고객에게 좋은 결과가 나온다는 것을 기억하라. 다행히 우리는 이 원격의 디지털 유목민 삶으로의 끊김 없는 전환을 도울 도구를 가지고 있다. 그것을 책임감 있게 사용하면 모두를 의한 최고의 결과를 만들어 낼 수 있다.

협업과 소통을 위한 앱

가상 현실은 아직까지 '킬러 앱(killer app: 새로운 기술의 보급에 결정적 계기가 될 수 있는 앱 -역주)'을 찾지 못하고 있다. 한편에서는 투자자, 스타트업, 심지어 구글 같은 대기업이 신기술의 시험과 적용을 몰아갈 수 있는 가격, 가치, 접근성의 완벽한 조합을 개발하고 있다. 시간이 지나면 이 중 일부 앱은 사라지겠지만 중요한 것은 가상 현실과 증강 현실이 사람들이 물리적으로 직접 같이 있는 것을 벗어나 서로 협력하고 소통하는데 가장 자연스러운 장소를 제공한다는 사실이다.

안녕, 만나서 반가워요

텔레프레젠스를 둘러싼 생태계 관련 용어는 계속 진화하는 중이다. 주요 기술 공룡 중에는 마이크로소프트가 '홀로포테이션

(holoportation)'이라는 개념을 연구 개발하고 있다. 혼합 현실(가상의 물체를 실제 세상에 부착시키는 형태의 AR)과 3D 캡처 기술의 조합을 활용한 홀로포테이션은 멀리 떨어진 곳에 있는 사람과 마치 같은 방에 같이 있는 것처럼 서로 보고, 듣고, 악수하고, 상호 작용할 수 있게 해 준다.

미팅 중에 누군가 다른 참석자에게 질문을 하고 싶다면 전체 미팅을 방해하지 않고 그럴 방법도 있다. 홀로포테이션을 이용하면 다른 가상 참석자에게 조용히 접근해 다른 참석자의 눈에 띄지 않는 곳에서 대화를 나눌 수 있다. 5G가 표준이 되면서 이 기능은 어디서나 구축할 수 있다. 10만 달러에 달하는 시스코 장비를 갖춘 외진 하이테크 센터에서만 가능한 게 아니다. 가까운 장래에, 그러한 협업 기술로 홀로그램이나 고충실도 체적 비디오가 회의실에 투사되고 서로 이야기할 수 있게 될 것이다. 이 기술들은 원격 작업의 품질과 효율을 극적으로 향상해 준다. 결과적으로 사무실 유지 비용이나 출장 비용을 절감하게 할 가능성이 크다.

5G는 직원들이 근무시간을 지키는 것을 도와줄 것이다. 특히 전염병으로 록다운이 확대되는 것과 같은 경제적, 사회적 혼란을 초래하는 상황에서 더 빛을 발한다. 작업자들은 어디든 참석할 수 있는 능력을 갖추어 위치와 상관없이 가치 창출에 이바지할 수 있다. 이처럼 밀접한 연계를 만들고 유지하는 것이 수월해지면 네트워크 대역폭이 비디오 컨퍼런스를 하기 충분한지와 같은 사소한 관심사에 법석을 떨지 않고 더 중요한 것에 집중할 수 있다.

기반화 기술(enabling technology)로 추진력을 얻은 창의적 정신들은 모두에게 멋진 삶을 만들어 줄 시스템을 더 많이 탐구해 갈 것이다. 혁신팀은 실세계의 문제를 억누르면서 효과적 솔루션을 만드는 데 씨름할 수 있다. 건축가는 원격 협업으로 새 고층 건물의 일영(shadow)을 연구해 충분한 일조량과 멋진 스카이라인을 보는 데 전혀 문제가 없다는 것을 이웃에게 확신시켜 줄 것이다. 도시 설계자는 어떻게 새로운, 그리고 지속 가능한 재료가 구조적 스트레스를 견뎌낼 수 있는지를 테스트하거나, 미학적으로 기분 좋고, 더 견고하고, 자연 중심적인 미래 커뮤니티를 만들 수 있다.

이러한 것들은 이제 더는 공상 과학 소설에 나오는 얘기가 아니다. 이미 세계 많은 곳에서 벌어지고 있다. 많은 경우 VR 헤드셋을 쓰고 비디오 게임을 하는 것처럼 쉽게 이런 경험에 접할 수 있다.

미팅의 재탄생

시장에 나온 가상 현실 앱 중 가장 일반적인 것이 가상 미팅룸이다. 관련 앱이 수십 개가 넘어 언제라도 선택할 수 있다. 텔레컨퍼런스 도구도 마찬가지다. 너무나 많은 VR 컨퍼런스와 협업 앱이 나와 있는데 가장 쉽게 통하기 때문이다. 사람들은 가상 현실에서 진짜 물리적 현실감을 느낀다. 반면에 (이론적으로는) 진짜 현실에서처럼 집중을 방해하는 요소가 오히려 적어지고, 데일리 스탠드 업(daily stand up) 같은 팀 의례를 수행하거나 마치 실제 생활에서처럼 프로토타입을 만들 수도 있다.

플로우 이머시브(Flow Immersive)는 그런 유형의 도구 중 하나다. 시각화한 것들과 다이어그램을 증강 현실 환경에서 공유하는 협업적 미팅용으로 설계되었는데 원래는 매직 리프(Magic Leap, 가상 망막 디스플레이를 개발하는 미국의 스타트업 -역주)의 장비를 위해 만든 것이지만 웹에서도 작동된다. 이 프로그램을 이용하면 세계 어디서나 3D 환경에서 데이터 시각화 작업을 같이 할 수 있다. 다양한 앱이 복수의 장비를 위해 설계되면서 서로 시장 점유율을 높이려 애쓰고 있다.

스페셜(https://spatial.io/)에서는 "당신의 방이 곧 모니터다. 손은 마우스다"라고 말한다. 스페셜은 오큘러스, 홀로렌즈(HoloLens), 매직 리프, 그리고 웹 같은 몇 개의 장비에서 가용하게 되면서 성공을 확신한다. 스페셜로 아바타를 만드는 것은 셀카를 찍는 것만큼 쉽다. 사실, 실제 사진과 같은 아바타를 몇 초 안에 스마트 폰으로 만들 수 있다. 그러고 나면 홀로그래픽 형태로 미팅에 참석하는 게 가능해진다. 어떤 아이템이라도 자신의 작업공간 안에 시각화할 수 있다. 아바타는 자신의 손으로 노트를 쓰고, 그림 그리거나 다른 사람에게 다이어그램을 건넬 수 있다. 스페셜은 가상 피아노도 만들었다. 음악가들은 열 손가락으로 허공을 터치하는 것만으로 음악을 만들 수 있다. 이렇게 수많은 장비에서 스페셜을 활용할 수 있게 되면서 거의 모든 사람이 협업과 소통을 할 수 있게 되고 그 과정에서 가상 존재를 위한 자연스러운 수단이 될 것이다.

진정한 가상 협업

2016년, 마이크로소프트는 CRM과 ERP 제품 라인을 다이나믹스 365(Dynamics 365)라는 이름으로 새로 출시했다. 마이크로소프트에 따르면, 다이내믹 365는 지능형 비즈니스 애플리케이션 세트로 기업 전체를 운영하고 예측적인, AI 구동을 통한 통찰력을 통해 더 좋은 결과를 낳게 도와준다. 최근에는 이 제품 세트를 회사의 혼합 현실 스마트 안경, 홀로렌즈와 통합했다.

이제 다양한 분야에서 이 증강 현실 훈련을 이용해 기업 훈련 프로그램을 개발할 수 있을 것이다. 건설 분야에서는 실제 현장에 발을 딛기도 전에 수십 개의 디지털 현장을 가상 투어할 수 있다. 헬스케어 분야에서는 의사가 실제 수술을 하기 전에 스마트 안경을 통해 수백 명의 디지털 환자에 대한 실습을 할 수 있다.

마이크로소프트 다이내믹 365에는 원격 지원(Remote Assist) 기술도 있다. 원격 지원은 홀로렌즈, 안드로이드, 혹은 iOS 장비에 탑재된 다이내믹 365 원격 지원 기능으로 다른 장소의 사람들과 같이 일할 수 있어 더 효과적인 협업이 가능하다. 이것은 직원들이 그들이 보고 있는 것을 실시간으로 원거리에 있는 전문가와 공유해 필요한 도움을 얻거나 손을 자유롭게 사용할 수 있게 해 준다.

회사로서는 직원들이 해당 장소에 가지 않고도 필요한 곳을 둘러볼 수 있으므로 비용 절감의 효과가 있다. 원격 검사 비용도 줄어들 것으로 보이는데, 끊김이 없는 워크플로우를 위해 현 장비 위에 비디오, 스크린샷, 주석 등을 결합할 수 있기 때문이다. 마이크로소프트의 공간 협업 도구는 금방 사라질 것 같지 않다. 홀로렌즈에 상당히 많은 투자를 했기 때문이다. 프로젝트 서비스 자동화(Project Service Automation)와 파워 가상 에이전트(Power Virtual Agensts)는 마이크로소프트의 제품 로드맵의 일부일 뿐이다. 이 둘은 AI와 IoT로부터의 예지적 통찰력을 활용해 훈련, 효율, 비즈니스 성과와 관계를 향상한다.

곧 본격화될 것들: 대중을 위한 VR

페이스북 호리즌(Horizon)은 페이스북이 페이스북 VR 장비를 위해 개발한 소셜 VR 앱으로 사회적 모임과 소통을 위한 것이다. 페이스북은 가상의 소셜 존재를 '사람과 동료 간 가상의 세팅에서 이루어지고 있는 진짜와 똑같은, 마치 실물 같은 협업'이라고 정의한다. 거기에서는 누구나 손으로 물체를 조작할 수 있고 실제로 촉감을 느낄 수 있다. 아바타는 상대 인간과 똑같은 표현을 보여 준다. 공간 존재에는 오디오가 포함되어 있어 잡음에 가까이 갈수록 더 시끄럽게 들린다. 호리즌은 세 가지 영역에서 마케팅 기회를 제공한다. 표현(Representation), 놀이(play), 월드 빌딩(world-building: 전적으로 허구의 세상을 창조하는 것 -역주)이다.

가상 현실에서는 브랜드를 표현하는 방식이 다르다. 표현하는 것이 고객 세계의 일부가 되고 실제 존재하는 사람이 자연스러운 방법으로 상호작용할 수 있게 브랜드나 기업을 보여 주어야 한다. 페이스북 호리즌은 공공장소에서 가이드나 호스트로 행동하는 스태프를 배치해 이것을 보여 주었다. 페이스북은 고객의 서비스 경험을 서비스 요청서를 작성해 제출하던 것에서 가상으로 걸어 들어와 페이스북 직원에게 직접 말하는 것으로 바꾸었다.

호리즌의 특징 중 하나는 미니 골프, 방 탈출, 풍선 칠하기, 혹은 가상의 검을 휘두르는 전쟁터 같은 게임이다. 페이스북은 호리즌이 협력적이면서 상호작용하는 것이 되기를 원했다. 그럼으로써 브랜드 회사들에 가담 기회를 주는 것이다. 웬디스와 버거킹이 가상의 풍선 칠하기 싸움을 벌인다면 누가 안 보겠나? 이기는 팀은 공짜로 버거를 먹을 수 있다는데.

가상 현실에서의 마케팅은 이 새롭게 발전하는 공간에서 기존과 다른 접근법을 취한다. 페이스북 호리즌에서는 누구나 자기만의 세계를 구축할 수 있다. 마케팅팀은 이 기능으로 자신만의 세계를 구축해 고객이 탐색하게 할 수 있다. 할인 코드나 공짜 아이템 같은 이스터 계란(Easter Eggs: 영화나 게임에 숨겨져 있는 아이템)을 감추고 사람들이 찾도록 한다. 또 행운의 우승자가 하루 동안 지배할 수 있는 세계를 구축해 레디 플레이어 원(Ready Player One: 2018년에 개봉된 SF 영화 -역주)이 불러온 VR에 대한 흥분을 되살릴 수도 있다.

호리즌 안에 하나의 브랜드를 위한 세상을 만들거나 아니면 호리즌 사용자가 자신의 디자인에 재사용할 수 있는 브랜드화된 가상 물체를 만드는 것도 이 새롭고 사회적인 세상에 참여하는 또 다른 방법이 될 것이다. 브랜드 회사들은 실 세계에서 광고를 찍는 대신 호리즌에서 진짜 고객과 가상 고객 모두를 엑스트라로 활용해 광고를 찍을 수 있다. 그리고 그 광고를(메이킹 필름도) 라이브 스트림 형태로 페이스북에 올려 모든 플랫폼에 공유되게 하는 것이다.

협업, 게임 플레이(game play: 사용자가 게임과 상호작용하는 특정 방식 -역주), 월드 빌딩 등은 모두 마케터가 친숙해져야 하는 도구들이다. 공간 컴퓨팅에서의 사회적 존재는 더 발전할 것이다. 특히 페이스북 같은 회사가 진입 장벽을 낮추면서 더 그렇다. 마케터라면 지금 당장 실험해 보는 것이 좋을 것이다. 그럼으로써 호리즌 같은 가상 세계의 일부가 될 수 있다.

물리적 세계와 가상 세계의 융합은 친구, 가족, 동료들이 이어지는 새로운 기회를 창출한다. 미래의 연결은 오늘날의 기술 경계를 더 확장하는 것이다. 한 번에 하나씩 가상 세계를 만들어 내면서. 이때 소셜 VR 앱을 제대로 아는 것이 중요하다. 특히 페이스북은 차기 마케팅에 있어서 최첨단이 될 것이다. 호리즌에 광고를 게재하겠다고 공식적으로 말은 안 했지만 자사 오큘러스 사용자에게 자신의 페이스북 계정에 연결할 것을 요구한다. 더해서 페이스북 암호 화폐 리브라(Libra)를 호리즌에 통합할 가능성이 크다. 이런 정황을 볼 때 언젠가는 호리즌을 상품화할 것으로 생각한다. 이 때문에 기업은 가상 현실을 위한 앱이나 광고 유형에 통달해야 한다. 존재를 만드는 가상 현실의 특성 때문에 VR에서의 마케팅은 온라인보다 더 실제 세계에 가깝다. 고객이 탐색하도록 놔두는 것과 그들을 위해 경험을 모델링

하는 것 사이에서 균형을 유지한다.

코로나19로 인한 (강요된) 거대 실험은 회사와 직원에게 원격의, 가상 협업이 가능하다는 것을 보여 주었다. 더욱이 이런 협업은 더는 느리거나 충실도가 낮은 상호작용에 국한되지 않는다. 이 새로운 기술을 잘 활용한 회사와 직원은 좀 더 다양한 자원과 빠른 반복을 통해 더 성공적인 결과를 얻을 기회를 얻게 된다.

증강 협업에서의 기회

○ AI는 발표자가 청중의 관심을 모니터하고 반응할 수 있게 도와준다.

○ XR은 이해를 위한 더 많은 도구를 가지고 사람들이 공유된 작업장에, 더 대규모로 모이는 것을 돕는다.

○ XR은 많은 원격 경험을 가능하게 하면서 출장비와 물류비를 절감해 준다. 이를테면 원격 영업 상담, 디자인 협업, 훈련, 점검 등이 있다

○ 5G는 사람들이 더 많은 장소에서 협력할 수 있게 도와주는데, 속도도 더 빨라지고 정보도 더 많아진다.

고객 서비스

고객 서비스에 있어서는 AI가 상당히 오랫동안 그 중심에 있었다. 고객은 봇과 얘기하는 것에 전혀 개의치 않는다. 자신의 질문에 즉각적 답을 얻을 수 있기 때문이다. 인공 지능은 더 많이 사용할수록 다양한 고객 질문에 더 잘 답한다. 고객 서비스 AI는 단순한 질의와 응답에서 대화용 봇으로 발전했다. 자신이 상담원과 얘기하는지 봇하고 얘기하는지 분간 못 할 정도다.

많은 회사가 디지털 인간을 만들고 있다. 웹 페이지를 방문하면 독특한 표정을 하고 색다른 반응을 보이는 사람과 대화한다고 생각할지 모르지만, 사실은 프로그램이다. 그것을 뒷받침하는 것이 AI다. 현재의 AI 단계가 가지형 내러티브(Branching narrative)와 조건 논리(conditional logic)에 더 기대는 것은 인정하지만 좀 더 자율적인 인공 지능이 개발되고 있다. 캘리포니아 법정에서는 현금 보석을 AI 알고리즘으로 처리한다. 소송이 너무 많아 일이 밀리기 때문이다. 시카고에서는 AI가 퇴거 사건에 사용된다. 퇴거 통지를 핸드폰에서 찾아볼 수 있고 AI 변호사가 어떤 선택이 가능한지를 돕는다.

AI는 사람과 그가 속한 기업에 많은 방법으로 위험을 줄여준다. 보험회사는 사람을 위험한 높이까지 보내는 대신 AI가 탑재된 드론을 이용해 지붕 사진을 찍는다. AI는 보험회사를 위해 수백만 개의 손상된 지붕을 비교해 그 손상이 정상적 마모인지 아니면 기후와 관련된 것인지를 평가한다. 운전자는 레모네이드(Lemonade) 같은 AI 보험회사를 스마트 폰으로 이용할 수 있는데 차 사고로 인한 손상을 사진으로 찍어 제출하면 된다. 그러면 AI가 그 청구 건을 다룬다. 어떤 때는 몇 분 안에 청구가 해결된다. 항상 수만 건의 청구 건이 대기하는 상황에서 AI가 창의적 방법으로 회사를 돕는 것이다.

인공 지능은 다양한 산업에서 가장자리를 갉아먹으며 중심부로 서서히 침투하고 있으며, 심지어 고객 서비스 분야까지도 비집고 들어가고 있다. 사람들이 인간과의 통화를 기다리는 것보다 고객 서비스 봇과 얘기하는 게 더 쉽기 때문이다.

고객 서비스를 위한 XR

증강 현실은 기술 지원과 고객 지원에도 활용되고 있다. 고객이 세탁기 같은 가전제품을 작동시키는 데 문제가 있다고 가정해 보자. 자신의 스마트 폰을 세탁기에 향하고 비디오 기능을 켠다. 고객 지원 담당자는 그것을 보면서 화상 상담을 시작한다. 고객 서비스 담당자는 가상 칠판 기능을 이용할 수 있는데 풋볼 게임에서 해설자가 이용하는 것과 비슷하다. 이를테면 특정 버튼에 원을 그리면서 어떻게 세탁기를 제대로 사용하는지를 설명한다. 고객에게 카메라를 세탁기 뒤로 향하게 하고 파이프를 떼어 내거나 세팅을 바꾸게 할 수도 있다. 고객은 그 서비스 통화를 나중에 세탁기 3D 모델 위에서 재생해 서비스 담당자가 지시한 내용을 다시 참조할 수도 있다. 고객의 전화기가 대상 물체 주변 궤도를 도는 중에 지시 사항이 업데이트될 수도 있다. 이러한 과정은 고객의 전화기에 또 다른 층의 지능을 더한다. 이제 전화기에서 40분을 기다리지 않아도 되고 회사는 기술자를 보내거나 다양한 이메일에 답하는 수고를 덜 수 있다. 증강 현실은 고객 서비스 담당자에게 자율권을 부여해 가능한 선에서 기꺼이 고객을 돕고 스크린이나 전화기를 뚫고 나가 마치 같은 방에 있는 것처럼 고객과 소통할 수 있게 해 준다.

AI, XR, 5G가 발달할수록 자신의 이슈를 풀어 줄 빠르고, 효과적인, 그리고 개인화된 해결책에 대한 고객의 기대 또한 늘어난다. 회사는 이에 보조를 맞추어야만 한다. 그러면 자연스럽게 혁신과 성공의 기회를 얻게 된다.

고객서비스 산업을 강화할 기회

○ 예측적 AI는 고객 니즈를 예측해 고객이 먼저 니즈를 깨닫기 전에 우선 제안할 수 있다.
○ AI 챗봇은 고객과의 단순한 소통을 다루고 CSR을 훈련하는 데 사용된다.
○ XR은 DIY와 협업적 고객 문제 해결에 사용되고 있다.
○ 5G는 높은 충실도의 고객 지원 경험을 가능하게 한다.

농업

: 꿈을 수확한다

많은 사람이 미국의 농장이야말로 하이테크를 기대할 마지막 장소라고 생각한다. 하지만 농장 간 합병의 결과 대형화와 인력 부족이 이 천년 넘은 산업에 극적 변화를 이끌고 있다. 21세기 농경에서는 농부들이 자율 주행 트랙터, 수직 농장 (vertical farm), 그리고 인공 지능 드론에 의지한다.

증강 트랙터가 5G로 업그레이드되다

5G는 농사일의 본질과 농업 자체를 크게 바꿀 것이다. 하지만 시골까지 네트워크를 깔려면 시간이 걸린다. 그렇다고 농업이 하이테크로 탈바꿈하는 것을 막지는 못한다. 존 디어(John Deere: Deere & Company라는 농기구 및 중장비 업체가 만드는 브랜드 -역주) 같은 트랙터는 자동화, 전력화, 인공 지능을 통해 어떻게 농업이 더 지속 가능하고 생산적으로 될 수 있는지를 보여 준다. 전기 트랙터는 배출가스를 줄이고 연료도 적게 쓴다. 씨 파종기에 탑재된 시스템은 어디에 씨를 뿌렸는지를 추적한다. 토질 분석 기능도 있어 이를 통해 작물 수확량을 예측한다.

사례1) 농약 살포 비행기를 대체하는 드론. 작물이 끝없이 펼쳐져 있는 들판은 우리에게 하나의 밭으로 보인다. 하지만 AI를 탑재한 드론에는 각각의 작물이 특별하다. 드론은 매의 눈과 고급 센서로 500에서 1,000에이커에 달하는 밭에서 데이터를 모으는 데 하루가 채 안 걸린다. 드론의 인공 지능은 중경 작물과 잡초를 구분해 살충제 양을 줄여준다. 드론의 항공 사진은 질병을 진단하고 작물 스트레스를 찾아낸다. 수확기에는 수확 로봇이 컴퓨터 비전으로 익은 과일만 찾아 딴다. 로봇은 만들기도 저렴하고 사람보다 더 빠를 뿐 아니라 수확하는 작물이 얼마나 잘 익었는지도 더 잘 안다. AI와 더불어 5G까지 갖춘 드론은 비용을 덜 들이면서도 고품질 작물의 수확량을 늘려 준다.

사례 2) 대도시에서의 수직 농장(vertical farming). 농업은 농부가 사용하는 장비 종류 이상으로 탈바꿈하고 있다. '농장'을 구성하는 본질이 진화하는 것이다. 우리가 말하려는 수직 농장은 도심 지역에 세워진다. 여기서는 농부가 아니라 과학자가 식물을 키운다. AI를 이용해 로봇에 작물을 분석하고 영양분을 주고 처치하는 일을 맡기는데 물과 공간은 이전보다 1/250만 사용한다. 식물 과학자들이 각 작물에 요구되는 특정 빛의 조합, 비료 양, 습도 데이터를 모니터한다. 무엇보다 작물이 일 년 내내 제철이다. 또 도시 환경에서 자라기 때문에 소비자에게 더 빨리 배달될 수 있고 국토를 가로질러 농작물을 운송할 때보다 비용도 적게 든다.

농업에서의 기술 업그레이드는 단지 새롭고 멋진 장난감 같은 것이 아니다. 로봇 수확기는 비용이 적게 들 뿐 아니라 그들이 뽑는 농

작물 각각에 관한 데이터를 수집한다. 드론과 씨 파종기는 각각의 심은 씨 및 작물 성장에 관한 데이터를 모아 농부를 데이터 과학자로 변신시킨다. 수직 농장은 식물 과학자가 여러 변화를 빨리 테스트할 수 있게 해주고 작물이 밀접하게 분석되고 있기 때문에 사람들도 자신이 먹을 것에 좀 더 확신을 가질 수 있다. 로봇, AI, 드론, 결국은 5G까지 모두가 농부와 음식 과학자들이 실험하고, 더 빨리 반복 적용해 보고, 궁극적으로는 사람과 지구 자체를 포함해 이 행성을 위해 더 나은 식품 결과물을 만들도록 해 준다.

농업 증강의 기회

○ AI 시뮬레이션과 드론 구동의 컴퓨터 비전 애플리케이션은 곡물 재배자가 그들의 곡물을 계획하고 진단하는 것을 돕는다.

○ XR 훈련은 작업자가 더 나은 제품을 더 안전하게 만들게 돕는다.

○ 농업 장비를 위한 AR 영업과 원격 지원 도구는 멀리 있는 고객이 존중받는 느낌이 들게 한다.

○ 시골에서의 5G는 앞으로 몇 년간 커버리지가 부족할 것이다.

건축/AEC

: 컴퓨터로 지원되는 솜씨

건축 관련 기술을 생각하면 아마 휴가지의 360도 포토 관광이나 빨라진 호텔 와이파이를 상상할 것이다. 하지만 건축 산업은 생각보다 훨씬 진화되어 그야말로 혁명적으로 바뀌고 있다. 이제 기존의 청사진을 증강 현실 비주얼로 디지털화하는 경우가 흔하다. 현장 인력들도 업데이트된 3D 엔지니어링 도표를 5G 네트워크를 통해 실시간으로 본다. 장인들은 더 마음대로 프로젝트를 설계하고 완료할 수 있게 되었다.

당신 산업에서 증강 노동력은 어떤 모습인가?

제임스 애슐리(VIMaec의 3D 개발 리더)

"영화를 만드는 것부터 고층 빌딩을 짓는 것까지 모든 대규모의 조직적 노력에서는 아주 예외적인 상황이 벌어지지 않는 한 현장에 있을 필요가 없는 사람들이 너무 많이 있다. 프로젝트의 분명한 비전과 더 효과적인 커뮤니케이션 기술은 프로젝트 계획을 간소화하고 명확하게 할 것이다. 그리고 많은 사람이 그 만일의 경우를 대비해 건설 현장 주변에서 대기하는 대신 더 유용한 작업을 할 수 있다."

가상의 건축 설계 리뷰
..

    호주의 한 프로젝트에서는 벽돌공이 2D 도면 대신 혼합 현실 헤드셋을 이용해 디자인을 살펴본다. 혼합 현실로 더 복잡한 디자인이 가능해졌는데 눈앞에 전체 프로젝트를 펼쳐 놓고 볼 수 있기 때문이다. 작업을 위해 종이로 된 청사진과 실제 사이트를 번갈아 볼 필요도 없다. 헤드셋은 벽돌공이 더 큰 규모의 팀으로 일할 수 있게 했는데 모두가 같은 설계를 보고 같은 방식으로 해석할 수 있기 때문이다.

건설 인력은 작업 과정에서 혼합 현실을 이용해 물리적 시스템, 엔지니어링 시스템, 배관 시스템을 본다. 그럼으로써 큰 실수나 위험한 잘못을 피할 수 있다. 예를 들어 로컬이든 멀리 있든 프로젝트 구성원들이 해당 지역의 측량을 실시간으로 보고 파이프를 설치하기 전에 미리 충돌을 발견하는 것이다. 혼합 현실은 물리적 장소의 이슈와 동시에 공유된 모델에서의 이슈를 추적한다.

2018년, 캐시와 존은 올드캐슬(Oldcastle)이라는 수백만 달러 규모의 건축 자재 회사와 일을 했다. 그들의 가장 인기 있는 콘크리트 제품 중 하나인 세크리트(Sakrete)를 위해 모바일 앱으로 AR을 이용하는 것이었다. 증강 현실 기반의 세크리트 앱은 공간 컴퓨팅을 이용해 작업자가 일을 더 효율적으로 판단할 수 있게 도왔다. 앱은 적합한 세크리트 제품과 양을 추천하고 구매를 원할 경우 가장 가까운 소매점 위치로 안내했다. 캐시와 존은 그들의 마케팅팀과 긴밀한 작업을 통해 AR 앱에 활기를 불어넣었다. 그리고 2019년 월드 어브 콘크리트(World of Concrete)에 제품을 출시했다.

AR에 대한 회사의 첫 시도를 공표한 것은 고객 서비스를 위해 혁신적 기술을 활용하겠다는 세크리트의 헌신과 잘 맞는다. 스마트 폰 카메라를 통해 프로젝트 사이트를 보고 캡처하면 즉각적으로 적절한 제품을 선정하고 필요 수량을 제공해 도급업자가 수작업으로 계산할 필요가 아예 없어졌다. 이 앱은 프로젝트를 위해 필요한 콘크리트 백의 수를 계산하는 데 증강 현실을 이용한 것으로 콘크리트 산업에서 최초로 시도된 것이다. 앱은 도급업자들이 고객을 위해 시간을 절약하고 돈을 아끼는 것을 도왔다.

사례1) 건설 인력을 위한 5G 리얼타임 업데이트. 네트워크를 통해 디지털 설계 작업을 하면 건설 현장에서 문제가 될 수 있다. 현장 소장이라면 3D 모델이나 서류를 다운로드 받느라 기다리는 시간을 돈으로 정량화할 수 있을 것이다. 5G 네트워크는 데이터 병목을 말끔히 해결해 다운로드를 시작하고 데이터를 기다릴 동안 커피를 하러 가는 대신 서류나 모델에 즉각 접근할 수 있고 설계사로부터의 실시간 업데이트를 볼 수 있게 한다.

사례2) 건설 현장에서의 스마트 벤딩 머신. 스마트 벤딩 머신은 제조 공장이나 건설 요원에게 그리 새로운 것이 아니다. 하지만 시간이 지나면서 더 좋아졌고 5G와 함께 더 좋아질 전망이다. 크립마스터(Cribmaster)나 다른 회사가 만든 스마트 도구통은 작업자를 위한 도구나 장비를 담은 벤딩 머신을 제공한다. 벤딩 머신은 작업자의 역할이나 직위에 기초해서만 도구를 내보낸다. 도구의 이력도 추적해 마지막으로 누가 가져갔는지도 점검한다. 또 귀 보호구의 재고가 줄어들면 자동으로 재주문한다. 이로써 일부 직원이 계속해서 재고를 점검

하는 대신 본연의 업무에 집중할 수 있다.

　AEC 산업에서는 이런 기술들을 자신들의 프로젝트에 이용해 시간과 돈을 아끼고 더불어 귀중한 생명까지 구하고 있다. 기술들이 함께 스마트 시스템을 만들어 실수를 줄이고 더 스마트하고 빠르게 일할 수 있게 돕는다. 건설에서 가장 흥분되는 XR 적용은 현장 장인들에게 자신만의 템플릿을 만들고, 일할 장소를 찾아내고, 건축 일정을 잡을 힘을 준다는 것이다.

건축업에서의 증강의 기회

○ 건축가는 AI를 이용해 효율성과 강도가 훨씬 좋은 파생 모델을 만든다.

○ AI는 기업이 아이디어를 빠르게 검증해 중압, 풍화, 일광을 줄일 수 있게 해준다.

○ 빠른 반복으로 더 많은 협업과 높은 확신, 그리고 더 나은 산출물을 얻을 수 있다.

○ 모델과 데이터를 여러 부서에 걸쳐 공유할 수 있다.

○ AEC 벤더가 최종 고객과 더 협력할 수 있게 된다.

○ 고객은 자신이 무엇을 갖게 될지에 대해 더 확신할 수 있다.

○ 디지털 쌍둥이는 실제로 구축되는 구조물이 계획에서 멀어지지 않게 돕는다.

METAVERSE

자동차와 항공우주 산업

: 이동 기술

오늘날의 현대식 공장은 공장을 가득 메우고 있는 정밀 기계의 완벽한 조율 속에 제품을 만들고 조립하는데, 종종 공장 불을 끈 상태로 사람의 간섭이 거의 없이 운영되기도 한다. 그렇다고 사람이 완전히 떠난 것은 아니다. 다만 옮겨 갔을 뿐이다. 그들은 독창적 창의력과 분석적 재능을 요구하는 역할로 옮겨 갔다. 아직 기계에는 맡길 수 없는 영역이다. 다음의 예들은 어떻게 자동차와 항공우주 산업 인력들이 XR, 5G, IoT를 이용해 이전보다 더 높은 가치를 제공해 주는지 설명해 주고 있다.

인공 지능으로 하는 제품 설계

오토데스크(Autodesk)는 인간의 창의력에 기계 학습을 결합해 제품 개발 프로세스를 가속화 한다. 이 작업은 생성적 디자인(generative design: 사람이 몇 가지 조건을 입력하면 컴퓨터가 그에 맞는 다수의 디자인을 바로 제시하는 프로세스 -역주)으로 불리는 새로운 형태의 인공 지능에서 진행된다. 생성적 디자인은 클라우드의 힘을 이용해 한 제품에 대한 다양한 솔루션을 탐색한다. 적측 가공부터, 절삭 가공(subtractive), 주조를 망라한다. 생성적 디자인은 설계 팀에 전폭적 권한을 부여하는 한 예다. 그들이 최고의 제품 변형을 생각해 내는 작업 대신 설계 옵션에 집중할 수 있기 때문이다.

라이트닝 모터사이클(Lightning Motorcycles)은 회사 모터사이클 중 하나의 스윙 암(swing arm)을 재설계하는 데 기계 학습을 활용했다. AI는 그 스윙 암이 구조적으로 탄탄하고 오토바이 고유의 '타는 느낌'은 유지하면서 가벼워야 한다는 정량적 목표를 설정하고 이를 충족시키는 5개의 디자인을 찾아냈다. 생성적으로 디자인된 스윙 암은 4개의 사용 사례에서 오리지널 스윙 암에 필적했고 다섯 번째 부하 사례에서는 오히려 오리지널을 55%나 상회했다.

이 생성적 디자인에 사용된 인공 지능은 엔지니어들이 제조 과정을 개념화하는 새로운 방법을 보여 준다. "생성적 디자인으로 만들어진 많은 제품 모양을 이렇게 주조 같은 제조 과정에 겹쳐 본 적은 여태 없었다. 대개는 문화적 이유 때문이지 기술적 이유 때문에 그랬던 건 아니다." 오토데스크의 선임 연구 과학자 안드레 바스티안(Andreas Bastian)의 말이다. 엔지니어들은 아마 적층 가공에 익숙할지 모른다. 하지만 기계 학습과 인공 지능은 다른 제조 방법, 이를테면 주조같은 것 역시 설계에 유연성을 준다는 것을 보여 준다.

엄청난 양의 데이터를 자세히 분석해 장비 정비에도 인공 지능을 사용한다. 델타는 AI와 기계 학습을 그들의 항공기 정비 전략에 사용한다. AI와 ML은 정비 기술자들에게 구체적 작업 지시를 생성해 낼 수 있다. 사람이 한다면 많은 양의 데이터를 살피고 분석해야만 해당 조치를 알아낼 수 있었던 것과 대비된다. AI 정비 경보는 항공기의 부품, 도구, 노선에도 발동될 수 있다. AI는 시간이 지나면서 더 많아진 데이터를 기반으로 학습을 한다. 그리고 과거를 분석함으로써 미래를 예측할 수 있다. 기술자들이 문제가 일어나기 전에 감지할 수 있도록 도울 수 있는 것이다.

사례1) 가상 현실 설계. 자동차 디자이너는 차량 개발을 처음부터 다시 생각하고 있다. 토요타, BMW와 같은 자동차 회사뿐 아니라 걸프스트림(Gulfstream) 같은 항공기 제작사들도 가상 현실을 이용해 최신 제품을 만든다. 전통적 엔지니어링 도구가 그들의 설계 프로세스보다 너무 뒤처져 있기 때문이다.

이제 토요타에서는 디자이너와 엔지니어들이 차량의 인체 공학을 테스트할 때 기존에 가상 환경에서 실제 사람을 이용하는 것보다 가상 현실이 더 나은 옵션이 되었다. 인체 공학은 단지 의자가 얼마나 편안한가를 말하는 게 아니다. 토요타는 자전거 타는 사람과 보행자를 VR 시뮬레이션에 더해 차의 시야까지 테스트했다. "그렇게 테스트를 하면 가시성이 향상되고 기존 방식보다 더 적은 비용으로 더 빨리 작업을 완료할 수 있다." 회사 디지털 엔지니어링 부문 프로토타입 본부 미키야 마추모토(Mikiya Matsumoto) 실장의 말이다

BMW도 비슷한 혼합 현실 시뮬레이션을 통해 BMW iX를 설계했다. 에픽 게임즈와 협력해 그들의 언리얼 엔진(Unreal Engine)을 가지고 인테리어 컨셉, 차의 기능, 시각적 경험을 빨리 개발하고 시각화할 수 있었다. 이 작업은 차를 만드는 프로세스의 시작 단계이기 때문에 결과적으로 차를 만드는 전체 시간을 줄일 수 있었다. 가상 현실과 같은 도구는 설계자나 엔지니어에게 '새로운 차원의 유연성'을 부여해 준다. 차 안에 앉아서도 실제 도로 상황을 경험할 수 있기 때문이다.

디자인에서는 공장에서보다 더 다양한 형태가 존재한다. 에어 캐

나다는 가상 현실을 이용해 비즈니스 클래스 좌석을 보여 준다. 뉴럴 디지털(Neural Digital)과의 제휴로 재탄생한 그들의 좌석을 전 세계 무역 쇼에서 전시도 한다. "우리가 만든 것은 단지 의자가 아니다. 우리의 서비스가 얼마나 뛰어난지를 보여 주기 위한 승객의 전체 경험이기도 하다." 뉴럴 디지털의 VR 책임자인 세르지오 이리고옌(Sergio Irigoyen)의 말이다. VR 경험에는 승객과 비행기 간 거의 모든 상호작용이 포함된다. 이를테면 에어컨 조절, 독서등 켜고 끄기, 식사 등이다. 에어 캐나다가 경험한 VR은 항공기 좌석을 무역 쇼로 옮기는 데 드는 비용을 줄여 주었다. 또한 그 경험을 아주 생생하게 만들어 잠재 고객이 단지 전시장에 설치된 의자에 앉아 있는 게 아니라 호화로운 비행기 안에 있는 상상을 할 수 있게 해 준다.

사례2) 5G 가상 협업. BMW는 공장을 5G 네트워크로 업그레이드하는 디지털 혁신을 진행 중이다. BMW 브릴리언스 오토모티브(BMW Brilliance Automotive: BBA)는 BMW의 중국 현지 합작 회사이다. 이 BBA에서 전체 공장에 5G를 깔고 테스트 중이다. 전체 프로세스를 테스트하고 5G를 통해 새로운 혁신을 끌어내 산업 생산성을 높이려는 것이다. 5G의 높은 데이터 전송 속도, 빠른 응답시간, 네트워크 보안은 증강/가상 현실로 '기계의 광범위한 네트워킹과 자율 물류 선단의 사용'을 가능하게 한다.

사례3) 지상 요원의 훈련. 군대는 몰입적 현실을 처음으로 받아들인 분야 중 하나다. XR에는 훈련 시나리오가 끝이 없고 실전처럼 '적기'도 등장한다. 미시시피에 있는 콜럼버스 공군 기지(Columbus Air Force Base)에서는 가상 현실을 이용하면서 파일럿 훈련이 더 빨라졌다. 가상 현실은 파일럿이 필요로 하는 스킬을 육성한다. 이를테면 상황 인식, 위험 관리, 의사 결정 같은 것이다. 더해서 학생 파일럿이 거치는 훈련을 증강해 이를테면 공중에서 비행기를 멈추고 장비를 둘러볼 수 있게 한다. 그리고는 학생이 당황하지 않게 다시 비행을 계속한다. (아직은) 가상 현실이 실제 비행을 대체하고 있지는 않다. 하지만 더 좋은 파일럿을 더 빨리 만든다는 것은 의심의 여지가 없다.

델타 에어라인의 경우 하루 수천 개의 비행기를 운영한다. 그들에겐 비행기들을 안전하고, 빠르게, 효율적인 방법으로 움직이는 것이 무엇보다 중요하다. 이 일은 특히 비행기 진입로에서 일하는 사람과 같이해 왔다. 델타는 가상 현실을 이용해 이 절차에 대해 훈련을 했다. 시뮬레이트된 델타 비행기와 도착 게이트로 순회 점검에 관한 훈련을 한 것이다. 이 방식을 채택하면서 진입로 공간을 비워두거나, 비행기 운영 시간을 묶어 놓거나, 종업원들의 안전을 위험하게 할 일이 없어졌다. VR 훈련은 청각 신호와 시각 교육을 이용해 훈련생을 경험을 통해 가이드했다. 델타와 같은 VR로 시뮬레이트 된 훈련의 장점은 교실에서 시간을 허비할 필요가 없다는 것이다. 비 경험자나 신입 직원을 바로 가상 직무에 배치할 수 있다. 가상 현실은 직접 하면서 배우는 것이다. 일단 실제 생활에서 일을 시작하면 그 기억과 행동이 작업자 몸에 배는 것이다.

2017년 여름, 캐시는 VR 전문가로서 UPS의 VR 운전자 훈련 프로그램을 자문해 주었다. UPS가 원했던 것은 학생 수송 차량 운전사가 VR 헤드셋을 이용해 도로 위 위험을 감지하고 확인하게 훈련하는 것이었다. 가상 현실 소프트웨어는 도심 도로를 운전하는 경험을 생생하게 시뮬레이션해 운전자에게 기억에 남을 수업을 가르쳤다. 결국 이 가상 현실 훈련 모듈이 이전에 UPS가 도로 위험에 관한 수업을 할 때 사용하던 터치스크린 방식의 통합 장비를 대체했다.

사례4) AR 지원. 자동차 산업은 고객이 자동차 자체를 넘어서는 경험을 할 수 있게 하는 방법을 줄곧 찾아왔다. 그 결과 고객이 증강 현실을 이용해 어떻게 차를 조작하는지 배우게 했다. 요즘 신차는 큰 스크린에 수백 개 기능이 '숨겨져' 있어 어디서부터 어떻게 다뤄야 할지 주눅이 들고 만다. 그래서 메르세데스 벤츠는 증강 현실 앱에 의존해 기존의 사용자 매뉴얼을 대체했다. 벤츠는 매끈한, 하이테크 차로 잘 알려져 있다. 새로운 AR 앱은 그 경험을 지속시킨다. 이에 더해 매뉴얼을 인쇄하기 위해 사용하던 종이 양도 절감했다. 고객은 앱 상의 가상 도우미에게 "전화기를 어떻게 충전하지?"와 같은 질문을 할 수 있다. 앱은 증강 고객 경험을 위한 첫걸음이다. 요즘 차에는 터치스크린의 메뉴 안에 숨어 있는 기능이 많아 에어컨을 어떻게 켜는지도 모를 수 있다. 운전자는 휴대폰을 양방향 매뉴얼로 이용할 수도 있다. 정비사가 AR을 이용해 어떻게 차를 조작하는지 가르치는데 사용하는 것이다.

세계가 더욱 연결되면서 AR, AI, 5G 같은 기술은 우리가 이동에 쓰는 시간을 최대한 잘 활용하게 도와준다. 각자 혹은 합쳐져 이동을 더 저렴하고, 빠르고, 안전하게 하는 데 활용될 수 있다.

자동차와 항공 우주 산업에서의 증강의 혜택

○ AI를 탑재한 가상 시뮬레이션은 안전과 신뢰를 높여 준다.

○ XR 협업과 AI 시뮬레이션을 통해 빠르고 저렴하게 테스트를 바꿔 갈 수 있다.

○ 5G는 더 빠르고 빈번한 협업을 제공한다(출장, 수면 부족, 비가동 시간은 없어지거나 준다).

○ XR 마케팅을 활용하면 고객이 개인화된 선택과 최종 제품에 대해 더 확신할 수 있다.

○ 5G로는 협업과 영업 지원을 원격 혹은 현장에서 할 수 있다.

○ 모든 시간을 기록하고 분석하고 여러 부서에 걸쳐 공유할 수 있다.

기술로 승부하다

방위 산업에서 최신 기술을 사용하는 것은 그리 놀랄 뉴스가 아니다. 인터넷의 전신인 ARPANET을 만든 것도 방위 산업이다. 아마 그들이 기술로 군사를 강화하는 데 중점을 둘 것으로 생각할 텐데 사실 그 이상으로 최신 기술을 활용한다. 증강 현실은 전문 기술자가 현장의 정비 인력을 지원할 수 있게 한다. 이를 통해 항공기 고장 시간을 줄여 모두를 행복하게 할 수 있다.

방위 산업을 위한 인공 지능

미국은 세계에서 가장 강력한 군대를 운영한다. 그런 미국 국방부가 인공 지능을 통해 혁신을 추진하고 있다. DoD(Department of Defense: 미 국방부)의 2018년 AI 전략이 그것을 명확히 요약하고 있다.

"국방부의 모든 기능을 긍정적으로 변환시키기 위해 AI의 잠재력을 이용할 것이다. 그럼으로써 미군 요원을 지원하고 보호하며, 미국 시민을 지키고, 동맹국과 파트너를 방어하며, 가용성, 효율성, 운영 속도를 향상할 것이다."

결국 감시 시스템, 무기, 그 무기를 사용할 병사들과 장교를 효과적으로 만드는 것을 목표로 한다. 앞의 장들에서 배웠듯이 AI 애플리케이션은 채용, 질의에 대한 답변, 적합성을 밝히는 데 사용할 수 있다. 훈련에도 사용되어 훈련받는 사람들의 학습 스타일에 맞춰 자료를 조정하게 해 준다. 감시 이미징(surveillance imaging)은 AI를 지렛대 삼아 이례적 상황이나 특정 패턴을 감지할 수 있다. 마치 휴대폰의 사진 정리를 돕듯이 위험을 찾아내는 데 활용할 수 있다. 전투 시스템(combat systems)은 더 많은 데이터를 처리하고 의사 결정을 더 잘 지원해 줄 수 있다. AI시스템을 통해 실시간으로 찾아낸 내용이 촌각을 다투는 상황에서 군사적 의사 결정을 잘 내릴 수 있게 도움을 준다.

사례1) 원거리 지원 기술. 방위 산업의 모든 것이 군사나 무기와 관련된 것은 아니다. 방위 산업은 거대한 생산 거점을 가지고 있고 '자산' 유지를 주로 한다. 여기서 말하는 자산은 장비나 항공기, 지프, 군용 앰뷸런스 같은 운송 수단이다. 군대와 방위 산업의 도급 업체들은 전 세계에 걸쳐 서비스 기술자를 보유하고 있어 언제라도 자산을 수리하고 정비할 준비가 되어 있다. 과거에는 현장 기술자가 문제에 직면하면 고치는 방법을 몰라 몇 장의 사진을 찍어 제조사 혹은 서비스사에 있는 주제 전문가(SME: Subject Matter Expert)에게 이 메일로 보냈다. 이렇게 며칠이 걸리는 프로세스를 AI가 맡아 단 몇 시간으로 줄였다.

소프트웨어 업체 리브레스트림(Librestream)은 그들의 증강 현실 시스템 온사이트(Onsight)로 방위 산업을 탈바꿈시키고 있다. SME가 현장 기술자의 구체적 문제에 연결되어 AR 장비를 통해 현장에서 문제를 해결할 수 있도록 과정을 안내한다. 이 과정을 녹화한 것이 데이터베이스에 저장되어 다른 분야 기술자들이 SME에게 연락하기 전에 먼저 그 과정을 따라 해 보게 한다.

사례2) 군견을 위한 증강 현실. '슈퍼 솔저(super soldier)'라는 말은 이제 팝 문화의 일부가 되었다. 하지만 미 육군은 증강 현실을 아주 독창적 방법으로 흡수했다. 먼저, 육군은 군인과 그의 파트너인 군견 간 소통에 문제가 있음을 발견했다. 조련사가 수신호로 개와 소통했지만 그러려면 개와 근접해 있어야 해서 안전 문제가 야기된다. 개들은 대개 폭발물이나 위험 물질이 있을지 모르는 지역을 정찰한다. 그런 개에게 특별히 맞춘 증강 현실 헤드셋을 지급해 시각적 단서를 보여 준다. 조련사는 개가 하는 모든 것을 보고 헤드셋을 통해 지시를 내린다.

AI는 군 방위 조직에 굉장히 중요하다. 전 세계 정부와 군부에 새로운 형태의 군비 경쟁을 대표한다. 이러한 기술이 우리 모두를 더 안심하게 하고, 안전하게 하며, 방어와 군비 축소에 이용되기를 큰 희망을 품고 제안한다.

방위산업 증강의 기회

○ 리더들은 의사 결정 지원과 가능성을 탐색하는 데 AI를 사용한다.

○ AI 시뮬레이션은 더 나은, 더 안전한 결과를 위한 반복적 실험이 가능하다.

○ 군인과 지원팀은 장비와 임무에 대한 적기 훈련을 위해 XR을 이용한다.

○ 구매자들은 XR 투어, 컨피규레이터, 프리뷰로 무엇을 얻을 수 있을지를 확신할 수 있다.

교육

: 무제한 학습

역사상 인류가 이렇게 많은 정보와 자신을 교육할 많은 기회를 가진 적은 없었다. 야심 찬 직원이라면 그 어느 때보다 압박이 심할 것이다. 스킬이 있어야 하고, 전략적이어야 하며, 다재다능하고, 프로처럼 소통할 수 있어야 한다. 지금은 독립적으로 움직이는 사람이 소수에 불과하다. 비디오 컨퍼런스를 통해 협업하고 서로의 작업에 점수를 매기고 평가를 한다. 실시간으로 같이 서류를 편집하는 경우도 있다. 2020년의 코로나 시국 중 우리 각자가 바뀐 시대에 적응하고 일하면서 이 고속 협업이 전 산업에 걸쳐 등장했다. 이처럼 어떻게 일해야 하는지가 계속 바뀌는 상황에서 계속해서 취업 자격을 유지하려면 재훈련이 필요할 사람이 많다. 다행히도 우리가 살펴본 새로운 기술이 자신을 위한 더 나은 삶을 만들 의지가 굳은 사람에게 확실한 촉매가 될 것이다.

교육을 위한 AI

학생의 지능을 개발하는 교육 분야에서도 AI가 많은 도움을 줄 수 있다. 오늘날, 교육자와 학생은 특화되고 집중된 AI 애플리케이션으로 학습 스타일을 분석하고, 수행 능력을 평가하고, 추가 자료나 실습을 개인별로 추천한다. 조만간 AI를 이용해 학습하는 사람의 나이, 언어, 능력 수준, 장비, 심지어 공부할 수 있는 시간에 따라 강의와 교재를 조정할 것이다.

디지털 아바타는 훈련과 교육에 있어 새로운 자산이다. AI와 가상 현실에 의해 활기를 찾게 된 이 디지털 존재로 교육의 개인화가 가능하다. VR을 기반으로 하는 훈련 산업에서, AI가 탑재된 아바타는 아주 흥미로운 가능성을 제공한다. 특히 소프트 스킬 훈련에서 그렇다. 이머스의 공동 창업자이자 CEO 톰 시몬스는 이렇게 말했다. "가상 훈련 환경에서 훈련생이 아바타에게 말하면 AI가 탑재된 아바타가 적절한 피드백과 가이드를 실시간으로 제공한다."

"미리 규정되지 않은 몰입적 VR 훈련 시나리오를 만든다는 점에서 정말 강력하다." 이머스의 공동 창업자이자 COO인 저스틴 페리(Justin Parry)의 말이다. 학생들은 전통적 비디오 게임처럼 내 마음대로 갖고 놀 수 없는 캐릭터를 상대하는 게 아니라 디지털 아바타 형태의 개인 교사와 상호 작용한다. 그 아바타 뒤에는 세세한 자료나 교육과정을 통해 학습한 AI가 있다.

교육을 위한 XR
· ·

XR과 교육의 교차점에는 이미 고무적 사례가 존재한다. XR을 통해 보여 주는 태양계, 화학 성분, 공룡, 역사적 사건, 물리학 시연이 많은 학생의 마음을 사로잡고 있다. 모든 주제와 영역에 걸쳐 이런 현상이 발견된다. NASA는 VR 시뮬레이션을 통해 우주인을 가르치고 스프린트(Sprint) 같은 휴대폰 소매점은 영업사원들에게 그들이 파는 제품에 관해 가르치는 데 증강 현실을 이용한다. 회사에서는 모든 영역에 걸쳐 커리큘럼을 만들려고 밀어붙이고 있다. 기술 기업, 스타트업, 스튜디오, 출판사, 개인 교육자나 학생도 마찬가지다. 디지털 경제에서 데이터는 새롭게 찾은 석유다. 그 데이터가 개인화를 통해 학생 혹은 훈련생 각자의 교육을 조율하는 데 이용된다. 여섯 개 축을 이루는 기술은 같이할 때 최고로 강력하다. 이를테면 가상 현실과 결합한 AI는 교육의 표준과 학습 제공 과정에 엄청난 힘을 제공할 것이다.

사례1) **교육을 위한 5G.** 장비와 소프트웨어가 계속 교육 등식의 일부가 되면서, 네트워크 수요 역시 극적으로 늘었다. 연결이 늘어나면서 훨씬 더 큰 용량과 빠른 속도가 필요해진 것이다. XR과 클라우드 컴퓨팅 같은 기술은 늘 대역폭에 굶주려 있다. 효과적으로 작동하려면 즉각적 대응이 필요하기 때문이다. 5G는 수년간의 마케팅 끝에 미국 전역과 전 세계에 걸쳐 적용 지역을 늘려가고 있다. 이 결과 학생, 교육자, 학교에 더 나은 연결성을 제공하고 있다.

고속 인터넷에 대한 접근이 훨씬 더 확대되면서 각종 기기와 콘텐츠의 폭발적 증가가 공존할 수 있게 했다. 우리의 마음을 넓혀줄 새로운 교육 경험이 가능해진 것이다. 5G는 교사와 학생을 고 충실도로 가상 연결한다. 다수의 이용자가 참여할 수 있고 협력할 수 있다. 이제 용량은 결국 원하던 수준까지 왔고 콘텐츠와 표준에서 이 잠재력을 최대한 활용할 엄청난 기회(그리고 압력)가 존재한다. 교육 영역의 통상적으로 느린 변화 속도를 고려할 때 스타트업이나 큰 회사 모두 해야 할 주요 역할이 있다.

사례2) **미래를 구축하다.** 이런 기술로 교육 콘텐츠를 만들 기회 역시 아주 많다. 거의 모든 XR이 '게임 엔진' 소프트웨어를 이용해 구축된다. 에픽 게임즈 같은 회사는 그들의 언리얼 엔진에서 수십 개가 넘는 지침서와 강좌를 제공한다. 사람들은 애니메이션이나 상호작용을 통한 개발에서의 새로운 경력을 향해 그 소프트웨어를 어떻게 활용할지 배울 수 있다. 다음 세대의 준비를 위해 학습을 민주화하고, 대학 학위에 드는 막대한 비용을 없애고, 최첨단 훈련을 제공하는 것은 더 많은 사람이 그들의 배경에 관계없이 성공 기회를 얻고 사회에 기여할 수 있다는 의미다.

요하임 숄츠(브록 대학교) 박사는 XR 기술을 특히 코로나가 득세하는 이 시기에 자산화하는 것이 엄청난 잠재력을 가진다고 본다. 그는 이렇게 말했다. "모든 대학이 스스로 물어봐야만 할 것이다. 어떻게 입학 첫 주 행사, 학내 수업, 대학 스포츠 하나 없이 신입생을 환영하고 학교 정신을 심어 줄 것인가? 이때 AR과 VR이 도움을 줄 수 있다. VR이 (임시로) 캠퍼스 탐방을 대체할 수 있는 한편 AR은 비록 전국과 전 세계에 흩어져 있지만 학생들의 커뮤니티를 만들 수 있다."

숄츠 박사는 이것을 실제 옮기는 데 있어서의 장애 요소들을 보는 대신 2025학번이 될 청소년들이 이미 소셜 AR의 파워 유저라는 사실을 지목했다. 스냅챗과 인스타그램에 대한 지독한 애착의 결과다. 그는 학교가 AR 렌즈를 만들어 입학하는 학생이 어느 학부 소속인지를 알아보고 그들이 꿈꾸던 프로그램에 들어오게 된 것을 환영하도록 독려했다.

레디 러너 원(Ready Learner One)은 혁신적 학습 솔루션을 제공하는 회사다. 학습과 훈련 혁신에 열정을 가진 교육 설계팀이 창립했다. 레디 러너 원은 교육과 기업 공간 모두에서 학습과 훈련을 정의하고 실행할 때 부딪치는 복지부동에 도전했다. CEO인 미카 쉬피(Micah

Shippee) 박사는 AI와 음성 인식 사이에서 엄청난 잠재력을 보고 이렇게 말했다.

"AI는 우리가 실시간 활동에서 만드는 데이터를 통해 배운다. AI의 한 가지 형태가 음성 인식이다. 음성 인식은 상당히 멀리까지 왔다. 초기 음성 인식 소프트웨어로는 컴퓨터에 우리가 어떻게 말하는지를 '가르쳐'야만 했다. 그래야 우리가 말하는 것을 문자로 번역할 수 있었다. 오늘날의 음성 인식 소프트웨어는 믿기 어려울 만큼 강력하고 우리가 말하는 단어를 엄청난 속도록 실시간 타이핑한다. 음성 인식은 AI가 어떻게 우리 교실에 긍정적 영향을 끼칠 수 있는지에 대한 완벽한 예이다."

쉬피 박사는 자신의 삶에서 이 영향을 직접 경험했다. 항상 더 많이 쓰고 더 열심히 블로그 활동을 하고 싶었지만, 시간이 없었는데 음성 타이핑이 솔루션이 된 것이다. "그냥 구글 독(Doc)을 열고 타이프라고 말한다. 그리고 머릿속에 있는 것을 쏟아 낸다. 결과는? 더 많은 글을 쓰고 블로그도 더 할 수 있게 됐다. 그렇다면, 학생들에게도 이와 같은 전략을 활용하면 어떤가? 이런 기술 없이는 타이핑이 계속해서 창의력과 산출량에 걸림돌이 될 것이라 믿는다."

쉬피 박사는 그 이유를 이렇게 설명했다.

"20년을 중학교에서 근무하면서 정말 많은 학생이 자신이 원하는 글자가 키보드 어디에 있는지 그리고 제대로 타이핑하고 있는지에 대한 걱정 때문에 키보드를 뚫어지게 쳐다보는 것을 목격했다. 그들은 자신들의 생각을 키보드 버튼 위로 재코딩하는 데 초집중한다. 심사숙고한 메시지를 그들이 생각하고 말하는 것과 같은 속도로 타이핑 하려는 과정에서 얼마나 많은 부분이 사라져 버릴지 생각해 보라. 그러다 보면 이런 질문을 하게 된다. '전적으로 팔 동작이 복잡해지는 것을 피하려는 목적으로 설계된 키보드 때문에 얼마나 많은 이야기가 시간이 흐르면서 사라져 버렸는가?' 음성 인식은 강력한 메시지를 만들어 내는 차세대 도구다."

로저 스피츠는 테키스텐셜(Techistential)의 창립자이다. 회사는 글로벌 선견지명 전략과 미래 사고 연습 사업을 한다. 그는 새로운 기술이 어떻게 교육을 혁신할지를 말해 주었다. 핵심은 암기식 학습에서 개인화된 엔터테인먼트로 바꾸는 것이다. 학생들을 효과적으로 가르치는 것은 물론이다. "분명한 것은 지식에만 의존하는 현재 교습 형태로는 많은 주제(역사, 지리, 예술, 과학)에 학생의 진정한 관심을 끌어 내기 어렵다는 것이다. 여기서 XR이 중요한 역할을 할 수 있다. 5G는 그것을 가능하게 하고."

이 기술들(AR, VR, 공간 컴퓨팅)이 5G에 의해 결합하고 세심하게 설계된다면 스피츠가 우리에게 말했듯이 학생들의 상상력이 다른 주제를 민주적 방법(이를테면 어디선, 언제나, 누구나)으로 탐구하게 해 주고 한편으로는 그 학습을 개인화한다. 이 기술들은 학생들의 관심을 끌어 그들이 몰입 적이고 게임의 요소를 적용한 발견 여정(journey of discovery)에 나서게 할 수 있다. 그에 따라 교육은 개인화된 엔터테인먼트가 될 것이다. 물론 그렇다고 학습이 덜 효과적으로 되진 않을 것이다.

우리 산업에서 증강 노동력이란 어떤 모습일까?

로저 스피츠(테키스텐셜 창립자 겸 CEO)

"리더 그룹이나 기업가에게 '증강 노동력'이란 '가치 사슬'에서 알고리즘과 기계의 역할이 늘어나는 것이다. 최적화(이를테면 자동화)에서 증강(이를테면 예측 분석, 패턴 인식, 기회 탐지, 위험 감소 등), 혹은 창의력 지원(이를테면 과학적 연구, 신약 개발, 혹은 법률 계약서 작성과 협상 지원)으로 역할이 확장되고 있다. 사람의 전략적 의사결정을 지원하고 증강해 줄 수 있는 게 바로 이 AI로 가능해진 (대규모의 비정형 데이터를 바탕으로 한) 예측적 통찰력이다."

같은 맥락에서 레디 러너 원의 쉬피 박사도 다음과 같이 말했다.

"기술은 일종의 파괴자다. 인쇄기가 (대량 출판으로) 책을 읽을 수 있는 사람의 수를 바꾸어 놓고 연필이 가르치고 쓰는 것을 바꾸었듯이 인터넷은 지식에 접할 방법을 더 쉽게 바꾸었다. 새로운 도구들은 계속해서 우리를 변화시킬 것이다. 처음에는 우리가 하는 것에 그것을 더함으로써 자연스럽게 통합한다. 그러다 그 도구를 통한 진정한 의미를 찾으면 결국 쓰게 될 것이다. 교육에서는 연필로 배우는 것에 대해 특별히 얘기하지 않는다. 연필은 이미 배우는 방식에 채택되어 있기 때문이다. 즉 우리가 하는 것이고 채택한 것이다. 하지만 컴퓨터 장비를 교육 시스템에 연결된 통합된 도구로 해서 학습하는 것은 아직도 말이 많다. 어떤 기술을 우리가 하는 것과 별개로 얘기하는 것을 멈추고 단지 우리가 하는 것으로 이해하는 순간 그 기술 기반의 파괴가 완성되었다는 것을 알 수 있다."

AI, XR, 5G는 배움에 있어서 장벽을 무너뜨렸다. 기술이 학습을 더 자연스럽게 만들었다. 먼저 어떻게 타이프쳐야 하는지를 배우거나 정보에 접속하기 위해 어떻게 컴퓨터를 사용해야 할지 알 필요가 없어졌다. 학생들이 컴퓨터 사용법을 배울 필요가 없다는 말이 아니다. 이 책 전체에서 말하고자 하는 요점은 증강 노동자이다. 기술이 어떻게 같이 일할지를 배우게 되면 증강 노동자와 학생이 되는 것이다.

명심하라. 어떻게 기술을 이용할지를 배우는 것이 아니다. 인공 지능과 확장 현실은 학생의 확장이 될 것이다. 정보를 배우고 유지하는 그들의 능력을 확장해 준다. 학생들은 3장에 나오는 여섯 개의 기술 축을 배우면서 자기 생각을 많은 방식으로 표현할 수 있게 된다.

교육산업의 증강 기회

○ 교육 플랫폼은 학생과의 상호작용 데이터에 기반해 과정 자료와 교수법을 정하는 데 AI를 이용할 수 있다.

○ 교육자는 AR과 VR을 이용해 학생들이 장소, 사물, 이벤트, 혹은 우리가 이해하기 힘든 개념을 시각화하는 것을 돕는다.

○ 교실과 밖에서의 5G는 학생에게 더 풍부한 경험과 광속의 인터넷을 가져다 준다.

METAVERSE

미디어와 엔터테인먼트

: 쇼는 계속 되야 한다

텔레비전의 출현 이후 미디어와 엔터테인먼트 산업이 기술에 엄청난 영향을 끼친다는 것은 의심의 여지가 없다. 이제 미디어와 엔터테인먼트 산업 종사자들은 어떻게 하면 인공 지능, XR, 5G를 엔터테인먼트의 미래에 적용할 수 있을지 고민해야 한다. 오늘날 이런 기술들이 미디어에서 어떻게 사용되는지에 관해 이야기해 보자.

미디어를 위한 AI

한 번이라도 유튜브나 넷플릭스를 이용해 본 사람이라면 이 말을 이해할 것이다. 홈페이지부터 시작하든 아니면 드라마의 마지막 시즌을 보고 있든 상관없이 "다음은?"의 선택을 맞이한다. 이때 지금의 AI와 별반 다르지 않은 기술이 내가 무엇을 좋아했고 나와 비슷한 다른 사람들이 무엇을 좋아했는지에 기반해 다음에 볼 것을 추천한다. 2018년, 넷플릭스가 같은 쇼를 자신의 앱에서는 사뭇 다르게 내놓는다는 것이 알려졌다. 사용자 취향에 따라 쇼의 그래픽을 바꾸는 것이다.

가까운 장래에는 이것이 더 확장되어 콘텐츠에도 영향을 끼칠 것이다. AI를 통한 더욱 실물과 닮은 컴퓨터 생성 인물, 딥페이크 (deepfake) 비디오, 실제 같은 합성 보이스의 등장으로 쇼의 내레이션은 더 우리 취향에 맞추어질 수 있다. 물론 이 모든 것은 데이터를 기반으로 한다. 우리의 시청 기록을 통해서든 아니면 표정을 통해서든 AI는 우리에 맞추어 얘기를 풀어나갈 것이다.

물론, 엔터테인먼트가 비디오 같은 직접적 미디어 경험으로 한정되지는 않을 것이다. AI는 사실 같은 얼굴 애니메이션과 음성 지원 AI를 통해 우리가 가상 인물과 대화 할 수 있게 한다. 〈왕좌의 게임(Game of Thrones)〉을 좋아하는가? 합성된 '용들의 어머니(Mother of Dragons)'를 한 시간에 걸쳐 볼 수도 있을 것이다. 아니면 스포츠를 좋아하는가? 금주 중요한 게임에 대해 유명 운동선수나 감독에게 의견을 물어보라. 반복적으로 노동이 발생하는 곳에는 항시 자동화와 AI 활용 기회가 있다.

미디어를 위한 XR

거실(family room)은 조지 넬슨과 헨리 라이트가 1954년 지은 책《내일의 집(Tomorrow's House)》에 처음 등장했다. 그것은 미국인이 라디오와 그리고 나중에 가서는 TV를 위해 집안에 마련한 최초의 공간이다. 근 80년 동안 우리와 엔터테인먼트 간 연결은 시네마와 편안한 소파 간 거리를 1인치씩 좁혀 갔다. 하지만, 모바일 비디오와 게임이 등장한 이후 그 추세가 역전됐다. 그것도 아주 빠르게.

오늘날, 우리는 어디서나 인상 깊은 미디어 경험을 할 수 있다. 여기에는 증강 현실과 가상 현실 같은 몰입 기술이 포함되어 있다. '스

타워즈: 베이더 임모탈' 같은 인기 게임에서는 소비자가 VR을 이용해 그들이 사랑하는 스토리 안에 살 수 있다. AR의 시금석이 된 '포켓몬 고!'는 어떻게 증강 현실이 가상의 이야기를 실제 세계로 가져올 수 있는지를 보여 주었다.

크리에이터는 가상 현실 프로덕션 기법을 이용해 마치 동물과 같은 세트에 있는 것처럼 영화를 기획하고 촬영한다. 라이언 킹과 정글 북의 라이브 액션 리메이크작이 그 좋은 예이다. 디즈니의 인기 스트리밍 쇼 〈스타워즈: 만달로리안〉 시즌 1의 대부분은 거대 LED 벽에 보이는 가상 세트 위에서 VR로 촬영한 것이다. 영화제작자는 이 새로운 기법을 TV쇼와 심지어 광고에까지 채택했다.

방송사는 일종의 증강 현실을 이용한 라이브 액션 무대에서 탤런트의 샷을 좀 더 정교하게 찍는다. 세트, 기둥, 공연 등 많은 것들이 체적 스캔(volumetric scan)으로 잡혀서 어떤 각도에서도 재생할 수 있다. 이런 기술은 사전 제작(pre-production) 단계를 넘어 점차 실제 제작에도 사용되고 있다. 전통주의자들은 디지털카메라가 결코 기존의 필름을 대체할 수 없으리라 예측했다. 하지만 이제 그들 상당수가 디지털로만 사진을 찍는다. 물론, 이 기술은 사전 제작되는 콘텐츠만을 만들거나 소비하기 위한 것은 아니다. 라이브 이벤트에서도 역시 영향을 끼치고 있다.

캐시는 2016년에서 2017년까지 퓨처 라이트하우스의 영화 VR 스튜디오 최고 커뮤니케이션 임원으로 일했다. 아주 진보적이고 미래지향적인 팀과 같이 영화 〈비프이터 XO(Beefeater XO)〉에 활기를 불어

넣었고 그 결과 트라이베카 영화제(9.11 테러로 초토화된 뉴욕 트라이베카에 희망을 불어넣고자 시작된 필름 페스티벌 –역주)에서 X 어워드(Tribeca X Award)에 노미네이트 되기까지 했다. 그의 스튜디오는 시대를 앞서갔다. 베니스 필름 페스티벌의 VR 셀렉션 중 3개를 회생시켰다: 멜리타(Melita), 스내치(Snatch, 소시 픽처스와 협업으로), 캠프파이어 크리퍼(Campfire Creepers, 오큘러스 및 WME와 협업했고 호러 영화 〈13일의 금요일〉에서 프레디 크루거(Freddy Krueger)역을 맡았던 로버트 잉글런드(Robert Englund)가 출연함). 하지만 스튜디오의 눈부신 창작 결과에도 불구하고 퓨쳐 라이트하우스는 2018년 문을 닫았다. 다른 많은 VR 스타트업과 마찬가지로 자금 유치에 어려움을 겪었기 때문이다. 너무 시대를 앞섰던 스튜디오의 많은 팀원이 다른 메이저 VR 스튜디오나 회사를 찾아 떠났다.

2020년 여름으로 건너뛰어 보자. 존과 캐시는 베니스 필름 페스티벌 중 수상작 〈판도라 X 찾기(Finding Pandora X)〉의 가상 공연을 참관했다. 그해 말에는 전자 음악의 레전드 장-미셸 자르(Jean-Michel Jarre)의 새해 전야 콘서트에 나와 같이 참석해 흥청망청 놀았다. 콘서트는 화재로 전소된 노트르담 사원을 가상으로 재건축한 곳에서 진행됐다. 이런 경험은 정말 참여적이다. 즉 청중이 상상의 세계를 여행하고 그것들이 눈 앞에 펼쳐질 때 자신만의 이벤트를 만들 수 있게 해 준다. 고객은 라이브 행사 이상의 훨씬 많은 것을 원한다. 이 행사가 좋은 예인데 특히 세계가 다시 얼굴을 맞대고 만나는 것의 대안적 옵션으로 이보다 좋을 수 없다.

미디어를 위한 5G

보거나 할 것이 더 많아지면서 그것 모두를 경험하기 위한 큰 대역폭이 필요하다. 5G는 이미 우리가 새로운 장소에서 더 인상 깊은 경험을 할 수 있게 한다. 고속도로를 달리면서 멀티플레이어 게임을 하거나 야생에서 캠핑하면서 4K 영화를 보는 것이다. 노동력 측면에서 보면 5G의 용도가 더 많다. 떨어져 있는 제작진이 더 쉽게 커뮤니케이션 할 수 있는데 이를테면 작업한 것을 관계자와 미리 보는 것이다. 시각 효과 같은 복잡한 작업은 클라우드에서 할 수 있다. 클라우드 환경에서는 회사가 어디에서건 실시간으로 작업 할 수 있고 그 작업에 요구되는 비싼 컴퓨터 장비를 필요한 만큼 빌려 쓸 수 있다. 취재진은 더 많은 데이터를 담아낼 수 있어 프로듀서가 기사를 전달하는 데 더 많은 옵션을 가지게 하고 시청자도 다양한 방법으로 경험할 수 있게 한다. 심지어 현실 세계와 섞인 증강 현실 형태의 경험도 가능하다.

영화와 TV를 위한 '가상 제작'은 사회적 거리 두기와 격리 때문에 폭발적 인기를 끌게 되었다. 자연스러운 배경을 보여 주기 위해 LED 스크린을 사용하고 배우들이 그 앞에서 연기한다. TV 시청자는 배우가 진짜 야외에 있는지 아니면 디지털 매체를 사용하고 있는지 분간할 수 없다. 가장 좋은 예로는 디즈니의 스타워즈 시리즈 만달로리안을 들 수 있는데 LED 배경으로 엄청난 효과를 냈다. 이런 무대는 종종 고속 인터넷이 안 되는 장소에서 5G가 시간을 절약하고 가상 제작을 가능하게 할 수 있다.

엔터테인먼트 세계는 변하고 있다, 오늘날 엔터테인먼트를 구성하고 있는 것들이 내일이면 달라질 것이다. 누가 10년 전에 실시간 라이브 스트리밍 비디오 게임을 만들 생각을 했겠는가? 그 게임을 클라우드나 다른 장비에서 하는 생각은? 틱톡에 올린 영상이 몇 초 만에 전 세계 시청자를 사로잡고 사람들을 유명하게 할 거라는 생각은? 엔터테인먼트, 게임, 음악, 실제를 정의하는 경계가 다 합쳐지고 있다. 앞으로 10년 안에 게임, 구독 서비스, 그리고 다른 형태의 디지털 엔터테인먼트가 더욱 합쳐질 것이다. 게임, TV쇼, 혹은 영화를 구성하는 것들의 경계가 희미해지면서 사람들이 자신을 표현하는 새롭고 흥미로운 방식을 낳을 것이다.

사례1) 엔터테인먼트로서의 쇼핑. 인스타그램은 사람들이 몇 시간을 친구들의 '이야기'를 보거나 IGTV(인스타그램에서 운영되는 동영상 소프트웨어 - 역주)를 통해 스크롤링하는 서비스다. 앱 사용자들은 로레알 같은 회사의 제품을 가지고 가상으로 화장을 할 수 있다. 화장한 모습이 마음에 들면 인스타그램에서 바로 그 화장품을 구매하면 된다. 쇼핑과 엔터테인먼트는 코니 챤이 '쇼파테인먼트(shopatainment)'라고 부르는 것에서 더욱 수렴되고 있다. 챤은 실리콘밸리의 벤처캐피탈 앤드리슨호로위츠(Andressen Horowitz)의 무한책임사원(General Partner)이다. 그녀가 설명한 방정식에 따르면 '엔터테인먼트 + 상거래 + 콘텐츠 = 쇼파테인먼트'가 된다. 쇼파테인먼트는 인포머셜(informercial: information과

commercial의 합성어로 상품에 대한 상세 정보를 담은 TV광고 -역주)이 발전된 형태인데, 구매자와 판매자 간에 스토리텔링을 통한 유대감을 형성해 준다.

사례2) 기계가 만드는 비디오 게임. 비디오 게임 크리에이터에게는 예술가적 스킬 이상의 것이 요구된다. 앞으로는 AI 동료와 그 일을 할 것이기 때문이다. 기계 학습과 AI는 게임 스튜디오에서 사람이 하던 극한 작업을 덜어 줄 수 있다. 세계적으로 명성 있는 모바일 게임과 콘텐츠 스튜디오인 앵그리 버드(Angry Birds) 제작사 로비오(Robio)는 기계 학습을 이용해 게임 디자이너의 업무를 덜어 준다. 기계 학습은 디자이너가 재미있는 콘텐츠를 더욱더 빠르게, 수작업은 덜 하면서 제작하게 해 준다. 구글의 부사장이자 사업부장인 필 해리슨(Phil Harrison)은 2030년의 게임 산업이 어떤 모습일지 이렇게 말했다.

"기계 학습, AI, 자연어 같은 몇몇 밀접한 기술들이 게임 디자인에 엄청난 연료를 공급할 것이다. 가상 세계로 걸어 들어가 게임 속 캐릭터와 대화를 나누는 상상을 해 보라. 마치 진짜 사람과 얘기하는 것처럼 느낄 수 있다. 그들은 당신과 당신의 배경을 다 기억한다."

사례3) 게임 콘솔의 종말. 5G는 게임 세계의 에지 컴퓨팅(edge computing: 데이터가 수집되고 분석되는 물리적 위치 근처에서 컴퓨팅이 이루어지는 분산 컴퓨팅 모델 -역주)과 4K 스트리밍을 향상시킨다. 이제 개인의 웹 브라우저는 과거처럼 '덤 터미널(dumb terminal: 한정된 단순 기능만 수행하는 이른바 멍텅구리 단말기 -역주)'이 되고 모든 실제 컴퓨팅 파워는 클라우드에 자리 잡는다. 마이크로소프트의 Xbox 클라우드 및 경쟁사 구글의 스태디어(Stadia)에서 볼 수 있듯이 5G가 이 경험을 제공한다. 5G를 통한 에지 컴퓨팅은 엔터테인먼트에는 더할 나위 없는데 시뮬레이션이나 훈련 같은 다른 애플리케이션에도 사용되고 있다. 효과가 많이 요구되고 높은 접속성을 요구하는 데 비해 장비가 4K 경험 제공에 충분하지 않다면 에지 컴퓨팅이 그것을 가능하게 할 수 있다.

사례4) 스크린 뒤에서 나온 e스포츠. 증강 현실과 가상 현실은 게임을 한다는 것 혹은 다른 장비와 상호작용한다는 것의 의미를 바꾸었다. 리모트 컨트롤, 비디오 게임 컨트롤러, 심지어 가상 현실 컨트롤러까지 과거의 것이 될 것이다. 손 움직임을 추적한다는 것은 우리 몸 전체가 게임을 하는 것이다. 구독 메뉴나 TV 스트림에서 원하는 것을 찾아 페이지를 넘기던 것이 손을 슬쩍 움직이는 것으로 가능해진다. 사람들은 컨트롤러를 사용하는 대신 실 세계 공간에서 자신의 몸으로 게임을 할 것이다. 사실 컨트롤러는 이미 둔하게 느껴지기 시작했다. 이것은 e스포츠의 새로운 현실을 의미한다. 혼합 현실은 스크린 뒤에 있는 선수를 앞으로 끌고 나왔다. 선수들은 실제 세계에서 그 위에 덮어 쓰인 디지털 게임의 전쟁을 할 것이다.

사례5) 음악의 소리. 증강 현실은 우리의 시야를 향상하는 것 이상을 한다. 우리가 세계와 상호 작용하는 것을 음열(audio queue)을 통해 바꾼다. 이것은 음악 산업에 큰 영향을 끼친다. 증강 현실은 음악의 차기 포맷이 될 잠재력을 가지고 있다. 팬들을 경험의 중심에 있게 하기 때문이다. 더군다나 진짜와 똑같다. 페이스북은 새로운 AR 필터를 자신의 새로운 포탈 TV 하드웨어에서 테스팅 중이다. 잠재적으로 할머니와 립싱크 배틀을 가질 수 있는데 자신은 래퍼 배드애스(Joey Bad$$로 알려진 미국의 힙합 가수 -역주)처럼, 그리고 할머니는 로커처럼 만들수 있다.

공연장이 물리적 관중과 공연자뿐 아니라 가상의 사람도 받는 날이 올 수도 있다. 라이브 공연의 미래를 만들고 있는 NYC XR 스튜디오의 애자일 렌즈(Agile Lens) 부문 크리에이티브 디렉터 알렉스 쿨롬비(Alex Coulombe)는 이렇게 말했다.

"라이브 공연에서는 관중을 모으는 새로운 방법을 찾는 것이 무엇보다 중요하다. 우리는 이 새로운 방법을 개발하는 프로젝트를 진행해 왔는데 360도 스테레오 비디오를 라이브 스트림하는 앱(삼성 이벤트 360)의 프로토타이핑부터 세상 누구나 볼 수 있는 완전 가상화된 라이브 공연(플라스틱랜드(Plasticland), 러브시트(Loveseat), 제티슨(Jettison)의 공연을 생생하게)까지 망라한다."

또 5G와 XR이 어떻게 함께 엔터테인먼트 산업을 바꿀 것인가에 관해 쿨롬비는 이렇게 말했다.

"공간 컴퓨팅과 5G는 미래 공연 툴박스에서 가장 중요한 도구가 될 것이다. 라이브 쇼 현장에는 한 명이 있지만, 훨씬 더 많은 전 세계의 2차 관객이 전화나 헤드셋으로 공연 경험을 스트리밍하고 있다고 상상해 보라. 공연자들 역시 현장에 있을 수도, 없을 수도 있다. 일부

는 다른 라이브 장소로부터 홀로그램 형태로 스트리밍될 수 있다. 이 중 일부는 (어떤 의미에서는) 아마 라이브가 아닐 수 있다. 그보다는 관심을 끈 공연을 차후 새로운 환경에서 보여 주는 것이다. 어떤 경우는 배우들이 완전히 원격에 있고 모든 것이 가상이라 물리적 극장조차 없는 것도 볼 것이다. 라이브 쇼를 넘어 만약 일생에 한 번 있는 이벤트를 체적으로 혹은 모션 데이터로 캡처한다면? 이것은 지적 자산권과 노조의 승인이 있다면, 세트가 철거되고 공연자들이 다른 곳으로 옮겨 가는 것과 다른 전적으로 새로운 매출 스트림을 열 것이다. 이미 〈키〉, 〈체인드〉, 〈웃는 사람(The Grinning Man)〉 같은 영화나 공연에서 그 예를 볼 수 있다."

"환상적으로 제작된 2D 비디오와 공연장을 돌아다니며 세계적 음악가나 배우에게 가까이 갈 수 있게 해주는 공간 VR 재생 중 하나를 선택해야 한다면 언제라도 VR 재생을 선택하겠다!"는 것이 쿨롬비의 말이다.

우리에게 정보를 주고 즐겁게 해 주는 방법이 이렇게 많았던 적은 결코 없었다. 그리고 그런 목적에 사용되는 도구들이 이렇게 정교했던 적도 없었다. 이 산업에서 AI, XR, 5G를 지렛대 삼는 회사는 훨씬 더 효율, 민첩성, 속도가 좋아질 것이다. 또한 청중과 더 오래 지속되는 깊은 관계를 구축할 능력을 갖추게 될 것이다.

미디어와 엔터테인먼트 산업의 증강 기회

○ 크리에이터가 디자인, 애니메이션, 시각 효과를 하는 데 AI를 지렛대 삼아 더 다양하고 사실적인 장면을 만들고 있다.

○ 영화와 TV 쇼는 VR을 이용해 실시간으로 애니메이션 시퀀스(animation sequence: 영화에서 표현되는 애니메이션 기법의 연속 장면군 -역주)를 지휘할 수 있다.

○ 증강 현실을 텔레비전과 라이브 쇼에 활용해 라이브 배우를 CGI(computer graphic image) 환경에 통합시킨다.

○ 5G는 영화 제작진이 실시간 시각 효과와 합성 작업을 활용해 살아 있는 촬영을 가능하게 한다. 이것은 멀리 있는 관계자를 세트로 불러와 사후 제작의 필요성을 줄여준다.

○ 증강 현실과 가상 현실 경험은 소중한 지적 자산을 마케팅하고 확장하는 데 사용되며 헌신적 팬을 창출하고 긴밀한 관계를 유지하게 도와준다.

금융서비스

: 관심 가는 기술

대부분 사람에게 금융서비스 관련 기술의 정점은 온라인 뱅킹이다. 은행 앱을 통해 언제라도 입출금을 하는 것은 대단한 경험이다. 사실 이 산업은 보기보다 훨씬 더 기술이 탄탄하다. 데이터를 보기 위해 가상 현실에, 계좌 분석을 위해 인공 지능에, 그리고 고객을 돕기 위해 스마트 도우미에 투자하고 있다.

다시 그리는 데이터

2014년, 피델리티 투자사(Fidelity Investment)의 피델리티 랩(Fidelity Labs)이 '주식 도시(StockCity)'라는 가상 세계를 만들어 투자자가 데이터에 몰입할 수 있게 했다. 각각의 빌딩은 다른 주식이나 펀드를 나타냈고 빌딩의 높이와 모양은 주식이 얼마나 잘 나가는지를 표현했다. 하지만 숫자는 그 어디에도 보여 주지 않는다. 그런데도 사람들은 이 정교하게 시각화된 3D 데이터의 의미를 문제없이 해석할 수 있었다. 사실 제대로 만들어지면 2D 그래프나 차트보다 더 뛰어난 가시성을 보여 준다.

영업에서는 오큘러스 리프트(Rift)를 이용해 몰입적 3D 환경을 만들어 데이터를 분석했다. 이 도구는 금융서비스 종사자가 자산 관리를 위한 데이터 기반의 다양한 시나리오를 계획할 수 있게 도와준다. 한 예에서 사람들은 마치 총천연색 태풍의 내부 같아 보이는 데를 들어간다. 각 색깔은 데이터를 표현하고 태풍의 속도와 넓이는 또 다른 정보를 나타낸다. 다시 한번 이 모든 것에는 어떠한 설명이나 숫자가 없다.

사례1) 인공 지능 - 더 강력한 중개인. 피델리티 랩은 가상 금융 중개인 코라(Cora)도 내놓았다. 코라는 음성 명령에 따라 움직이는데 고객 질문에 답하거나 필요한 정보를 보여 주었다. 캐피탈 원(Capital One)은 에노(Eno)라는 자연어 SMS 문자 기반 도우미를 만들었다. 에노는 사기가 의심되거나 가격 급등을 경고하는 것 같은 12개가 넘는 선제적 능력을 통해 구독 고객에게 통찰력을 제공하고 고객 니즈를 예측할 수 있었다. 또한 브라우저의 확장 기능으로 가상 카드 번호를 만들 수 있었다. 실제 카드 번호는 잠재적 사기로부터 안전하게 지키면서 거래용 카드 번호를 만드는 기능이다.

젊은 세대가 선호하는 모바일 뱅킹에서 5G는 기계 학습 구동의 챗봇, 고객 직거래 뱅킹, 무료 교역 같은 금융서비스를 더 안전하고 강력하게 만든다. 고객은 가상의 증강 현실을 통해 매일의 포트폴리오 상태를 잘 이해할 수 있다. 데이터의 의미가 자연스럽게 표현되기 때문이다. 그렇게 3D 형태로 표현되는 숫자와 계좌 상태에 기반해 의사 결정을 내릴 수 있다.

금융 산업에 있어서 증강의 기회

○ AI 챗봇이 투자자 질문에 답할 수 있다.

○ AI 시뮬레이션이 투자자의 의사 결정을 지원할 수 있다.

○ 은행은 가상 지점을 만들고 있다.

○ 암호 화폐는 구매자가 디지털 매체에 대한 진정한 오너십을 가질 수 있게 한다.

○ XR은 투자자가 복잡한 데이터와 개념을 시각화하는 것을 돕는다.

헬스케어

: 발전을 처방하다

헬스케어는 관련된 모두가 기술 증강으로부터 혜택을 받는 산업이다. 의사와 간호사부터 환자까지 그 여섯 개 기술 축이 의사의 역량과 환자의 건강을 증대시켜 준다. 헬스케어 분야의 기술은 의사가 실제 환자 데이터를 가지고 디지털 수술을 실습할 수 있게 한다. 환자는 발달한 원격진료를 통해 병원까지 갈 필요 없이 필요한 진료를 받을 수 있다. 이런 것들이 헬스케어가 모든 사람의 혜택을 위해 탈바꿈하는 몇 가지 방식이다.

가상 환자: 하지만 니즈는 진짜다

이 책이 주로 기업 관점에서 주제를 다루지만 우리 모두가 고객이고 환자라는 사실을 기억하는 게 중요하다. 존은 다음과 같이 자신의 경험을 얘기했다.

"안경원에 갔다. 마스크를 쓰고 있다 보니 안경을 쓰고 벗는 게 몹시 힘들었다. 하나하나 쓸 때마다 마스크를 벗고 숨을 참아야 했다. 결국, 그 가게에서는 안경을 못 샀다. 마스크를 벗고 숨을 참은 후 안경사가 살균제를 뿌린 안경을 쓴다는 것이 정말 번거로웠기 때문이다. 좀 더 안전한 대안은 가상으로 (안경을) 써보는 것이다. 컴퓨터 앞에 앉아 휴대폰을 가지고 가상으로 착용해 보는 것인데 어떤 안경이 내 얼굴에 가장 잘 맞는지 보기가 훨씬 더 편했다."

AR은 이미 집에서 편하게 사용할 수 있는 가상 솔루션을 찾는 고객을 돕고 있다. 왔다 갔다 하는 시간과 기름값을 줄여주고 건강 문제를 완화해 준다. 또 통상의 업무 시간 외에도 고객이 편할 때 일을 볼 수 있다. 거의 모든 종류의 제품을 가상으로 체험해 볼 수 있다. 보석, 시계, 구두, 드레스 등등. 사람들은 가상의 드레스 룸을 이용하고 그러한 목적을 위해 AR을 활용하는 기업은 고객 만족과 판매의 증가를 맛본다.

사례1) AI 진단: 절대 같은 검사가 아니다. 인공 지능은 진단 자체를 탈바꿈하고 있다. 암과 피부 질환은 초기에 발견되었을 때 가장 성공적으로 치료할 수 있다. 과학자들은 잠재적 피부암 이미지를 평가해 해당 환자가 흑색종의 위험이 있는지 판단하는 인공 지능 신경망(DERM, Deep Ensemble for Recognition of Melanoma, 흑색종 인식을 위한 딥 앙상블)을 테스트 했다. 총 7,102개의 피부 질환 이미지가 테스트 되었다. 연구는 DERM이 AUC(Area under the Curve: 판정 선이 얼마나 신뢰할 만한지를 나타내는 것으로 클수록 예측을 잘하는 모델임 -역주) 달성에서 일차 진료 의사보다 낫다는 결론을 내려 일차 진료의 잠재적 진단 지원 도구로 인정했다. 영상의학과 의사도 AI를 이용한다. AI가 폐의 어떤 부분이 면밀한 주의를 필요로 하는지 결정하게 해 자신이 이미지들을 다 뒤져 자세히 보는 대신 스캐닝에 집중한다. 의사는 최선을 다해 환자를 돕기 원하고 환자는 건강한 삶을 살고 싶어 한다. 이 모든 것을 AI가 도울 수 있다.

사례2) 가상 현실 수술. 스탠퍼드 대학교 의대는 MRI, CT, 혈관 조형 사진 이미지를 합쳐 의사와 환자가 VR 환경에서 조작할 수 있는 3D

모델을 만들었다. 외과의는 실제 환자 데이터를 바탕으로 한 3D 모델로 그 어느 때보다 수술 준비를 잘 할 수 있다. 환자를 안심시키기도 하는데 MRI 검사 결과를 이해하려고 애쓰는 대신 자신의 3D 버전을 봄으로써 몸에 무슨 일이 벌어지고 있는지 더 잘 이해할 수 있기 때문이다.

사례3) VR을 이용한 통증 관리. 임상 실험에서는 가상 현실을 이용해 환자의 만성 통증을 관리한다. VR은 환각지통(절단된 팔다리가 아직 그 자리에 있는 것처럼 아프고 불편함을 느끼는 증상 -역주)이나 섬유근통증 같은 여러 만성 질환을 가진 환자에게 아주 유망한 통증 관리 도구임을 보여 주었다. 통증 관리를 위한 임상 도구로서의 가상 현실에 대한 논문은 VR 실험이 상태가 심각한 만성 질환자를 치료하는 접근법을 재정의할 정도의 잠재력을 과시했음을 발견했다.

또 다른 연구는 VR에 단순히 고통으로부터 기분을 전환해주는 것 이상의 뭔가가 있을 거라고 결론지었다. VR을 바이오 피드백 메커니즘이나 인지행동 치료 같은 다른 치료 방식과 결부시킨 연구에서는 컨디셔닝 요법과 노출 치료와 관련된 신경생리학적 변화가 나타났다. 본질적 효과로 만성 통증 환자가 오피오이드(opioid: 아편 비슷한 작용을 하는 합성 진통, 마취제 -역주) 사용과 남용을 줄이게 도와준다.

사례4) 체적 비디오 훈련. 훈련에는 체적 비디오가 사용되는데 뇌의 관심을 사로잡는 것이 2D와 다르다. "캡처된 콘텐츠로 훈련했을 때

뇌가 관심을 갖는 직원의 모습이 어떤지를 배울 수 있었다." 아바타 디멘젼(Avata Dimension)의 팀 젠크(Tim Zenk)의 설명이다. 아바타 디멘젼은 마이크로소프트의 혼합 현실 캡처 스튜디오 기술에 기반한 워싱턴 D.C. 소재 스튜디오로 가장 최근에 허가를 받았다. 종업원들이 모든 각도에서 배울 수 있어 더 정통해지는 결과를 이끈다. 실제로 이 기술을 사용한 회사는 훈련 기술의 질을 높이면서 엄청난 효율성 증대를 볼 수 있었다.

그 목적이 훈련, 교육, 정기 검진, 지속적 치료, 예방 의학, 진단, 수술 과정을 위한 것이든 상관없이 헬스케어를 위한 AI, XR, 5G는 도처에 있다.

헬스케어를 위한 증강의 기회

○ AI 시뮬레이션은 새로운 치료법을 테스트할 수 있다.

○ AI 컴퓨터 비전과 기계 학습은 사진과 의료 이미지(X레이나 MRI등)로부터 질병이나 이상한 점을 진단할 수 있다.

○ XR 훈련은 의사를 위해 활용될 수 있고 스태프들도 지원한다.

○ XR 마케팅과 영업 지원은 새로운 약, 도구, 장비를 위해 사용될 수 있다.

○ 5G는 모바일 원격의료 앱에서 좀 더 나은 소통과 더 많은 데이터의 이동을 가능하게 한다.

METAVERSE

제20장

호텔 산업

: 도착 손님의 증강

이 책을 쓰고 있는 동안에도 전 세계 호텔 다수가 코로나로 인해 쪼그라들어 있었다. 한때는 호텔 문을 들락거리는 손님으로 가득했던 호텔 대부분이 이제는 텅 비어 있다. 한때 정신없이 바빴던 스태프들은 이제 놀고 있거나 휴가를 가 있고, 아니면 더 최악의 상황을 맞고 있다. 경제적 불확실성의 시기에 노동력을 증강한다는 것이 일견 부적절해 보일 수 있다. 하지만 미래를 상상하기에 이보다 더 나은 기회는 없다. AI, XR, 5G 같은 기술이 어떻게 호텔 산업에 영향을 끼치는지 한번 살펴보자.

호텔을 위한 AI
· ·

리카이푸(Kai-Fu Lee)는 지노베이션 벤처(Sinovation Ventures)의 회장이자 CEO이며《AI 슈퍼파워》의 저자로 존경받고 있다. 그는 이렇게 말한다. "모두 서로 소통할 시간을 얼마나 더 원하고 필요로 하는지. 새롭게 등장해 일상 작업을 대체하고 있는 AI는 어쨌든 우리가 해야만 할 일만 하도록 밀어붙이고 있다. 이를 통해 더 인본주의적 서비스업을 창출한다." 우리 자신을 감싸고 있는 수많은 기술에도 불구하고 결국 우리는 사람이다. 이제 서로에게 집중할 시간이 더 많아지면서 투숙객이 집을 떠나 있는 순간을 더 포근하고 편안하게 만드는 것이 분명 이전보다 더 나아질 것이다. AI가 가져다준 일상 업무로부터의 자유의 결과다.

규모가 되고 데이터가 많은 곳이라면 어디나 자동화의 기회가 엄청나다. 호텔에 처음 머무는 사람이든 아니면 전국을 돌아다니는 외

판원이든, 한 사람이 여행하면 방대한 양의 데이터가 생성된다. 어디를 여행하는지, 얼마나 머무는지, 머무는 동안 어떤 활동을 하는지 등 숙박자의 모든 선택이 데이터가 된다. e커머스 소매상들이 고객 선호도에 관한 예리한 지식의 칼을 유례없이 날카롭게 하는 것처럼 오늘날의 호텔은 고객에게 오로지 나만을 위한 경험을 만들어 주기 위해 데이터를 활용한다.

호텔 수용력을 예측하고, 고객이 가장 많이 몰려 마모가 불가피한 장소를 예측해 선제적으로 수리하거나 개선하는 데도 AI를 활용한다. 하우스키핑에서는 컴퓨터 비전을 갖춘 기계 학습을 활용한다. AI가 빈방을 스캔해 혹시 호텔의 자체 '브랜드 기준'에 벗어나 있는지 알아낸다. 베개가 제자리에 놓여 있지 않거나, 비누를 더 채워 넣어야 한다거나, TV 리모컨이 어디 있는지를 보고하고 제안도 한다. 마치 보이지 않는 집사 로봇처럼 AI는 우리가 집을 떠나 여행하는 데 있어 더 많은 단계를 가이드 하고 미리 앞길을 닦아 놓는다.

호텔업을 위한 XR

업무 출장이 뭔가 매력 넘치는 전설로 여겨지던 과거에는 목적지에서 이것저것 즐길 시간이 많았다. 하지만 인터넷과 통신망이 하루 24시간, 주 7일 끊김 없이 연결되는 지금은 출장자의 업무 외 시간이 스마트 폰에 집중되어 있다. 이제 우리는 더 많은 시간을 기기를 보며 보낸다. 회의 사이사이에, 호텔로 돌아오는 길에, 룸서비스를 기다리면서, 수많은 메시지를 읽고 잠들기 전에 답장을 쓴다. XR 기술이 이 상황을 개선할 수 있는 몇 가지 방법을 살펴보자.

앞에서 배웠듯이 AI는 호텔의 하우스키핑과 보수 팀이 이슈를 예측하고 물건을 제자리에 갖다 놓는 것 등을 돕는다. AI와 XR을 같이 사용하면 손님의 니즈를 파악하고 어떻게 하면 그들의 난해한 요구에 부응할 수 있는지를 시뮬레이션해 서비스팀 훈련에 활용할 수 있다. 포르티코.AI(Portico.AI)에서는 고객과 상호작용한 데이터에 기반한 대화형 AI로 호텔 직원을 교육한다. 지속 교육을 추구하는 훈련생과 직원들은 VR 혹은 노트북을 이용해 고객과의 다양한 접점 상황에 자신을 몰입시킴으로써 스킬을 향상한다. 회사는 이런 접근법과 소프트웨어를 이용해 직원을 효과적으로 훈련하고 그들의 경쟁력을 측정한다.

효과는 직원에만 그치는 것이 아니다. 점차 사람들도 VR에 의존한 엔터테인먼트를 추구해 노상에서의 따분한 시간에서 탈출한다. 페이스북의 오큘러스 퀘스트 VR 헤드셋 같은 무선 VR 기기는 길에서 지친 여행자들에게 너무도 따분한 전형적 호텔 더블룸으로부터 정신적 출로를 제공한다. 가상 현실로 무장한 여행객들은 다음 회의를 위한 훈련을 하고, 스트레스를 풀고, 아니면 관계가 어긋난 친구나 가족과 다시 연결될 수도 있다. 근처에 있는 고객을 위한 오락 유흥 시설을 방문할 수도 있고, 둘러볼 곳이나 하고 싶은 다른 활동을 찾을 수도 있다.

모바일 증강 현실은 익숙하지 않은 장소에 있는 여행객들에게 길을 안내한다. 어느 방향으로 가야 하는지를 바로 눈앞에서 보여 주거나 렌트카 대시보드 위에 세워 놓을 수도 있다. 기술은 직원이나 손님 모두의 아픈 점을 어루만져 주고 관련된 모든 이에게 새로운 기회를 창출해 준다.

호텔업을 위한 5G

다이얼을 돌리던 시절부터 호텔에 접속하는 것은 여행객들에게 늘 도전이었다. 5G가 등장하고 나서도 많은 호텔에서 발견할 수 있는 빽빽한 콘크리트 구조물이 고객이나 건물주 모두를 좌절시키는 도전임이 입증됐다. 진정한 모바일을 여는 5G가 시작되는 이 시점에서도 호텔 구조물을 뚫고 나가기가 여전히 어렵고, 그 결과 고객의 연결 문제는 여전히 좌절로 남을 것 같다. 고객은 더 많은 기기를 가져올 것이며 집에서 1년 내내 별 중단 없이 네트워크를 사용했던 경험 때문에 호텔에서의 수신 상태도 좋을 거라는 기대가 더 높아져 있을 것이다. 호텔 입장에서는 와이파이를 더 빠르고, 무료로 제공해야 한다는 압박을 느낄 수 있다. 어쨌든 5G 마케팅에서 업체들이 약속한 것을 액면 그대로 받아들이는 호텔이라면 고객의 행복을 위해 와이파이 인프라에 더 많이 투자할 필요가 있을지 모른다.

팬데믹 상황이 종식되고 업무 출장과 레저 여행을 하는 날이 다시 돌아오면 손님은 이런 기술에 더 의존해 탐색하고 예약하고 여행하며 삶을 즐길 것이다. 그들에게 서비스를 제공하는 회사에는 아직 준비할 시간이 있다. 그리고 준비된 회사만이 성공할 것이다.

호텔 산업에 있어 증강의 기회

○ AI 서비스 챗봇은 고객과의 소통을 통해 많은 요청사항을 처리할 수 있다.

○ 컴퓨터 비전은 객실 직원에게 어떤 부분을 신경 써야 하는지 보여 줄 수 있다.

○ AI는 언제 어디서 정비가 필요한지를 예측할 수 있다.

○ 시뮬레이션된 고객을 등장시키는 XR 훈련은 직원들이 복잡한 상황을 처리하는 것을 배울 수 있도록 도와준다.

○ XR은 호텔 마케팅을 향상할 수 있다.

○ 5G는 손님들에게 더 나은 연결성과 여흥을 제공할 수 있다.

부동산

: 입지 사업을 자동화하다

옛날에는 집을 사려면 신문에 실린 판매 광고를 살펴보거나 차를 몰고 다니면서 '매물(For Sale)'이라고 적힌 팻말을 찾아야 했다. 부동산 중개 업자들은 어떤 물건이 매물로 나와 있는지 알기 위해 개인적 네트워크에 크게 의존했다. 오늘날의 부동산업은 그와 비교해 거의 눈에 띄지 않는다. 이제 구매자는 자신의 물건 탐색을 도와줄 실시간 데이터와 분석으로 무장해 있다. 판매자의 경우는 다양한 디지털 매체를 이용해 구매자를 유인한다. 중개인은 이 둘을 연결해 계약에 사인하게 하는데, 그 어느 때보다 더 기술에 의존한다. 모든 것이 다 바뀌고 있고 AI, XR, 5G가 큰 역할을 하고 있다.

부동산에서의 AI

구매자와 중개인은 부동산과 관련된 엄청난 데이터에 그야말로 압도당하는 상황이다. 이때 AI가 어느 지역을 주목해야 하는지, 어느 물건이 안정적이거나 높은 잠재력을 가졌는지, 어떻게 제안하면 성공할지 도울 수 있다. 주거용 부동산에서는 하우젠(Houzen) 같은 서비스가 건물주가 믿을 만한 세입자나 구매자를 찾을 때 도움을 준다. 거래 성공률, 지역 전문성, 인가 여부 등을 걸러 주기 때문이다. 레드핀(Redfin)은 특화된 AI 구동의 탐색 도구를 중개인에게 제공한다. 그들의 주장에 따르면 이렇게 생성된 리스트는 집 구매자의 자체 탐색 결과보다 400배 더 클릭할 확률이 높다.

상업용 부동산에서의 AI는 기업이 기존 공간을 IBM의 트리리가(TRIRIGA) 같은 앱을 통해 더 잘 활용할 수 있게 도와준다. 이를테면 와이파이 사용 데이터를 수집해 직원들이 주로 어디에 머무는지를 알 수 있기 때문이다. 부동산 투자자들은 지오파이(Geophy)의 네이버후드(Neighborhoods) 같은 AI 플랫폼을 이용해 다수의 데이터 소스를 분석한다. 여기에는 교통 상황, 인구 통계, 생활 편의 시설, 안전시설 등이 포함되어 가격 변동을 예측하고 좋은 기회를 찾게 해 준다.

부동산에서의 XR

만약 부동산의 제1 경험칙이 '위치, 위치, 또 위치'라면 제2 경험칙은 '백문이 불여일견'임이 틀림없다. 지난 20여 년에 걸쳐 더 많은 데이터가 구매자에게 가용해지면서 부동산을 직접 보는 것이 점차 더 성가신 일이 되고 있다. 이전에는 볼 물건이 많으면 며칠을 왕래해야 했다. 이사하려는 사람이나 원거리 투자자의 경우는 더 힘들었는데 특히 현재 계획 중이거나 건축 중인 부동산은 그보다 더 힘들었다.

그래서 이제 구매자나 투자자 모두 증강 현실이나 VR 같은 몰입형 기술에 의존해 부동산을 고르는 경우가 늘고 있다. 매터포트(Matterport) 같은 가상 투어(Virtual Tour) 플랫폼은 360도 파노라마 이미지를 캡처해 대화형으로 보여 주는 솔루션을 제공한다. 호버(Hover) 같은 집수리 전문 3D 스캐닝 스타트업은 증강 현실로 집을 수리하는 것을 도와준다. 중개인은 가구와 심지어 가벼운 리모델링(페인트, 조명 등)으로 집을 다시 꾸미는 제안을 증강 현실을 통해 보여 준다. 상업용 부동산 회사들 역시 증강 현실로 마케팅을 한다. 헤드셋, 태블릿이나 휴대폰을 이용해 부동산과 편의 시설을 어느 각도에서든 볼 수 있게 해 주는 것이다. 심지어 아직 땅을 파지 않았더라도 상관없다. 부동산에서 XR을 이용하는 것은 거래 테이블에 앉은 양쪽 모두의 위험을 줄이고 시간을 아껴 준다. 그리고 이러한 경험을 창출하는 것이 계속해서 쉬워지고 있다.

부동산에서의 5G

부동산 관리자는 여러 면에서 5G의 혜택을 누린다. 5G의 훨씬 빠른 접속성은 거주자 요구에 대한 더 빠른 대응을 의미하며 그 결과 고객을 행복하게 할 수 있다. 5G 활용을 통해 절감하게 된 것을 고객에게 전달할 수도 있다. 또한 5G가 데이터의 분산화를 가능하게 하므로 부동산 관련 데이터를 좀 더 안전하게 보관할 수 있고 이는 거래를 좀 더 안전하게 마무리할 수 있다는 의미다.

중개인과 브로커들이 이러한 도구의 힘과 어떻게 사용할지를 이해하는 것도 점점 더 필수가 되고 있다. 고객들은 서로 민첩하게 정보를 공유하고 있는데 중개인이 데이터를 꿰차고 있지 못하면 고객보다 뒤처질지 모른다. 이때 AI를 활용할 수 있을 것이다. 액센추어의 기술 및 혁신 담당 최고 임원 폴 도허티(Paul Daugherty)는 "경기장이 훨씬 더 경쟁적으로 될 것을 각오해야 한다. AI와 데이터를 활용해 자신이 하는 모든 것에서 혁신적으로 되지 않는 기업은 틀림없이 불

리한 위치에 있게 될 것이다"라고 말했다. 이것은 XR을 포함해 이미
경험치가 있는 다른 기술에도 똑같이 적용된다.

부동산업에 있어서 증강의 기회

○ 투자자는 AI를 이용해 언제, 어디서 부동산을 구매할지 결정한다.

○ AI는 임대 부동산의 보수 필요성을 예측할 수 있다.

○ AI는 세입자가 복잡한 철거 프로세스를 잘 처리하게 도와줄 수 있다.

○ XR은 부동산 판매와 리스를 지원해 준다.

○ 5G와 IoT는 멀리 있는 소유주가 건물 시설의 개수, 보수 등 건물 보수 필요성
을 놓치지 않게 해 준다.

○ 5G는 아파트 거주자들의 원격 작업과 엔터테인먼트를 위한 뛰어난 연결성을
제공해 준다.

METAVERSE

스포츠

: 게임을 바꾸다

스포츠 게임, 선수들, 그리고 경기장에서의 경험은 더는 TV 스크린에 국한되지 않는다. 스포츠팀과 코치는 경기력 향상을 위해 점차 몰입적 기술에 의지하기 시작했다. 가상 현실과 증강 현실 경험의 잠재력을 깨달은 것이다. 이미 몇 년 전부터 기술을 기반으로 게임을 하고 있는데 특히 5G가 더 많은 곳의 연결성을 향상하면서 몰입적 스포츠를 현실화했다.

스마트 스타디움은 AI와 와이파이 6을 사용한다

스포츠 산업이 2022년까지 6,140억 달러 규모로 성장할 것이 예상되면서 스타디움의 디지털화를 위한 투자 역시 커지고 있다. 로스앤젤레스의 소파이 스타디움(SoFi Stadium)은 시스코와 손잡고 차세대 무선 표준인 와이파이 6을 사용한다. 2,500개가 넘는 와이파이 6의 접근점(access point)은 몰입적 경험의 앱을 위해 더 빠른 속도, 더 넓은 대역폭, 그리고 더 높은 신뢰도를 제공한다. 이 모든 혜택에도 불구하고 배터리에 대한 부담은 오히려 덜하다. 아마 스포츠 스타디움 중에서는 와이파이 6이 가장 많이 깔린 곳이 될 것이다. 소파이 스타디움과 할리우드 공원(Hollywood Park)의 총책임자 제이슨 개논(Jason Gannon)은 스타디움을 스포츠를 주최하는 것뿐 아니라 '역동적 미디어 플랫폼'으로 만드는 비전을 가지고 있다.

직접 스포츠를 보는 것은 재미있는 경험이지만 줄을 오래 서서 화장실을 이용하는 것은 그리 유쾌하지 않다. 주차장 네트워크 카메라에 설치된 인공 지능은 방문객을 비어 있는 자리로 바로 안내하고 경기 후 모두가 떠날 때도 교통 체증을 사전에 막는다. 이와 유사한 예로 '스마트' 카메라가 화장실 앞에 서 있는 대기 열을 감지하고, 팬들은 스마트 폰 앱을 이용해 AI가 안내해 주는 덜 붐비는 화장실과 매점에 갈 수 있다. 점점 더 운동 경기장과 스타디움이 안면 인식과 IMEI(단말기고유식별번호) 추적을 통해 보안 위험이나 의심 가는 행동을 파악해 관련 당국에 알리거나 주시하도록 하고, 법을 준수하는 모범 팬이 응급 시 위험에서 벗어날 경로를 확보해 줄 보안 플랫폼을 이용한다.

사례1) VR과 AR로 스포츠 보기. 이 책은 2020년 전염병이 기승을 부릴 때 쓴 것이다. 이 전염병은 모두를 떨어져 일하고 스포츠 게임처럼 붐비는 곳에 가지 못하게 했다. 다행스럽게도, 가상 현실은 스포츠를 다시 집으로 가져와 주었다. TV를 보지 않는 젊은 세대도 가상 현실을 이용해 다시 스타디움, 경주로, 그리고 복싱장으로 돌아오게 했다. 가상 현실에서는 팬들이 '코피 나는' 장면을 어쩔 수 없이 보지 않아도 된다. 카메라의 이 각도에서 저 각도로 점프할 수도 있고 조용히 혼자 게임을 보거나 아니면 세계 도처의 다른 이들과 합류할 수도 있다. VR 스포츠 스트리밍을 더 개선하거나, 보고, 재생하는 것을 단순화할 수 있는 방법을 찾는다면 VR의 엄청난 잠재력을 극대화할 좋은 기회가 될 것이다.

사례2) 팬과 감독 모두에게 도움이 되는 증강 현실. 증강 현실은 팬들이 스포츠 경험에 더 몰입할 수 있게 해 준다. 그렇다면 심판 혹은 주심에게는 어떤 도움을 줄지 생각해 보자. 테니스 경기에서는 호크아이(Hawk-Eye: 매의 눈, 예리한 눈)로 불리는 AR을 이용해 볼의 궤도를 재창출할 수 있다. 이것은 심판이 판정을 내리는 것을 도울 뿐 아니라 팬들도 세계적 선수와 자신의 스킬을 비교하는 데 사용할 수 있다. 감독은 증강 현실을 이용하는데, 3D 카메라의 도움을 받아 선수들을 녹화한다. 한 예로 드리블업(DribbleUp)이라는 축구 앱이 있다. 여기에는 특별한 공이 있어 선수들의 움직임을 기록하고 그것을 가상 트레이너와 비교해 피드백을 준다. 이와 같은 AR 앱은 선수들이 계속 감시 속에 연습하지 않아도 되고 감독은 더 많은 팬을 상대할 수 있게 해 준다.

과거에는 2D 스크린 혹은 2D 그린 스크린 화면을 AR 경험에 통합하는 방법으로 한정되어 있었다. 아니면 처음부터 사람을 3D 모델로 만들 수 있었지만 시간, 예산, 승인의 가능성으로 봤을 때 엄두 내기 힘들었다. 하지만 이제 체적형 비디오로 팬들은 그들이 원하는 스타를 자신들의 환경 속에 3D로 정확하게, 더 중요하게는 정말 마술 같은 방법으로 가져다 놓을 수 있다.

수천 년간 스포츠는 사람들의 관심, 감성, 그리고 돈을 사로잡아 왔다. 한때는 가장 탄탄하고 용감한 사람만의 영역이었던 스포츠는 오늘날 다양한 영역의 숙련된 활동으로 확장되었다. 지금까지 보아

온 그 파괴적 기술들이 이런 기회들을 한층 더 심화시키고 있다. 일부 팬들에게 그들이 사랑하는 스포츠에 아주 가까이 갈 수 있게 하고, 원하면 참여할 수 있게도 해 준다. 선수, 에이전트, 감독, 장소 책임자 모두 의사 결정을 하고, 팬들을 더 끌어모으고, 이탈을 막고, 그들과의 연결을 더욱 깊게 하는데 마음대로 이용할 수 있는 엄청난 도구를 가지게 되었다.

스포츠 산업에서의 증강의 기회

○ AI는 팬들이 주차장이나 화장실 같은 공유 자원에서 대기하는 시간을 줄여 준다.

○ 5G는 장내에서 팬의 접속성을 높여 그들의 경험을 더 향상시켜 준다.

○ 체적 비디오 캡처는 운동선수와 감독이 필수적인 스포츠 동작을 연구해 개선할 수 있게 해 준다.

○ XR 경험은 팬들이 직접 참여하지 못할 때 대신 몰입적 혹은 증강된 경험을 갖게 해 준다.

METAVERSE

운송

: A를 B(혹은 그 너머)로 옮기기

정보 근로자들이 집에서 일하면서 얼마나 생산적인지와 상관없이 어느 시점에는 모두가 다시 움직여야만 할 것이다. 그 과정에서 앞에서의 기술들이 모든 것을 더 전진시키고 있다는 것을 발견할 것이다. 한번 살펴보자.

운송을 위한 AI

지구상 거의 모두는 차로 여행하는 데 익숙하다. 교통 체증, 공사 중 우회, 운전자의 부주의, 기후로 인한 연착, 사고 등은 대부분 지역에서 골칫거리다. 그것을 AI가 돕기 시작했다. 매년 자율 주행 기능이 더 늘어나는 반자동주행 차량은 차선이나 다른 차량을 감지해 핸들을 꺾거나 브레이크를 밟고, 연료를 절약하기 위해 남의 차 바로 뒤를 달리거나, 인프라와 상호 소통하며 교통 흐름을 개선하고 안전성을 높인다.

가까운 장래에는 더 많은 차량이 단지 GPS가 가능한 것에서 자율 주행으로 바뀌면서 차가 출발해서 도착하는 사이에 차 안에서 많은 일을 볼 수 있게 될 것이다. 자율 주행 대중교통은 운전자가 승객에게 더 많은 신경을 쓸 수 있게 해 준다. 교차로와 신호등은 교통량에 따라 조종할 수 있어 비상 상황에서 응급요원이나 경찰에게 좀 더 효과적으로 최적 경로를 안내할 수 있다.

　스마트 차량과 스마트 인프라는 스마트 시티를 이끌며 모든 것이 더 복잡해지는데도 불구하고 사람과 재화를 더 효율적으로 이동시킬 것이다. 물론 어느 경우라도 당분간은 운전법을 알고 있어야 한다. 하지만 점차 운전 대신 일이나 다른 활동을 위한 시간을 더 많이 가지게 될 것이다. 처음에는 운전 걱정이 덜해지는 것이 약간 불편할 수도 있다. 하지만 운송 관련자들이 좀 더 자유로워지면 새로운 기술을 배우고 승객 서비스, 보수, 혹은 다른 활동을 맡을 수도 있을 것이다. AI 애플리케이션과 시스템이 장비, 조명, 도로, 교량, 선로 등의 정비가 필요한지를 예측함으로써 세상이 좀 더 원활하게 돌아갈 것이라는 기대도 할 수 있다.

운송을 위한 XR

　도로에 신경을 쓰지 않아도 안전하고 5G 모바일 대역망에 연결이 된다면 이동 중 우리의 시간은 아주 자유로워질 것이다. 거리에서는 증강 현실이 차량과 우리 주변을 둘러싼 세상에 관한 더 많은 정보로 우리의 세계관을 한층 더 향상해 줄 것이다. 승객은 XR을 이용해 일과 놀이에 있어 극적으로 새로운 환경에 접할 수 있다. 서비스 종사자는 이동 중에 고객과 소통하고, 팔레트에서 다음 패키지를 찾고, 주요 부품과 도구의 위치를 찾고, 그것을 어떻게 사용해야 하는지를 증강 현실을 통해 지원받을 수 있다. 가상 현실은 다른 사람과 깊이 있는 실시간 협업을 가능하게 한다. 늦더라도 어디서나 컨퍼런스 콜에 참여할 수 있다. VR을 이용하면 실제로 거기 있는 것과 흡사하게 회의를 한다.

한때는 거의 스타트업들만의 고유 영역이었지만 이제 뉴욕시 지하철처럼 큰 조직들도 이런 대열에 참여하고 있다. 놀랍게도 이 현대 도시는 아직도 지하에 거의 80년 된 철로와 스위치를 이용하고 있다. 훈련 자료들은 새로운 기술이나 최신 교육 기법을 따라오지 못한다. 그런데 이제 환승국에서 3D 스캐닝을 이용해 이 오래된 부품을 21세기로 데려왔다. 이제 골동품이 된 주철 장비의 교육 기회가 돌아오기를 기다리는 대신 모든 브라우저, 휴대폰, 혹은 XR 헤드셋에서도 주요 정비를 실습할 수 있다.

항공 여행자들은 비행기 지연으로 게이트에서 기다리는 동안 VR 헤드셋을 끼고 거의 사생활에 준하는 시간을 누릴 수 있다. 걸프스트림(gulf stream)은 고객인 항공사가 비행기 선실을 VR에서 설정할 수 있게 했다. 에어 캐나다는 세련된 VR 마케팅으로 승객의 마음을 사로잡고 있다. 승무원들은 12개가 넘는 유형의 비행기에 탑승하는 수백만 승객의 자리를 안내하고, 서비스하고, 안전을 도모하기 위해 모바일 증강 현실을 이용 중이다. 델타의 지상 근무 요원들은 VR을 이용해 비행 중간에 기체 정비 점검을 하는 법을 배운다. 항공 여행은 많은 고충이 있는 복잡한 산업이다. 하지만 이제 우리의 급진적 기술이 무수히 많은 방법으로 그들을 돕고 있다.

운송을 위한 5G

연결된 삶은 집이나 직장을 떠난다고 멈추는 게 아니다. 5G 기술을 통해 이동 중에도 연락이 닿을 수 있고, 보도, 공중, 그리고 그 사이의 연결 속도를 높이고 있다. 2G, 3G, 4G LTE의 등장으로 우리 모두 이동 중에 더 많이 일하고 사무실과 의자는 점점 덜 필요해진다.

운송업에서의 증강 현실의 기회

○ 자율 주행 차량은 AI를 이용해 사람을 안전하고 효율적으로 이동시켜 줄 것이다.

○ 도시에서는 원활한 교통 흐름을 돕기 위해 AI를 사용한다.

○ AI는 도시에서 언제 어느 곳의 수선이 필요할지 예측할 수 있게 해 준다.

○ XR을 이용해 철도, 도로, 차량의 필수적 수선에 관해 보수 인력을 훈련한다.

○ 5G는 출퇴근자와 여행자들이 이동 중 일하거나 놀 시간을 더 가지게 해 준다.

○ 5G로 차량과 인프라 간에 더 나은 소통이 가능하다.

METAVERSE

META

Part Ⅲ

앞을 내다보라,
그렇지 않으면
뒤처진다

변화에
대비해야 할까요?

제품과 사람을 포함한 전체 비즈니스 프로세스를 업그레이드하기 위해서는 단계적 전략을 잘 짜야 한다. 모든 사람에게 한 번에 다 VR을 주거나 모든 공장에 5G 네트워크를 설치할 필요는 없다는 말이기도 하다. 대신 항상 다음과 같은 큰 그림은 생각하고 있어야 한다.

"어떻게 5G가 더 고품질의 가상 현실과 증강 현실 솔루션을 가능케 할까?"

인공 지능 애플리케이션들이 어떻게 5G에서 더 안전하게 작동할 수 있는지는 AR 혹은 VR로 시각화할 수 있다. 디지털 혁신이 제대로 진행되면 비용을 줄이고, 사업에 있어 민첩성을 키워주고, 전체적으로 나은 결과를 위해 더 많은 시도를 할 여유를 준다. 이 핵심 기술을 통한 사업 혁신은 그 효과가 눈을 뗄 수 없는 것 이상이라 피할 수 없는 명제이다.

이 시점에서 새로운 기술을 무시하는 것은 우리의 장점, 매출, 시장 점유율을 경쟁사에 내어 주는 것과 같다. 게임을 바꿀 수 있는 기술이 이렇게 많이 쏟아지는 와중에 이전의 방식대로 사업을 한다는 것은 성장 잠재력을 제한하고 우리가 달성할 수 있는 것에 대한 진입 장벽을 낮추는 것이다. 기업 생산성을 획기적으로 높이고, 프로세스를 가속화하고, 제품의 품질을 향상하고, 의사 결정을 개선하는 것이라면 무엇이라도 즉시 관심을 받아 마땅하다.

인류와 인류 문화의 미래가 오늘날만큼 디지털 기술에 영향을 받은 적이 없다. Z세대와 젊은 층은 기술(인터넷부터 소셜 미디어까지)이 그들 존재의 일부라고 느끼며 디지털 삶을 자신의 확장으로 본다. 이러한 사고방식은 창조적 문제 해결, 마케팅, 제품 스토리텔링, 엔터테인먼트, 헬스케어, 고객 관계 등에 있어 전적으로 새로운 길을 열어 준다. 브랜드 회사들은 기술을 이용해 제품과 세일즈 전략을 그 어느 때보다 더 개인적이고, 표적화되고, 개별화되게 만들 수 있다. 이때 디지털 인간 대리인과 개인에 맞게 만든 AI를 활용할 수 있다.

윤리적 문제

불행히도 이 강력한 기술들은 윤리와 도덕적 문제로 가득 찬 판도라의 상자를 열었다. 증강 현실에서는 회사가 오늘날보다 더 많은 데이터에 접속할 수 있기에 사생활 우려에 대한 논쟁이 가열되었다. 과거와 다른 점은 거기에 행태 데이터만 있는 게 아니라는 사실이다. 생물학적 데이터도 있다. 회사가 스크린 위의 눈동자 움직임과 클릭만을 추적하는 게 아니다. 고객의 뇌파, 사고 과정, 심지어 의도마저 추적하고 분석할 수 있다. 아마존이 고객에게 제품 권유를 할 목적으로 과거 그들이 살펴본 이력을 알아보는 것과 고객의 기분, 순간적 관심, 감정, 매력점을 분석할 수 있는 것은 차원이 다르다. 과연 그 데이터는 아마존 서버에 안전하게 저장되어 있을까 아니면 다른 이익 집단에 팔리고 있을까?

"바로 지금도 광고 중개인과 연구자들은 사람의 눈동자를 추적하고 분석해 관심 정도를 측정하고 표정으로는 긍정적이거나 부정적인 감정을, 전기 피부 반응으로는 감정의 강도를 측정한다. 뇌파로 정신 반응 결정 패턴을 결정하는 것도 있다. 또 의도적인 대답으로는 얻을 수 없는 일종의 비정제된 정보를 얻을 수 있는 다른 신호들도 있다." 기술 전문 작가 배리 레빈(Barry Levine)의 말이다. 이런 데이터와 통찰력은 지극히 개인적인 것이라 고객이 공유를 원하지 않는다. 그래서 증강 작업으로 옮겨가고자 하는 기업은 사생활과 보안을 최우선으로 고려해야만 한다. 안 그러면 고객의 신뢰와 충성을 빠르게 잃을 수 있다.

사생활 관리에 빈틈이 없어 디지털 활용을 최소화하는 사람과 기술이 제공하는 편의성을 원하는 사람 사이의 분열은 디지털 시대에 등장한 새로운 형태의 가르기가 될 것이다. 데이터 사생활에 초점을 두는 많은 소비자는 지금 상황에 흡사 갇힌 느낌이 들 것이다. 이런 이유 때문에 미국, 캐나다, 영국, 중국, 인도같은 다양한 나라 소비자의 80~90%가 데이터에 있어 그들이 신뢰할 수 있는 회사가 더 있기를 바란다고 답했다. 소비자는 비록 그들이 상대하는 기업을 신뢰 못하더라도 쉽게 바꾸지는 않는다. 어차피 그다음 회사도 자신의 데이터에 관해 그렇게 신뢰가 가지 않을 것이기 때문이다. 다른 선택의 여지가 없는 상황에서 소비자 10명 중 1명 정도만 떨어져 나갈 것이다. 이 말은 그들의 전반적인 기술 사용과 결속이 줄어들 것이라는 의미다. 마케터에게는 다행인 게 10명 중 9명은 그대로 있을 것이다.

대부분 소비자는 회사와 데이터를 공유하는 것을 '필요악'으로 생각한다. 공유를 통해 얻는 혜택을 알고 있는 것이다. 비록 회사가 자신의 데이터를 다루는 것을 신뢰하지는 않지만, 이를테면 개인화된 추천 서비스, AI 도우미, 비밀번호와 신용 카드 번호를 저장하는 것처럼 아주 간단한 편리함까지 데이터를 건네주게 하는 이유가 엄연히 존재한다. 공간 컴퓨팅과 AI 회사들은 이미 시장을 파괴할 만반의 태세를 갖추고 있다. 사이버보안은 탈퇴하거나 포기하려는 고객을 설득할 기회가 있는 또 다른 영역이다. 기업이 자신의 데이터를 책임감 있게 다룰 것이라고 믿지 않는 고객은 최소한의 기본적 데이터만 공유할 것이다. 이런 경우 데이터를 활용해 더 나은 고객 경험을 만들기가 훨씬 어렵다.

지난 수십 년간 소셜 미디어는 프라이빗 클럽(private club: 특정 사람만을 위한 비공개 클럽 -역주)처럼 뭔가 멋져 보이던 초기 모습에서 이제는 과거에 생각도 못했던 인터넷상의 기능을 통한 소위 '빅테크(Big Tech)'라 불리는 기분 나쁜 과점으로 들어섰다. 소셜 미디어 사이트의 알고리즘은 사용자에게 정말 짜증 나고 비웃음을 유발하는 콘텐츠를 생산하고, 엄청난 문화적 분열을 만들고 있다. 더한 분노를 만들어 낼수록 독자를 더 계속 묶어 둘 수 있다. 이런 서비스를 사용하는 사람은 데이터 누설, 데이터 투명성의 결여, 기업 내 정치적 편향성으로 불가피하게 주요 콘텐츠가 걸러질까 우려한다. 인스타그램과 같은 소셜 미디어 앱은 '세계를 향한 자신의 창을 보여 주는 장소'가 되는 것에서 시작해 이제 광고가 주도하는, '아무것도 실제가 아니다'를 기본

사상으로 하는 사이트가 되었다. 만약 경제적 이익 창출이 계속해서 사회적 연결과 진정성을 없애 버린다면 이런 형태의 의사소통을 위한 다양한 VR, AR, XR은 실패할 것이다.

미래를 향해 도약하고 있는 기업에는 과거 10년간 버렸던 윤리적 기준을 다시 정비할 기회가 있다. AI 파운데이션(AI Foundation) 같은 회사는 이미 회사의 AI 기술이 윤리적으로 개발되고 있다는 것을 보장하는 조치를 하고 있다. 그들의 미션은 '개인적 가치와 목적을 공유하는 AI를 각자에게 제공함으로써 세계를 책임감 있게 발전시키는 것'이다. AI 파운데이션의 리더들은 회사를 '현실 옹호자(reality defender: 이것은 그들의 플랫폼 이름이기도 하다)'로 보고 다른 유익한 AI와 협업하여 가짜 매체를 가려내고, 우리 자신과 사회를 조작으로부터 보호하고, 자유를 수호하려 한다. 건강과 복지 전문가로 알려진 디팍 쇼프라 박사(Dr. Deepak Chopra)가 AI 파운데이션의 글로벌 협의회에 참여하는 이유는 좋은 AI는 좋은 사람들로 시작한다고 믿기 때문이다.

테키스텐셜의 창업자인 로저 스피츠는 어떻게 AI가 발전하고 있는지를 지켜봐왔다. 스피츠에 따르면 AI는 '의사결정 가치 사슬 루프(Decision-Making Value Chain Loop)'의 '분석적'(분석 기반 의사 결정 지원) 영역에서 시작해 '예측적'(알고리즘으로 증강된 의사 결정) 영역으로 올라가고 있고 점진적으로 '처방적' 의사 결정을 침범하기 시작할 것이다. 그는 이렇게 말했다. "기계 학습에서의 발전은 전략적 의사 결정 혹은 그 이상도 더는 사람의 배타적 영역이 아닌 지점에 도달했다는 것을 의미할지 모른다."

언젠가는 재무, 교육, 건축, 자동차, 법률, 의학에서의 주요 의사 결정이 AI의 안내를 받거나 아니면 AI가 직접 의사 결정을 할 것이다. 마케팅 회사들은 브랜드의 스토리텔링을 전적으로 다시 생각해야 할지 모른다. 증강 현실과 가상 현실이 고객에게 2D 기술이 달성할 수 없었던 현실감을 만들어 주기 때문이다. 시각 매체들은 더는 그 공간을 지배하지 못할 것이다. 오디오 기반의 증강 현실이 소비자와 그들의 장비 사이, 그리고 그 장비 뒤에 있는 회사들과 음성 통신 매체가 될 것이기 때문이다. 이것은 전적으로 새로운 유형의 사고를 필요로 하는 사업 모델을 창출해 낼 것이다. 바로 비즈니스 투 로봇 투 컨슈머(Business to Robot to Consumer: B2R2C) 모델이다.

소비자 행동을 바꾸다

미래 기술을 개발할 회사는 출산율이 줄고 있다는 것과 인구 노령화를 반드시 고려해야 한다. 기업은 기술의 빠른 적용과 활용을 위해 젊은 층에 기댄다. 예를 들어 밀레니엄과 Z세대는 둘 다 새로운 기술에 빨리 적응했다. 특히 인터넷은 더하다. 밀레니엄 세대가 비즈니스를 온라인으로 몰고 갔다면 모바일 사용을 밀어붙인 것은 Z세대다.

출산율 하락은 재화와 서비스를 필요로 하는 아이가 적어지고 그럼으로써 평생에 걸쳐 소비자가 더 적어진다는 것을 의미한다. 그래서 다음을 항상 기억해야 한다. "낮은 출산율은 노동 인구를 줄이고 생산과 경제 성장의 감소를 낳을 것이다." 이러한 추세가 계속된다면 AI, 로봇, 디지털 인간 도우미와 관련된 회사가 지속 성장에 있어 우위를 점하게 될 것이다. 왜냐하면 그들이 만드는 기술이 젊은 노동력의 결손을 보충해 줄 것이기 때문이다. 소비자 관점에서 보면 선진국의 고령자가 더 오래 산다. 중요한 것은 그런 노년층이 로봇, AI, 공간 컴퓨팅이 제공하는 도우미 기능만을 필요로 하지 않는다는 것이다.

딜로이트의 컨슈머 리포트는 "베이비 부머 세대를 유혹하는 핵심은 그들의 '평생 젊은' 사고방식에 어필하는 것이다"라고 말한다. 그래서 노화 방지 제품이 수십억의 매출을 일으킬 것이다. 그들을 정신적으로 적합한 상태에 있게 하고 늙은 나이에도 생산성을 끌어올리게 하는 모바일과 웹에서 제공되는 뇌 게임도 마찬가지다. 가상 현실은 증강된 의식과 기억을 향상하는 데 완벽한 도구이다. 이것을 명심하고 젊은 세대뿐 아니라 노년층에도 투자하는 것이 현명할 것이다. 기술과 그것의 응용은 이미 아주 다양하다. 그리고 무수히 많은 회사가 이 폭발하는 시장에서의 점유율을 가지고 다투고 있다. 이것은 모든 연령대를 움직일 수 있는 도구들이 가용될 것이라는 의미이기도 하다.

기회와 도전

5G는 새로운 기술에 동력을 공급하고 기기들이 더 잘 연결되는

환경을 만든다. 마이크로웨이브에서 와이파이까지, 네트워크와 기술 간의 새로운 상호작용 하나하나는 고객에게 가치를 입증해 왔다. 하지만 5G에 대한 이해 부족은 소비자가 그 안에 잠재된 가치를 보기 어렵게 만든다. 다음은 회사가 미래 기술을 적용하고자 나선 대상으로 완벽한 예이다. 물론 새로운 휴대전화를 배포하는 것처럼 쉽지는 않을 것이다.

기업은 먼저 데이터와 소프트웨어 수준에서 자사 제품에 대한 신뢰를 쌓아야만 한다. 사람들의 데이터가 어디에 배포되고 저장되는지, 어느 특정 정보가 공유되는지를 단순하면서도 분명하게 해야만 한다. 그리고 이러한 행위를 계속할지 말지에 대해서는 짜증 내지 말고 사용자에게 우선 선택권을 주어야 한다.

인스타그램, 구글, 페이스북 같은 기술 회사들은 자신들이 세상을 더 좋은 곳으로 만들고 있다고 믿는다. 우리가 그들의 소프트웨어와 서비스를 이용함으로써 더 연결되고 힘을 가지는 것으로 느낀다는 것이다. 불행히도 그들의 믿음은 사용자를 통제하고 감시하며 자신들의 가치를 강요하는 것이 되었다. 이런 정책은 많은 사용자가 소외감을 느끼게 한다. 지금처럼 영향력 있는 위치를 계속 유지하려면 이 문제를 공정하게 해결해야만 할 것이다. 애플과 구글이 iOS와 안드로이드 폰에 업데이트한 추적 기술은 국가 기관이 이용할 수 있다. 광고주들은 페이스북, 인스타그램 같은 소셜 미디어에 대한 적대적 분위기 속에서 이들에 대한 기록적 손절매를 하고 있다. 페이스북의 전반적 성장에도 불구하고 자신의 페이스북 계정을 삭제한 사용자 수 역시 기록적이다.

좋은 소식은 미래의 기업이 웹 2.0 1세대의 실수로부터 배울 수 있다는 것이다. 지금이야말로 오히려 많은 책과 영화가 예측하는 반이상향 미래를 멈출 기회다. 대부분의 사람은 권위주의적인(Orwellian: 조지 오웰(George Orwell)의 소설 《1984》에 나오는 전체주의 정부에 의한 억압적 사회를 묘사하는 의미로 쓰임 -역주) 세상에 사는 것을 두려워한다. 따라서 기업은 자유, 표현, 사생활, 평등에 대한 우리의 열망을 존중하는 것이 현명할 것이다. AR, VR, AI를 사용하기로 한 회사는 사이버보안의 가치를 먼저 실행함으로써 고객의 데이터와 행동에 관한 윤리적 선택을 할 수 있다.

예를 들어 대부분의 사용자가 대충 흘어보다 무심하게 '동의함'이라고 표시하는 장장 열 페이지에 이르는 '동의서' 대신 내용이 명확하게 요약되고 상호적이어서 이해와 신뢰가 가는 매체를 제안한다. 어떤 제안에 대해 투표를 한다면 '네'와 '아니요'가 어떤 의미인지와 그것의 영향을 말해 주어야 한다. 고객에게도 그와 똑같은 투명성을 제공해야만 한다.

VR, AR, AI는 사이버보안과 사생활을 기업의 우선 프로토콜로 복귀시키는 것 이상의 많은 기회를 제공한다. 이 기술들이 제안하는 새로운 비즈니스 모델은 디지털 세계와 AI 로봇만이 할 수 있는 것이다. 가상 세계는 십여 년이 넘게 가상 콘서트를 진행해 왔다. 이를테면 듀란듀란(Duran Duran)은 2006년에 세컨드 라이프(Second Life: 2003년 만들어진 인터넷 기반의 가상 현실 공간 -역주)에서 가상 공연을 했다. 온라인 비디오 게임도 한 다리 끼었다. 2017년 게임으로 시작한 포트나이트가 좋은 예이다. 오늘날 이것은 단지 게임이 아니라 그 이상이다. 2020년, 거의 2,800만 명이 레퍼 트라비스 스콧(Travis Scott)의 포트나이트 공연을 지켜봤다. 하지만 포트나이트의 제작자 에픽 게임즈는 스콧의 공연을 그저 스트리밍한 것이 아니었다. 그들은 역사와 깊이가 있는 세계를 구축해 사람들이 환경 및 서로와 상호작용하게 했다. 포트나이트는 회사들이 여러 종류의 기기에서 시청률 경쟁을 하는 시장에서 아마도 차세대 성공 방식을 찾아냈는지 모른다.

앞에서 언급했듯이 회사는 새로운 형태의 고객을 가지게 되었다. 바로 로봇이다. 사람이 디지털 도우미에 의존하고 자신의 증강 현실 장비와 개인적 관계를 맺으면 회사는 다른 마케팅을 시도할 기회를 가질 것이다. 이 B2R2C 고객 여정에 참여해 보라. 음성 비서, 인공 지능, 드론, 디지털 아바타가 회사와 소비자 사이를 지키는 수문장 역할을 하면서 마케팅도 변하고 있다. 기업은 이제 로봇에게 마케팅해야 하는데 그들이 고객의 사소한 업무에 대한 의사 결정권자가 되기 때문이다. 이를테면 저녁에 무엇을 먹을까, 어떤 운동을 할까, 어떤 약을 먹어야 하나 등이다.

가까운 미래와 중기 미래에 대한 예측

일부 사람들이 'VR 탄생 연도'라 부르는 2016년 이후 가상 현실과 증강 현실은 드디어 대량 소비 직전에 와 있다. 새로운 헤드셋이 시장에 출시될 때마다 "VR은 죽었다"라는 글들이 올라온다. AR과 VR에 대한 혼재된 메시지에도 불구하고 그 둘은 줄기차게 시장으로 나와 소비자 손으로 들어갔다.

5G 네트워크의 부상은 가상 현실과 증강 현실의 수용을 가속화할 수 있다. 그것이 개발자에게 새로운 경험을 설계할 때보다 큰 캔버스를 제공해 주기 때문이다. 시각 매체로서 증강 현실은 스마트 폰을 통해 가장 많이 활용되었다. 스마트 폰은 5G 네트워크를 이용하기 위해 가장 최신 모델로 업데이트되어야 했다. 불행히도, 라인어브 사이트(line of sight: 빛이나 전파가 막히지 않고 직선으로 도달되는 것 -역주) 연결이라는 5G의 한계 때문에 이동 시 큰 빌딩 같은 장애물에 부딪히면 접속이 안 되는 경우가 있다. 일단 이 점만 극복한다면 5G의 채택이 좀 더 광범위하게 이루어질 가능성이 크다.

증강 현실은 5G가 없더라도 스마트 폰, 증강 헤드폰, 그리고 스마트 워치나 다른 웨어러블 장비의 촉감 피드백 등에서 계속 번창할 것이다. 중기적으로 보면 벌써 안 좋은 소문이 도는 애플의 스마트 안경과 같은 것들이 시장에 진입할 것이다. 소비자에게 가상의 '입어보기'나 집에 가상으로 가구를 배치해 보는 것은 이제 막 시작하고 있다. 디지털 생활이 물리적 생활과 더 섞이면서 소비자들은 온라인상의 자신을 흥미롭게 만들기 위해 가상 패션에 기댈 것이다.

메타버스는 허구의 가상 공간이 되지는 않을 것이다. 우리의 물리적 세상이 보고, 듣고, 냄새 맡고, 만지는 것으로 증강된 형태가 될 것이다. 케빈 켈리(Kevin Kelly)는 와이어드지에서 미러월드(Mirrorworld)에 대해 설명했다. "모든 거리, 가로등 기둥, 건물, 방에 그와 똑같은 크기의 디지털 쌍둥이가 존재한다." AR 안경과 앱은 그런 미러월드의 이런저런 모습을 보여 준다. 이 가상의 파편들이 같이 꿰어져 공유되는 지속적인 장소를 만드는데 그것이 실제 세계에 필적한다.

2020년이 시작되던 때 코로나19가 전 세계를 휩쓸면서 기업과 사회생활을 완전히 파괴했다. 많은 나라가 록다운을 실시하고 사회적 거리두기가 감염률을 억제하기 위한 새로운 표준이 되었다. 기업은 서둘러 원격 근무로 전환해야 했으며 고객과 접촉을 계속하기 위한 새로운 방법을 도입해야 했다. 많은 회사와 사람이 서로 소통하고 협업하는 데 사용하는 도구가 바로 가상 현실이다.

매이어 코헨(Maor Cohen)은 다음과 같이 썼다. "줌의 사용자는 불과 몇 달 사이에 1천만 명에서 3억 명이 되었다. 우리의 디지털 생활이 갈수록 더 3D가 되면서 이러한 경험이 아이디어와 지식의 효과적 교환을 장려하게 확실한 현실감을 만드는 것이 필요하다. 현실감을 만드는 데는 반드시 헤드셋이 요구되지 않는다. 예를 들어 아르고디자인(Argodesign)의 가상의 창(artificial window) 개념은 동료 바로 옆에서 일하는 것을 아이 콘택트까지 시뮬레이션했다. 버벨라(Virbela)는 사람을 모아놓고 하던 컨퍼런스를 컴퓨터 기반의 비디오 게임 같은 세계로 옮기는 것을 돕고 있다. 그 사이 스페셜같이 공간 음향과 3D 텔레프레전스를 제공하는 회사들은 VR뿐 아니라 컴퓨터로도 참여할 수 있는 경험을 만들고 있다."

전염병은 가상 현실과 증강 현실의 도입에 긍정적 영향을 끼치는 것으로 보인다. 특히 집에서 일하거나 온라인 쇼핑에 몰두하는 사람들에게는 더하다. 그 결과 AR/VR 시장은 2020~2024년 동안 약 1,250억 달러가 성장할 것으로 기대된다. 소비자는 전염병에 대한 우려로 상점에 덜 가고 가더라도 제품을 직접 입어보거나 만져보는 것을 꺼린다. 증강 현실은 이 '입어보기' 경험을 복제할 수 있다. 신발이나 화장도 건강에 대한 잠재적 위험 없이 시도할 수 있다.

인터페이스는 스크린을 넘어 옮겨 가고 있고 결국에는 뇌 컴퓨터 인터페이스(BCI)가 시장에 나오면 스마트 폰이 꼭 필요하지 않을 수 있다. BCI는 뇌파와 신경 반응을 읽어 마치 자신의 눈으로 보거나 행동을 생각하는 것처럼 자연스럽게 컴퓨터나 로봇과 상호작용할 수 있게 해 준다. BCI는 다양한 형태로 등장한다. 뇌에 부착하는 직접 센서부터 헤드폰, 안경, 손목시계까지. 이런 장비가 사람-컴퓨터 인터페이스의 미래를 대표한다. 이것이 사람을 진짜 자아가 되게 하고 손과 눈을 자유롭게 해 다른 사람들, 그리고 그들을 둘러싼 세계와 관계를 맺게 해 준다.

도약하라

몰입하는 직원은 일도 더 잘하고 더 행복해 고객을 만족시킬 준비 또한 잘 되어 있다. 이머스의 공동 창업자이자 CEO인 톰 시몬스는 "모든 회사가 노동력을 향상하고 종업원 경험을 향상하는 데 집중해야 하는데 이렇게 하는 데 있어 기술이 많은 도구를 제공한다"고 말한다. 가상 현실은 훈련을 제공하는 방식을 혁신한다. 직원의 스킬을 향상하는 방식도 바꾸어, 그들이 변화무쌍한 기술의 세계에서 자신의 커리어를 확장하게 도울 것이다. 이 책에서 얘기한 기술을 사용하고 자신의 직원에게 도움이 되는 방법으로 확산하는 회사는 참여도 증대, 더 긍정적 결과물, 높은 직원 유지율을 보게 될 것이다. 시몬스는 "지금이 회사가 이런 기술의 잠재력을 탐구하는 것을 시작해 종업원의 참여, 생산성, 유지율을 높일 수 있는 바로 그 순간"이라고 강조한다.

공간 컴퓨팅과 5G 네트워크에 투자하는 회사는 종업원의 신뢰를 다시 얻을 수 있다. 사이버 보안을 최우선으로 두고 자신의 윤리성을 입증한 회사는 고객이 전혀 꿈꾸지도 못했던 새로운 경험 시장을 만들어 낼 기회를 얻는다.

5G에 의해 가능해진 증강과 가상 현실, 그리고 인공 지능은 기업 ROI를 위한 새로운 기회를 활짝 열었다. "5G는 기업 VR을 위한 게임 체인저(game changer)다." 이머스의 공동 창업자이자 COO인 저스틴 페리(Justin Perry)의 말이다. "클라우드 기술은 VR 프로세싱에 필요한 파워를 클라우드가 직접 다룰 수 있다는 의미다… 이것은 기업 VR의 활용을 가속화하고 이 기술의 혜택을 훨씬 더 많은 조직과 종업원에게 확장한다." 이 기술로 결과를 보려면 단순히 적용하는 것 이상이 필요하다. 하드웨어와 시스템은 물론 위로는 사고의 변화를 가져올 것이다. 그것은 훈련과 투자뿐 아니라 창의력과 고객 지원을 통해 이

루어진다.

기업은 먼저 세 가지 관점에서 생각해야 한다. 사이몬의 말은 "VR과 AR은 이 조합의 핵심 부분이다. 우리가 배우고, 탐구하고, 소통하는 방식을 확 바꾼다"는 것이다. "그것이 리더에게 더 높은 참여와 더 나은 결과를 통한 경쟁 우위를 줄 수 있다. 그리고 직원들의 성과를 추적하고 측정할 방법을 제공하는데 이전에는 불가능한 것이었다." 공간 컴퓨팅은 차기 컴퓨팅 플랫폼이다. 지식 창출과 협업의 기회를 만드는데, 인류가 지금까지 전혀 경험해 보지 못한 것이다. 애플의 전 CEO인 존 스컬리(John Sculley)는 이렇게 말했다. "미래는 명백해지기 전에 가능성을 보는 사람들의 것이다."

증강된 노동력 이끌기

저명한 미식축구 감독 빈스 롬바디(Vince Lombardi)가 한 말로 지금까지 종종 회자되는 말이 있다. "리더는 타고나는 것이 아니라 만들어지는 것이다." 이것은 인류가 초변화와 가속화된 기술 발전의 시대에 접어들면서 더할 나위 없는 진실이 되었다. 오늘날의 리더는 성공을 위해 과거 전임자와는 다른 스킬을 쌓아야만 한다. 증강된 노동력을 가지는 것이 좋은 리더의 정의를 재구성했기 때문이다.

2010년에서 2020년에 거쳐 고객 경험은 주요 추세로 자리를 잡았고 일종의 사업적 의무가 되었다. 관계 데이터베이스 관리 시스템을 공급하는 오라클에 따르면 "고객 경험(CX)은 구매 여정의 모든 지점에서 회사가 어떻게 고객과 관계를 맺느냐를 말한다. 그 지점은 마케팅부터 영업 그리고 고객 서비스와 그 사이 모든 곳이 될 수 있다. 아주 크게는 고객과 우리 브랜드와의 모든 상호작용의 전체 합이 될 것이다. 고객 경험은 단지 행동 세트만이 아니다. 느낌에도 초점을 둔다. 고객 혹은 가망 고객이 우리 브랜드에 대해 어떻게 느끼는가? 모든 고객 접점에서 고객이 우리에 대해 어떻게 느끼는지를 개선하거나 아니면 망칠 수도 있다. 그래서 각각의 접점에서 주요 의사 결정이 일어나고 이러한 의사 결정이 그 결과로 사업이 얼마나 성공할지에 영향을 끼친다."

2021년과 그 이후로는 직원 경험(EX)이 고객 경험(CX)만큼 중요해지고 AR, VR, AI가 EX의 전체 잠재력을 드러나게 할 것이라는 데 내기를 걸겠다. 이렇게 되면 조직을 성공하게 만드는 것의 중심에 종업원이 자리 잡게 된다. 단지 종업원의 탈진이라는 희생으로 고객 중심이 되는 조직에서 고객 중심과 종업원 중심 둘 다가 사업에 꼭 필요한 조직으로 바뀌는 것이다.

세계 경제 포럼은 2025년까지 사람과 기계 간 노동 분배의 변화에 따라 약 8,500만 개의 일자리가 대체되리라 추정했다. 하지만 인간, 기계, 알고리즘 간의 새로운 노동 분배에 맞춰 9,700만 개의 일자리가 새로이 등장할 것이다. 직원들은 자신의 스킬을 증강해 새로운 역할을 충족시켜야만 한다. 기업은 직원이 스킬을 다시 쌓고 유지할 수 있는, 그러면서 계속 관계를 유지하는, 새롭고도 혁신적인 방법을 제공해 주어야만 한다.

WEF(World Economic Forum: 세계경제포럼)에 따르면, 2025년까지 중요도가 상승할 것이라고 보는 직원의 톱 스킬은 다음과 같다.

1. 분석적 사고와 혁신

2. 적극적 학습 및 학습 전략

3. 복잡한 문제 풀기

4. 비판적 사고와 분석

5. 회복력, 스트레스 내성, 유연성

6. 창의력, 독창성, 진취성

7. 리더십과 사회적 영향력

8. 추리, 문제 해결, 관념화

9. 감성 지능

10. 기술 설계와 프로그래밍

리더들이 증강 노동력을 생각할 때 떠올리는 주요 질문에는 다음의 것들이 포함된다. "이 새로운 패러다임에서 당신 회사의 노동력에 대해 어떻게 평가하는가? 어떻게 증강된 노동력이 당신 조직을 위해 제대로 일할 수 있게 할 것인가? 내 조직은 준비가 되었는가? 어떻게 시작하는가?"

더 많은 작업자가 그 어느 때보다 더 스킬을 향상하고 재훈련받아야만 하는 상황에서 이 기술들이 그들을 더 빠르게 훈련하고 더 참여하게 할 수 있을 것이다. 또한 Z세대 직원들이 지속해서 노동력 시장에 들어오면서 회사가 그들을 훈련한 방식으로 혁신해 나가기를 기대한다. 여기에는 학습과 훈련을 게임화하고 AR과 VR 같은 새로운 기술을 이용하는 것이 포함된다.

증강된 노동력을 관리하는 것은 리더에게 새로운 도전이자 기회이다. 급격한 기술 변화가 노동력의 인구통계학적 변화와 상충할 것이기 때문이다. 다음 장에서는 여러분 조직에서 생각해 볼 필요가 있는 질문 몇 개를 소개할 것이다. 또한 미래를 향한 계획과 어떻게 증강된 노동력을 관리할 것인가를 자세히 살펴볼 초기 프레임워크를 제시할 것이다. 엄청난 기술에는 그만큼 엄청난 저항이 따른다. 그래서 리더들이 옳은 결정으로 그 저항을 돌파하게 도우려 한다.

당신의 조직에도 새로운 기술에 열광하고 그것을 자신의 일상 업무에 적용하기를 갈망하는 얼리 어답터가 생길 것이다. 반면에 뒤처지는 사람도 있을 것인데 그들은 새로운 기술에 관심이 전혀 없고 변화에 저항한다. 그리고 그 중간에 나머지 직원이 있다. 이들이야말로 우리가 전환할 기회가 있는 사람들이고, 리더를 앞으로 다가올 확장에 적합하게 만드는 데 중요한 사람들이다.

METAVERSE

기술과 사업의 5계명

많은 기술 서적이 미래에 관한 흥분을 쌓는 데 중점을 둔다. 이 책은 그러한 흥분을 가라앉히는 도구를 준다. 그것은 우리 사업에 가장 중요한 것에 계속 집중하고 기술을 적절하게 사용해 회사와 고객이 잘되게 하는 것이다. 이 장은 기술을 잘 활용해 고객과 회사에 의미 있고 장기적인 성공을 가져다줄 조언과 수단을 알려 줄 것이다.

여기 사업과 기술에 관한 5계명을 공유하고자 한다. 우리는 이 장이 기술을 사업에 적용하는 데 있어 잘못된 방법의 치료제가 될 것으로 본다. 기술 서적에서 "절대 기술에 집중하지 말라"고 말하는 게 이상하게 들릴지 모른다. 하지만 너무 많은 회사가 많은 기술을 잘못 적용한 것을 보았다. 그것은 결국 엄청난 시간과 돈의 낭비를 낳는다.

사람들은 "못을 박을 망치가 필요해요"라고 말하지 않는다. 대신 "건물을 지어야 해요"라고 말한다. 또 "이번 주에 고압 세척 장치가 필요하겠군"이라고 중얼거리지도 않을 것이다. 대신 이렇게 말한다. "더러운 진입로를 청소해야지." 사람들은 기술이 아니라 결과를 원한다. 기술, 도구, 노력은 비전, 미션, 가치, 목표, 그리고 기술의 정확한 사용이 조화를 이룰 때 바라는 결과를 낳을 수 있다.

우리가 원하는 것은 여러분이 기술에 눈이 멀거나 지나치게 홀딱 반하는 것을 방지하는 것이다. 그래야 여러분 사업에 맞는 방식으로 맞는 기술을 사용할 수 있다. 많은 비즈니스 리더가 AI, VR, 혹은 AR

을 대단한 특효약으로 믿는다. 이런 새로운 기술들 자체가 그들의 문제를 풀어주리라 생각한다. 그렇게 밀고 나가는 중에 고객과 사업에 대한 고려를 망각하게 되는 것이다. 너무도 많은 비즈니스 리더들이 이렇게 말하는 것을 들었다. "우리는 AR 전략이 필요하다." 아니다, 필요한 건 고객 전략이다. 만약 당신이 "4분기까지 VR 전략이 필요하다"라고 말한다면 마치 약국에서 "나한테 맞는 아스피린 복용법이 어떻게 되죠?"라고 묻는 것과 같다. 당신의 건강 이력이나, 증상, 진단, 예후 등을 모르는 약사가 그 질문에 답할 수 없는 것은 당연하다.

회사와 고객에 대한 분명한 계획을 세운다면 어떤 기술을 채택하고 어떻게 활용할지를 알게 될 것이다. 하나의 기술 혹은 기기가 모든 비즈니스 문제를 풀지는 못할 것이다. 이것이 우리를 기술과 사업을 위한 5계명 중 첫 번째로 이끈다.

"우리도 할 수 있나요?"가 아니라
"우리가 해야 하나요?"라고 물어라

한 거대 소프트 드링크 회사가 새로운 향의 음료를 출시하려고 한다. 그들은 증강 현실이 마케팅 성공의 핵심이라고 믿는다. 그들을 컨설팅하면서 임원들에게 어떤 문제를 해결하려 하는지 물었다. 임원들은 그 질문에 제대로 답을 못했다. 그저 고객이 회사의 신제품에 흥미를 느끼게 하는 방법이 AR을 사용하는 것이라고 느꼈다. 대단한 특효약이라고 생각하는 것 같았다.

우리는 몇 가지 우려를 표했다. "만약 AR을 사용한다면 고객이 특정 종류의 혹은 더 좋은 스마트 폰을 가지고 있어야만 할 것이다. 그리고 지구상 수백만 명의 사람이 그런 기기에 접근도 못 한다. 또 3D 콘텐츠를 빨리 다운로드 받으려면 대역폭에 대한 계획도 필요하다. 안 그러면 제대로 작동하지 않을 것이다. 무엇보다 아직 출시되지 않은 음료를 맛볼 순간을 위해 소중한 시간을 기다려온 고객을 충분히 배려해야 한다." 그 임원들은 이 중 하나도 생각 못하고 있었다. 더불어 음료병을 쳐다보는 것이 즐겁다거나 유용하지 않다는 것을 생각해 보라고 했다. 그것은 소비자 입장에서 궁금하다면 한 번 클릭하는 것에 불과하다. 다른 말로 하면 이 제품을 AR을 통해 소통하는 것은 별 보상이 없다는 것이다. 그들이 생각도 하고 싶지 않았던 질문은 "가상 음료를 AR을 통해 탁자 위에 놓으면 고객에게 특별한 영감을 주고 관심을 가지게 할까? 그게 결국 구매로 이어질까?"였다.

AR은 회사의 어느 것과도 연계되어 있지 않았다. 그 뒤에 어떠한 마케팅 전략도 찾아볼 수 없었다. 회사는 수십만 달러를 써서 AR 자산을 만들었지만 아마도 몇백 명 정도의 사람만이 웹 페이지를 방문해 AR 옵션을 이용했을 것이다. 분명 실패였다. 하지만 마케팅팀은 체크 박스에 "그럼요, 우리도 AR을 이용하고 있어요"라는 표시를 하고 상사에게 말하고 싶었던 것이다. 그들이 AR을 사용할 수 있을까? 물론이다. 그럼, 그들이 AR을 사용해야만 하는가? 아니다. 그것은 시간, 에너지, 돈의 낭비다.

이러한 실수는 초점이 회사의 미션과 고객 경험이 아니라 기술에 집중되어 있을 때 통상 발생한다. 많은 회사가 고객 접점의 애플리케이션에 집중하지만, 직원 훈련에 AR을 어떻게 이용할지도 고려한다. 예를 들어 만약 생수회사라면 제품에 대한 AR 디자인을 생각할 게 아니라 직원들이 팔레트를 정확히 들어 올리게 훈련시키는 데 AR을 이용하는 게 더 낫다. 그럼으로써 공장에서의 사고로 인한 손해를 줄이게 되고, 결국 비용 절감과 이익 증대를 가져올 것이다. 일부 회사는 고객이 사용하는 것만을 생각해 수십만 달러를 AR 앱에 성급히 투자했다. 그들은 "우리도 할 수 있나?"를 물은 것이다. 하지만 "우리가 해야만 하나?"는 묻지 않았다. 직원은 어떤가? 앞에서 말했듯이, AR은 다양한 환경에서 고객이 아니라 직원을 위해 더 잘 활용될 수 있다.

예를 들어 만약 누가 구글 글라스 같은 보조 AR 기구를 가지고 재고 창고를 지나간다면 탑재된 비즈니스 인텔리전스가 창고 레이아웃을 재설계해 인기 제품의 주문에 쉽게 대응할 기회를 알려 줄 수 있다. 향후에는 영업사원이나 다른 고객 접점 직원에게 고객이 이전에 구매한 제품 정보나 흔한 항의와 그에 대한 대응 답변을 상기시켜 줄 수 있다. 회사는 자신과 상호작용하는 모든 고객으로부터 모은 데이터를 활용해 효율성을 추구하고, 이익 마진을 개선하고, 배달 속도를 개선할 수 있다.

마이크로 소프트 가라지(Garage) NYC의 인비저니어(envisioneer)이자 이사인 마이크 펠(Mike Pell)은 이런 희망적 조언을 공유해 주었다. "우리는 거의 모든 것이 가능하게 되는 시점에 와 있다. 가장 무모한 아이디어도 거의 실시간에 만들어 낼 수 있다(정확하게 시뮬레이션해 낼 수 있다). 이것을 고려한다면 그 윤리적이고 도덕적인 핵심 질문 '우리가 해야만 하나'를 매 순간 물어보는 게 대단히 중요하다. 그러한 논의를 무시하는 것은 진실을 외면하는 것이다. 그 진실이란 (단지 우리가 할 수 있기 때문에) 놀라운 기술적 개가를 올리는 것이 등식의 다른 한쪽 사람 입장에서는 옳은 일이 아닐 수 있다는 것이다."

우리도 수년 전 홀로그램식 보도 자료를 출시했을 때 이 "해야만 하나?"를 묻기 전에 "할 수 있나?"에 초점을 두는 오류를 범했다. 물론 획기적 시도였지만 누가 다른 각도에서 말하는 것을 흥미롭게 보는 사람은 그리 많지 않았다. 우리가 할 수 있었나? 그렇다. 그리고 그렇게 했다. 그렇게 했어야만 했는가? 아니다. 고객 경험을 충분히 생각하고 그것이 홀로그래픽 이미지에 적합한 적용 사례가 아니라는 것을 깨달았어야 했다. 만약 그것이 패션쇼였다면 관객이 모델과 옷을 다양한 각도에서 보기 원했을지 모른다. 하지만 보도자료에는 불필요한 것이었다.

이처럼 회사가 반드시 AR을 사용해야 한다는 결론을 조급히 내리지 말고 기술이 사용자 경험을 도와주는 것보다 오히려 방해 요인이 될 수 있다는 것을 고려해야 한다. 만약 투자할 펀드를 고르려 하는데 VR 기술을 이용해 배경 화면에서 바 차트가 튀어나오는 게 정말로 중요할까? 엄청나고 강렬한 기술을 가진다는 것은 좋은 일이다. 하지만 그것을 보기 위해 고객이 300불짜리 기기를 사야만 한다면 아마 재고할 가치가 없는 생각일 것이다. "우리도 할 수 있나"에서 "'우리가 해야만 하나"로 옮겨가기 전에 스스로 몇 가지 상태 점검 질문

을 해 보라. 이를테면,

○ 데이터를 보여 주는 이 방식(3D, 음성, AR)이 직원이 고객 업무를 하는 데 도움을 줄까, 아니면 집중을 흐릴까?

○ 이 솔루션이 비용 효율적이고 매출을 늘려줄 것인가?

○ 고객이 이 기술에 얼마나 쉽게 적응할 수 있나? 이 기술(AR, VR, XR)이 유용한 비즈니스 인텔리전스 데이터를 생산해 내는가?

○ 이 기술이 고객의 불평을 해결해 줄 수 있는가?

○ 이 새로운 도구가 고객이나 회사가 이겨내야 하는 새로운 문제를 초래할까?

○ 이 전략이 단기와 장기적 관점에서 안전하고 신뢰할 만한가?

○ 이 새로운 기술을 실행하는 것이 가능하다 하더라도 우리 고객이 진정으로 필요로 하고(아니면 원하고) 사용할 것인가?

요는 유행에 편승하지 말고 그 도구나 아이디어가 우리 사업과 고객에게 최고인지를 평가해야만 한다는 것이다. 다시 한번 강조하지만 "우리도 할 수 있나?"를 묻지 말고 "우리가 해야만 하는가?"를 물어라.

하드웨어는 무시하라

하드웨어는 신경 쓰지 마라. 최소한 사업에서만은 그것과 밀착되지 마라. 서둘러 기기에 집중하지 말라는 얘기다. 오늘날 우리가 보고 있는 최신 기기라는 것이 얼마 안 가 문진(paperweight, 종이 등이 바람에 날리지 않게 눌러 두는 물건 -역주)으로나 쓰일 골동품이 될 것이기 때문이다.

자신이 오늘날 최첨단 기술을 구축하고 있다고 생각하는 회사는 보통 1, 2 분기만 지나면 시대에 뒤떨어지게 된다. 배터리 수명이 업그레이드 된 새로운 헤드셋이 조만간 나올 것이고 매년 업그레이드 된 핸드폰이 뚝 떨어질 것이다. 몇 달 안에 4K는 8K가 될 것이다. 일 년 안에 엄청난 변화가 일어날 수 있기 때문에 하드웨어 대신 스토리텔링과 직원의 니즈에 집중하는 것이 최상이다. 무엇보다 직원 교육에 집중해 그들이 새로운 기술을 이해하고 그것에 위협을 느끼지 않도록 해야 한다. 기술을 전면적으로 배치하기 전에 데모 버전을 설치해 직원 피드백을 받도록 한다. 일단 프로그램이 시작되고 나면 직원들이 불만을 표현하는 수단으로 그 피드백 루프를 이용한다.

전문가들은 조만간 AI, XR, 5G가 대량 도입될 거라는 데는 동의한다. 문제는 '얼마나 빨리?'이다. 최선의 준비 방법은 이러한 기술이 창출하는 새로운 기회에 집중하는 것이다. 예를 들어, 앞에서 말한 기술 전부는 직원을 더 잘, 빨리, 그리고 더 분명히 이해하는 방법을 향상해 줄 것이다. 그 정보를 어떻게 활용할지 생각하는 과정을 통해 미래를 준비할 수 있다. 분석을 통해 회사나 사업 모델을 현격히 변화시킬 새로운 가능성이 창출될 수 있기 때문이다.

하드웨어 제조사들이 새로운 변화에 맞추느라 고군분투하면서 미래에 대한 조망 역시 빠르게 바뀌고 있다. 절대로 한 기기나 시스템에 묶이지 말아야 한다. 한 회사는 아이폰에 사용하는 키보드가 딸린 케이스를 만들려고 했다. 문제는 그들이 한 모델의 제품 사양과 생산을 끝마칠 때쯤에 새로운 아이폰이 출시되었는데 스크린 사이즈가 달라진 것이다. 결국 회사는 파산했다. 최신 모델에 맞는 케이스를 출시할 수 없었기 때문이다. 그들은 최신 아이폰 버전을 따라 갈 수 있다고 믿었지만 그렇더라도 7년 전에 나온 모델이나 그 이후 버전을 위한 케이스는 만들 수 없었다.

5G의 예를 보자. 앱 디자이너가 5G를 위한 앱을 빨리 만드는 것은 쉬울 수 있다. 하지만 가까운 미래에 5G와 관련된 커버리지, 장비 가용성, 데이터 가격, 배터리 수명, 무게 등과 관련된 이슈가 있을 것이라는 점을 명심해야만 한다. 모든 달걀을 5G 바구니에 넣기 전에 고객의 광범위한 수용과 통신사 커버리지 확대에 시간이 걸린다는 점을 인식하는 것이 아주 중요하다.

존은 포르쉐를 위한 AR 컨피규레이터(configurator)를 만든 팀을 이끌면서 고객이 자신이 구매하는 것을 직접 설정하도록 했다. 쇼룸에서만 가능했던 일이다. 우리는 홀로렌즈 대신 아이패드와 아이폰을 위한 AR 컨피규레이터를 만들었다. 값이 비싸고 아마도 항상 가지고 다니지 않을 것 같은 홀로렌즈보다 들고 다닐 가능성이 더 크기 때문이다. 그 과정에서 인기 있는 차의 각도, 모델, 컬러, 기능에 대한 데이터를 얻을 수 있었다.

이 모든 것들이 회사의 미래 영업과 마케팅 활동에 영향을 끼쳤다. 우리는 하드웨어가 아닌 목적에 초점을 두었다. 그래서 현재 가용하고 보편적인 것을 이용해 결과를 낼 수 있었다. 제프 베이조스가 말했 듯이 "그렇게 많이 변하지 않는 것에 투자하라!" 그리고 고객은 그렇 게 많이 바뀌지 않는다. 이것이 우리를 세 번째 계명으로 이끈다.

고객에만 집중하라

고객에게 문제가 있다는 것을 이해하고 기술은 그 문제를 풀 수 있는 하나의 도구일 뿐이라는 것을 기억하는 회사만이 오래 성공할 수 있다. 고객의 니즈가 필수적이라는 것을 이해하기 위해서는 현장 으로 나가야 한다. 가능한 고객에게 가까이 가라. 고객과 고객 접점 의 직원이 가지고 있는 제품 디자인이나 불평 사항에 대해 상담해 보 라. 그래야 무엇을 만들고, 바꾸고, 개선할지를 알 수 있다. 기업이 고 객으로부터의 인풋이 전혀 없이 의사 결정을 하거나 변화를 꾀하는 경우가 많다. 그 결과는 현실과 완벽하게 단절된 것으로 끝난다.

한 번은 수백만 달러 규모의 글로벌 기업과 일할 기회가 있었다. 파티오(patio, 집 뒤쪽에 만드는 테라스 -역주), 벽난로, 화덕 등이 딸린 럭셔리 한 뒷마당을 만들 때 사용하는 포장재와 콘크리트를 만드는 회사였 다. 어떤 때는 작업에 들어가는 콘크리트를 한 번에 수만 달러어치 팔기도 했다. 디자이너가 현장에서 사진을 찍고 그 사진과 구체적 사 양을 디자인 스튜디오로 보낸다. 그러면 프린터를 이용해 3D 모델을 만들어 고객에게 보여 준다. 이 프로세스는 며칠이 걸렸다. 현장에 가고, 디자인하고, 프린트하고, 또 다른 약속을 잡아 영업사원이 고객에게 디자인을 보여 주는 데까지 걸리는 시간이다. 가끔은 디자인을 배우자에게 보여 주고 싶은데 지금 집에 없다는 얘기를 들을 때가 있다. 이것이 또 전체 프로세스를 더 지연되게 만든다. 한 번 더 고객의 집을 방문해야 하기 때문이다.

시각화는 특히 고객에게 필수적이다. 과거에는 뒷마당이 어떤 모습으로 바뀔지 상상하기 어려웠다. 어떤 식이라도 시각화 없이는 비용을 들일 가치가 없어 보였을 것이다. 하지만 새롭게 디자인 한 이미지를 보고 난 고객은 90%가 계약으로 이어졌다. 불행히도 총 처리 시간이 긴 관계로 영업 팀의 10%만이 그 3D 이미지를 사용했다.

그 회사는 우리가 AR 작업을 하는 것을 들어 알고 있었고 결국 우리와 컨설팅을 했다. 우리는 다양한 리더들과 종일을 같이 있으면서 그들의 말을 듣고 질문도 했다. "만약 고객이 완성 시 예상도를 보는 데 일주일을 기다릴 필요가 없다면? 영업사원이 또 약속을 잡아 고객을 재방문할 필요가 없다면? 지금 하는 것 모두를 즉시 할 수 있다면?" 그들의 대답은 "정말로 흥미로운 얘기다"였다.

우리는 영업사원이 증강 현실을 이용할 수 있다고 설명했다. 태블릿에서 작업 할 수 있어 참여자 모두가 디자인을 동시에 보고 실시간으로 변화를 주는 게 아주 쉬웠다. 리더들도 이 아이디어를 좋아했다. 10%의 영업사원만이 3D 렌더링을 사용하고 있었기 때문이었다. 그들은 다른 90%의 영업팀도 같은 방법을 사용하기 바랐다.

우리와 얘기를 나눈 사람들은 AR로 가는 것이 이런 딜레마에 대한 완벽한 해결책이 될 것으로 믿었다. 하지만 그 거래는 결렬됐다. 왜? 담당자가 중역과 재무 의사 결정권자에게 계획을 제출할 때 너무 기술적 측면에만 초점을 맞추었기 때문이다. 고객 니즈와 고객 및 회사가 기대할 수 있는 혜택을 충분히 공유 못 했다. 사실 그 솔루션은 회사의 최고 매출을 거의 2,000% 늘릴 수 있었다. 하지만 경영진은 모든 사람이 AR을 수용해야 한다는 것에 우려가 컸다. 그래서 이것이 어떻게 고객을 돕고 더 많은 매출을 이끌 수 있는지를 간과한 것이다.

여기서 배워야 할 교훈은 당신이 고객과 직접 대하든 보스를 위해 제안서를 만들든 항상 고객에게 집중하라는 것이다. 기술 용어는 너무 많이 쓰지 마라. 생산성 향상, 매출 성장, 고객 만족에 관해 얘기하라. 사람들을 기술에 눈멀게 하지 마라. 우리가 할 수 있는 최선의 고객 케어를 보여 주고 기술이 그 일을 하게 하라. 기업은 정작 고객은 까맣게 잊고 있는 새로운 유행어를 너무 많이 말해 왔다. "VR이 우리가 가야 할 길이라고 들었다. 뭔가 해 봅시다." 그것은 계획이 아니다. 매일 상태 점검을 하고 멋있어서 프로젝트를 하는 것인지, 아니면 유용해서 하는 것인지 자문해 보라. 한결 차분해지고 여러모로 도움을 줄 것이다.

우리는 수백만 달러가 '모 아니면 도'라는 사고방식으로 낭비되는 것을 보았다. 리더들은 "경쟁에서 박차고 나가는 것이 필요하다. 우리도 AR 솔루션을 시작해야만 한다"고 말할 것이다. 그러한 유형의 사고가 과도한 문제를 일으킬 수 있다. 작게 시작하라. 대신 민첩해야 한다. 가장 크고 최고가 될 필요는 없다. 가끔은 보잘 것 없지만 기능이 좋은 것이, 보기는 좋지만 아무것도 아닌 것보다 더 낫다. 거창하기만 하고 아무 효과나 성과가 없는 아이디어이기에 아무것도 아닌 게 되는 것이다.

다시 한번 말하지만 고객에게 초점을 맞추어야 한다. 현장에 뛰어들어 고객에게 물어보라.

o 이것 때문에 문제가 있다고 생각하는데, 맞나요?

o 이 제품의 어느 점을 좋아하고 어느 점을 싫어하나요?

o 이것을 개선하기 위한 투자를 생각 중입니다. 맞는 생각 같나요? 아니면 프로그램 혹은 제품의 다른 부분에 집중하는 게 낫다고 생각하나요?

o 속도, 효과, 비용 절감, 혹은 다른 뭔가가 필요한가요?

o (가장 최신 기술을 적고) 이 우리 제품과의 경험을 좋게 해 줄 뭔가가 될까요?

o 이 제품의 베타 버전을 테스트해볼 용의가 있나요?

실패로부터 배워라

토머스 에디슨이 말한 것으로 잘 인용되는 "나는 실패한 것이 아니다. 다만 쓸모없는 방법을 만 가지나 찾아냈을 뿐이다"라는 말이 있다. 우리도 실패할 때가 있지만 모든 것이 과정의 일부이다. 실패해야 결국에 가서 성공할 수 있다. 제대로 실패했을 때는 옳은 답을 얻거나 뭔가 독창적이고 유용한 것을 개발할 수 있게 된다. 만약 대답이나 해결안을 이미 안다면 처음 시도에서 성공했을 것이다. 하지만 그런 경우는 드물다. 그래서, 실패하는 것을 두려워 마라. 실패는 데이터이고 데이터는 항상 유용한 것이다. 그러므로 네 번째 계명에 주의를 기울여야 한다. "실패로부터 배울 것이다"라는.

모든 프로젝트의 끝에는 그 프로젝트를 통해 얻은 교훈을 찾는 게 중요하다. 프로젝트 방법론이 다르면 이것도 다른 방식으로 한다. 애자일 스크럼(Agile Scrum)은 프로젝트 전반에 대한 회고를 막 끝마쳤다. 전통적인 프로젝트 관리 기법으로 프로젝트 매니저, 팀 멤버, 그리고 리더와 프로젝트 교훈에 관한 과정을 진행했다. 프로젝트 교훈(논의)은 어떤 것이 잘 진행됐고 어떤 것이 잘 진행되지 않았는지 그리고 무엇을 개선할 수 있을지를 정의하는 것으로 시작한다. 이것은 프로젝트의 성공과 실패를 정의하는 시간이다. 프로젝트를 자원, 프로젝트 관리, 기술 지원 등의 카테고리로 나누어 실행할 수 있다.

일단 교훈을 정의하고 나면 공식 문서로 만들어 프로젝트에 관여한 모든 사람과 공유해야 한다. 그리고 나면 프로젝트 관리자가 결과를 분석해 교훈의 결과로 필요성이 확인된 프로세스 개선이나 훈련을 정의할 수 있다. 그 교훈은 나중 프로젝트를 위해 접근 가능한 형태로 보관해야 한다. 어떤 것이 잘 안 되었는지를 찾아내는 것도 제대로 된 것만큼 가치가 있다는 것을 기억하라. 이 말은 마음 놓고 실패하라는 뜻이다.

우리는 실패에 대한 일종의 획일화된 편견이 있다고 믿는다. 아마도 실수하면 귀중한 재료를 몽땅 버려야만 했던 지난날 제조 경제 시대에서 유래된 것일지 모른다. 신발 한 켤레를 만들다 망쳐 버리면 회사에 상당액의 금전적 손해를 입히던 때였다. 실험과 심지어 실패를 위한 더 많은 여지를 만들어 놔야만 한다. 제조 경제의 후계자이기 때문이라는 것 이외에 사람이 실패를 싫어한다는 것도 사실이다. 자존심에 상처를 입기 때문이다. 하지만 기술을 다룰 때는 그 과정에 시행착오가 포함되는 게 현실이다.

실패를 성공으로 바꾼 가장 좋은 예는 조나단 모스(Jonathan Moss)가 스프린트(Sprint)에서 한 작업이다. 회사의 전 학습 개발 부서장이었던 모스는 직원을 훈련하다 훈련이 따분하고, 비싸고, 비효과적이라고 느꼈다. 직원들을 중서부로 보내 몇 시간의 실내 훈련을 견디도록 했지만 모든 사람이 자신이 배운 것을 기억하지는 않았다. 결국 훈련은 당시 상황을 바꾸지 못했다. 제품 지식과 판매가 늘어나지 않은 것이다.

조나단과 그의 팀은 그들이 파는 전화기에 관한 모든 훈련을 직원 전화기에 올리고 훈련을 위해 만든 가상 현실 속 제품에 모든 고객을 대상으로 한 판매 요점을 달았다. 놀랍게도 영업사원들은 이것을 영업 기술 향상을 위해서뿐 아니라 고객과 함께 이용하기 시작했다. 후에는 이 데이터 일부를 매장의 샘플 전화기에도 올려놔 고객이 스스로 사용하게 했다. 결과가 너무나 효과적이어서 매장에 이전처럼 많은 영업사원이 필요 없게 되었다. 훈련 비용은 절약하면서 전화기는 더 많이 팔았다. 이 모든 것은 조나단 모스가 과거의 실패에서 새로운 솔루션을 기꺼이 찾으려 했기 때문에 시작된 것이다. 만약 그가 회사의 실수를 보며 두려워하거나 과거 프로그램의 비효율성을 보고 하는 것을 무서워했다면 결코 그런 기막힌 솔루션을 생각해 내지 못했을 것이다.

조나단은 "실패로부터 배울 것이다"라는 계명을 잘 따른 탁월한 예이다. 그래서, 실패할 준비를 하라는 것이다. 그리고 무엇이 잘못되었는지를 회사가 알게 하라. 그래야 다른 사람들이 배울 수 있다. 만약 리더라면 회사 내에 '실패할 자유'라는 문화를 만들어 중요한 교훈을 배울 수 있게 하라. 실패를 공유하는 데는 엄청난 가치가 있다. 다른 사람이 뭐가 제대로 안 됐는지를 알게 해 시간과 에너지를 절감시켜 줄 수 있기 때문이다.

같이 성장할 파트너를 찾아라

만약 AI 혹은 AR 프로젝트를 해야만 하는 회사라면 이것을 위해 한 팀을 채용했다가 몇 달 후 해고하지는 않을 것이다. 통상 해당 기술 분야의 전문 기업 혹은 벤더와 같이 일한다. 불행히도, 구매자는 그들의 현혹적 슬라이드에 정신이 혼미해질 수 있다. 그래서 결국 재앙으로 끝나는 바람직하지 않은 파트너십을 맺기 쉽다.

많은 기술 회사들이 애플리케이션을 만드는 기술은 가지고 있지만, 애플리케이션의 대상이 되는 사업이 어떻게 운영되는지는 이해 못 할지 모른다. 그들은 프로젝트 산출물의 하나로 발주 회사와 함께 이행 전략을 만든다. 그래서 다섯 번째 계명이 중요하다. 같이 성장하기에 적합한 파트너를 찾아야 한다.

다음과 같은 실수를 너무도 자주 저지르는 회사를 보았다. 그들은 이렇게 묻는다. "우리의 AR 전략은 무엇인가?" 그리고 말한다. "앱을 만들어 고객이 전화기에서 우리 제품과 관련된 뭔가 재미있는 것을 할 수 있게 해야 한다. 예산이 얼마나 드는가? 우리 분야에서는 누가 AR을 하는가? 한번 골라 보자." 반면 이런 질문은 안 한다. "그 팀이 우리 사업 분야에서 다른 작업을 해 봤는가?" 우리의 기술 파트너는 다른 회사와의 작업을 통해 창출한 투자 회수율(return on investment)을 얘기할 수 있어야만 한다. 통찰력, 조직 재정비, 혹은 비용 절감 등이 될 수도 있다. 사람들은 한 프로젝트를 위해 좋다고 생각하거나 최신 유행인 것은 쉽게 파악한다. 그 좋다는 것이 사실 전체 사업에 필요한 것을 제공해 줄 수도 있다.

잠재적 기술 파트너에게 그들의 전문성과 지난 프로젝트에서 고객의 실행을 어떻게 도왔는지 물어봐야만 할 것이다. 다른 고객이나 사례로부터 받은 리뷰도 제공해야 한다. 결코 기술 벤더의 권유에 현혹되어서는 안 된다. 깊게 파고 들어가 그들이 우리 산업이 어떤지 혹은 우리 사업이 어떻게 돌아가는지 그리고 특정 회사와 고객에게 어떤 도움을 주는지 알고 있는가 살펴 보라. 파트너에게는 무엇을 기대해야 하는가? 다음과 같은 팀을 찾아야 한다.

  ○ 안정적
  ○ 신뢰 가는
  ○ 역량 있는
  ○ 안심되는
  ○ 확장 가능한 팀

특정 기술로 우리 사업을 성장시킬 수 있는 팀은 많은 경험이 있어야 한다. 심층적이고, 실질적인 경험 없이는 기술이 제공하는 묘안을 자신들의 서비스나 제품 속에 잘 녹일 수 없다. 또한 회사가 안정되지 않고는 우리를 도와줄 수 없을 텐데 자기를 돕는 게 먼저 필요할 수 있기 때문이다. 신뢰할 수 있어야 하는 것은 물론이다. 오랜 관계를 맺고 있는 고객에 관해 묻고 혹 그들에 대한 정보를 공유해 줄 수 있는지 요청해 보라.

잠재적 기술 벤더 역시 자신의 능력을 보여 줄 필요가 있다. 우리가 하려는 것과 비슷한 규모의 프로젝트를 얼마나 많이 처음부터 끝까지 했는지 물어보라. 그들이 어떻게 회사와 고객의 기밀 데이터를 다루는지를 물어보라. 우리 회사가 전사 전략의 목적으로 새로운 기술을 실행하려는 것을 어떻게 도울지 물어보라.

회사의 성장에 따른 니즈를 맞출 수 있는 파트너를 찾아야 한다. 좋은 파트너는 그들의 고객을 교육한다. 프로젝트 완료를 위한 단계들을 차근차근 밟아 간다. 일단 기술이 개발되고 나면 그것의 이행을 돕고 '가동 개시'를 공지할 때까지 지원해 줄 수 있는 좋은 기술 파트너가 있을 것이다. 그들이 구매나 법률 부서가 요구하는 사항에 대응해 줄 수 있는가? 더 큰 회사와 상대하는 벤더는 그들이 적절한 거버넌스(governance), 보험, 보안 프로토콜을 가지고 있어 고객이 위험한 상황에 부닥치는 일 없이 프로젝트를 종료할 수 있다는 것을 보여 주어야만 한다. 많은 신흥 테크 스타트업이 이러한 질문에 대응 못 하거나 거짓 답변을 한다.

만약 프로젝트가 지연된다면 완료를 위한 추가 재원은 충분히 가지고 있는가? 큰 기업 구매 부서는 벤더에게 회사가 탄탄 한지에 대한 증빙이나 보고서 혹은 과거 재무제표를 보여달라고 요구할 때도 있다. 지급이 늦어지거나 프로젝트가 지연되었을 때 회사가 문을 닫는 일이 없도록 하기 위해서다. 가끔은 벤더에게 장기 지불 연기(이를테면 90일 혹은 180일 어음 같은)에 대한 합의서를 제출하게도 한다.

신흥 테크 스타트업 다수는 이런 수준에서 일할 준비가 안 되어 있다. 하지만 그들 말고는 공급자가 없어 프로젝트를 수주하기도 한다. 그런 벤더와 프로젝트를 할 때는 자사의 위험을 줄이기 위해 그들을 지원할 방안을 잘 살펴보아야 한다. 많은 테크 회사들이 이것저것 장황하게 얘기를 한다. 하지만 그런 것을 다 제공해 줄 수 있다는 의미는 아니다. 그래서 과거 실적을 자세히 살펴보아야 한다.

여기 우리 회사의 노동력을 증강하기 위해 기술을 어떻게 활용할 지를 평가할 때 물어봐야 하는 주요 질문 일곱 개가 있다.

1. 이런 기술에 대한 직원들의 현재 태도는 어떤가?

2. 그들은 AR, VR, AI를 자신이 하는 일을 보완하는 것으로 보는가 아니면 위협하는 것으로 보는가?

3. 우리 조직 내에서 누가 이런 기술의 얼리 어답터이고 그것을 전도하는 데 도움을 줄 수 있나?

4. 직원들의 스킬을 더 빨리 향상하고 재훈련 할 수 있는 확실한 방법이 있는가? 조직이 계속해서 혁신하고 성장할 수 있게 그들이 도울 수 있나?

5. 리더로서 나는 어떻게 혁신을 이끌고 기술에 대한 부정적 태도를 바꿀 수 있나?

6. 우리 노동력이 프로세스를 최적화하고 더 효율적으로 되기 위해서는 어떤 스킬이 필요한가?

7. 이 변화의 시기에 리더로서 계속 경쟁력 있고 생산적이 되기 위해서는 어떤 스킬이 필요한가?

이런 질문 후 이 책에서 배운 것을 조직 내에서 실행하는 데 아래 프레임워크를 활용한다면 도움을 받을 것이다.

캐시 해클과 존 버젤의 증강 노동력 이행 프레임워크

1. 평가: 조직의 현재 AR, AI, 5G 활용 현황과 직원들의 새로운 기술에 대한 태도를 평가한다.

2. 전략 수립: 정보와 조직의 목표를 평가하고, 사람 중심의 전략을 만든다. 이
   전략은 직원이 새로운 기술을 수용하고 조직을 위해 프로세스를 최적하 하는
   데 초점을 맞춘다.

3. 전파: 조직 내 얼리 어답터에게 전 조직에 걸쳐 직원들에게 전략을 전파하게
   지시하고 직원이 자신이 한 질문에 답을 듣는 메커니즘을 만든다. 직원들이
   이 기술에 대해 배우고 전면적 배치 전에 실제 경험해 볼 수 있게 한다.

4. 실행: 조직 내 배치 전략

5. 평가: 전략이 실행된 이후 종업원들의 태도를 측정하고 평가한다. 이것을 계
   속 반복한다.

이 프레임워크는 앞으로의 로드맵을 위한 시작점으로 제공된다. 기술은 앞으로도 계속해 프로세스에 중요할 것이고 특히 향후 수십 년 안에는 성공적 노동력을 가지는 데 디 중요하게 될 것이다.

"두 번 재고 한 번에 잘라라(measure twice, cut once)"라는 오래된 격언이 있다. 목공이나 금속 가공에서 처음 나온 아이디어인데 다음의 뜻이다. "조심하라. 계획하고, 준비하라. 처음부터 철두철미해야 나중에 시간을 아낄 수 있다." 우리와 같이 성장할 적절한 파트너를 찾는데 시간을 들여라. 아니면 나중에 후회할 것이다. 100여 개가 넘는 기술 프로젝트를 하고 나니 이 격언에는 정말 많은 지혜가 담겨 있다는 말을 할 수 있게 됐다.

사람은 일시적 유행에 현혹되고, 프로세스를 건너뛰고, 충분히 고

민하지 않거나 잘못된 파트너와 동침을 한다. 그러면 결과가 불만족스러울 수밖에 없다. 자신이 고객에 서비스하는 사업을 하고 있고 기술은 단지 그 목적을 위한 도구라는 것을 잊어버리는 것이다. 성급하게 시류에 편승해 그저 '최신의 것'을 할 수 있겠지만 진짜 전략이 없으면 결국 돈 낭비로 끝나고 만다. 하지만, 만약 주의 깊게 계획을 짜고 기술 벤더를 적절한 질문을 통해 심사한다면 '단 한 번에 자르는' 것으로 끝날 것이다.

아무쪼록 이 다섯 계명이 기술을 가지고 하는 실험이 성공을 향하도록 하는 데 도움을 주기 바란다. 새로운 것에 현혹되기는 쉽다. 그리고 오로지 기술만을 위해 그것을 사용하기도 쉽다. 이 조언을 마음에 새긴다면 고객의 성공에 계속 초점을 맞출 수 있을 것이다. 그렇게 함으로써 우리도 성공할 수 있다.

새로운 눈으로
미래를 보다

"미래는 이미 와 있다 – 단지 평등하게 분배되지 않았을 뿐이다."
유명한 공상 과학소설가 윌리엄 깁슨(William Gibson)이 언젠가 한 말이다. 실제로
AI, XR, 5G 같은 폭발적 기술은 급격하게 확산하고 있다. 이 새로운 기술들은 과거
우리를 막았던 장애물 중 일부를 없애고 있다. 그것은 교육의 부족, 고용에서의 접
근성 부족, 꿈꾸던 일과 너무 동떨어져 사는 것, 기술 부족, 경험 결핍 등이 될 수
있다. 5G로 제공되는 증강 현실과 AI로부터 '적기 훈련'을 받은 분산 노동력으로
우리 모두는 갑자기 전문가가 될 수 있다.

젊은 세대는 이미 애니모지(animoji)나 아바타를 통해 서로 얘기한다. 그들에게 현실은 항상 디지털 플랫폼을 통해 강화되거나 합성된 것이다. 아마 미래에는 모두가 디지털 매체를 통해 중재될 것이다. 개인적 그리고 사업적 상호작용을 향상하고 경기장을 평준화시킬 증강화가 수도 없이 등장하게 될 것이다.

AI는 음성과 발성 패턴을 이용해 다른 소리와 스타일을 선호하는 사람과 소통할 수 있게 해 준다. 이론적으로는 만약 고객이 여자와 말하는 것을 더 편해한다면 기기를 통해 얼굴과 목소리를 여자로 가상화하여 좀 더 효과적인 소통을 할 수 있다. 다른 증강화로는 우리 목소리를 더 젊게 혹은 나이 들게 하거나, 더 교육받은 것처럼 하거나 더 정중하게 할 수 있다. 심지어 다른 나라에서 온 사람 목소리로 들리게 할 수도 있다. 독일에서 고객에게 권유하는 것이 훨씬 더 쉬워질 것이다. AI가 내 말을 번역하고 심지어 고객의 성격에 맞게 재단할 것이기 때문이다.

AI는 내 목소리를 더 확신에 차게 하거나 너무 직설적인 것은 좀 둔화시킬 수도 있다. 자체 연구를 통해 고객이 어떤 말투를 선호하는지 알기 때문이다. 비록 시작은 애니모지로 했을지 모르지만, 미래에는 결국 온종일 가상 현실에 살게 될 것이다. 우리의 물리적 자아의 한계보다 더 능력 있고 더 많은 것을 할 수 있게 될 것이다.

코로나19는 2020년과 그 이후로도 전례 없는 변화를 이끌었다. 그리고 전례 없는 기술의 발전은 많은 긍정적 변화를 가능하게 했다. 내가 자랄 때는 비디오 대화가 젯슨(Jetsons) 만화에서나 볼 수 있는 것이었다. 대부분의 아이는 그런 식으로 소통하는 것이 평생 불가능할 것으로 생각했다. 하지만 이제 줌 미팅과 원격 근무는 아주 흔한 일이 되었고 가끔은 싫증이 날 정도다. 더군다나 비디오 대화가 집에 있는 커다란 컴퓨터에 연결되어 있지 않은 이동식 기기를 통해 이루어진다는 것은 상상도 할 수 없었다. 하지만 지금도 전 세계 모든 연령대의 사람들이 '페이스 타이밍(facetiming, 직접 만나 대화하는 시간을 갖는 것-역주)'을 가지려 서성대고 있다.

이미 코로나19가 출몰하기 오래전에 회사들은 원거리 근무자, 마케팅 소통, 상업용 부동산(공유 사무실 렌트를 포함한), 어떤 도구가 온라인 협업과 생산성에 최선인지에 대한 입장을 재정비하고 있었다. 삶과 일은 뭔가 영구적으로 바뀔 가능성이 있고 그러면 회사는 이 '새로운 표준'에 맞추거나 그것을 받아들여만 할 것이다. 많은 회사가 이미 직원들이 더 나은 웹캠 자원(카메라, 조명, 마이크, 더 빠른 인터넷 속도)에 투자할 수 있도록 별도 수당을 주고 있다. 이 새로운 표준이 상당히 오랫동안 지속할 것을 알기 때문이다.

이 기술들을 전염병 이후 도래할 현실에서 어떻게 같이 쓸 수 있을지를 생각해 보자. 리모델링 컨설팅이 쇼룸이 아니라 고객의 집에서 AR을 이용해 챗봇과 고객 사이에서 진행되고 있다. 고객은 5개의 각기 다른 소파를 휴대폰을 통해 진짜 사진 같은 3D 그래픽 스트림으로 미리 볼 수 있다. 이런 경험은 5G, AI, XR로 가능해졌는데 이 기술들은 그 어느 때보다 중요해졌다. 우리 사업에는 어떤 영향을 끼칠까? 이제 충분히 알았으니까 어떻게 그것들을 자신의 사업에 적용할지 생각하고, 우리가 공유하고 있는 불확실한 미래를 꽉 움켜잡아 견고한 사업 결과로 향하게 하자.

우리는 행동의 전환 시기에 있다. 전염병으로 인해 기술 도입이 더 강력한 힘을 받았다. 세상은 빠르게 변하고 있고 만약 내가 나서 내 상황을 만들지 않으면 다른 누군가 하리라는 것을 생각할 필요가 있다. 아마 AI, XR, 5G 기술이 만들고 있는 변화에 적응하기 위해 직장에서의 생활과 개인적 삶을 바꿔야만 할지 모른다.

이 책을 읽고 나면 AR, VR, AI, IoT, 5G 네트워크가 제공하는 가능성을 십분 활용할 준비가 돼 있을 것이다. 전 산업에 걸쳐 큰 성공 기회뿐 아니라 퀵 원(quick win)의 기회가 많다. 계속해서 탐구하고 배우기를 바란다. 한번 여러분의 조직을 증강하는 데 덤벼 보라. 그리고 소셜 미디어를 통해 캐시와 나의 이 계속된 여정에 같이 참여해 보라. 아직도 배우고 해야 할 일이 너무 많다. 그리고 우리 모두 가까운 미래에서 다시 봅시다!

M E T A

Part IV

NFT와 메타버스의 미래

럭셔리 NFT가 디지털 경제를 전진시키다

비트코인과 블록체인에 관해서는 앞의 장들에서 다루었다. 하지만 블록체인에는 암호 화폐 이상의 뭔가가 있다. 대체 불가능한 토큰(Non-fungible token), 좀 더 일반적으로는 NFT라 부르는 것이 급격히 인기를 얻으면서 우리를 메타버스 안의 디지털 경제로 더 가까이 이끌고 있다. 수많은 온라인 플랫폼이 등장해 NFT를 비트코인이나 이더리움 같은 암호 화폐와 바꿔 팔거나 경매한다. 예술가들은 새로운 매체에 담긴 그들 작품에 NTF를 이용해 가치를 매긴다. 최근에는 NBA가 그들의 '탑 숏(Top Shot)' NFT로 트레이딩 카드(trading card, 운동선수의 모습을 인쇄한 카드로 수집하거나 교환하기도 함 - 역주)에 활기를 불어넣었다. 패션 디자이너는 그들 옷의 디지털 버전에 NFT를 포함해 브랜드에 대한 희소성과 고급스러움을 더했다. 이처럼 NFT를 통해 우리 브랜드에도 가치, 럭셔리, 독점권을 더할 수 있다.

30초로 알아보는 NTF

NFT는 융합 기술의 또 다른 예이다. NFT는 블록체인 위에 있는 디지털 아이템이다. 그것을 대체 불가능하게 만들고 화폐처럼 교환이 쉽지 않게 만드는 것은 각 토큰이 자신을 유일무이하게 하는 식별 부호를 가지고 있기 때문이다. 하나의 NFT는 다른 것과 거래할 수 없다. 비록 정말 똑같이 생겼더라도 가치가 다르기 때문이다. NFT에 대한 소유권은 디지털 원장, 다른 말로는 블록체인에 기록된다. '크립토펑크(VryptoPunks)'는 수집 가능한 최초의 NFT로 NFT 프로젝트의 기준을 세웠다. 크립토펑크는 이더리움의 ERC-721 기준에 따라 2017년에 출시됐다. 2018년에는 크립토키티스(CryptoKitties)라 부르는 NFT가 나오고 그때부터 다수의 NFT 마켓플레이스가 등장했다. 슈퍼레어(SuperRare), 레러블(Rarible), 오픈씨(OpenSea)등이 다 블록체인상의 디지털 아트 거래를 가능하게 하는 다양한 마켓플레이스다.

브랜드를 위한 NFT

오늘날의 NFT에는 정말로 흥미로운 것들이 많다. 하지만 사업에 NFT를 이용하는 것은 최신의 디지털 굿즈의 출시나 드롭(drop, 작가와 사용자 간 일차 시장 -역주)을 설계하는 것 이상을 요구한다. NFT에 대한 투자는 회사 내에 블록체인 기반의 에코시스템을 지원하는 인프라스트럭쳐를 만드는 것을 의미한다. 여기에는 암호 화폐와 디지털 굿즈가 포함된다.

럭셔리 산업을 예로 들어보자. 럭셔리 제품의 전통적 고객은 물리적 제품에서만 럭셔리 제품을 찾을지 모른다. 하지만 새로운 소비 세대는 이 럭셔리라는 개념을 독점적 디지털 굿즈로 재정의하고 있다. 가장 나이들은 밀레니얼 세대의 구매력은 2020년에 그 정점에 달했다. 그리고 이 부유한 소비자들은 그들의 럭셔리 쇼핑 여정에서 다수의 디지털 접점을 만난다. 오늘날 럭셔리 판매의 거의 80%가 '디지털의 영향을 받는다. 디지털 기술의 부상은 일상적인 쇼핑 행위를 경험으로 바꾸어 놓았다. 이제 그 럭셔리 제품들은 온라인으로 거래되고 살 수 있는 길을 가지게 되었다. 블록체인상에서 새로운 형태를 갖추게 된 것이다. NFT는 럭셔리 브랜드 에르메스(Hermes)가 그들의 아이콘인 버킨백(Birkin bag)을 한정 수량 출시하는 것과 같이 대개 한정된 수량만을 출시 혹은 드롭한다. 하지만 NFT는 일회성 구매 이상의 것이다. 개인화된 투자로 복제될 수도 없다. 지금 럭셔리 NFT를 구매하는 것은 제이콥 앤 코(JACOB & CO) 시계 같은 여러 세대를 거쳐 전해질 수 있는 디지털 자산을 구매하는 것이다.

NFT는 럭셔리 패션 회사가 물리적 재료로 할 수 있는 것 이상의 기회를 디자인에 주고 있다. 소비자가 더 많은 생활을 온라인에서 보내고 아바타 같은 가상 캐릭터로 차려입으면서 디지털 온리(digital-only) 의류에 대한 가치를 더 발견할 것이기 때문이다. 실제로 2025년까지는 개인용 럭셔리 굿즈의 온라인 판매가 약 880억 달러에 이를 것으로 추산하고 있다. 온라인상의 럭셔리 총 판매액의 거의 5분의 1에 달하는 수치다.

한 립스틱 브랜드를 위한 NFT가 독점적 소셜 미디어 필터로 사용될 수 있다는 가정을 해 보자. 아니면 부티크 드레스 NFT가 가상 세계에서의 자신의 아바타를 새롭고 스타일 좋게 보이게 한다는 상상을 해 보자. 이런 것들이 럭셔리 브랜드 회사가 블록체인 기술이 자신의 사업을 위해 무엇을 할 수 있는지 생각할 수 있는 예가 될 것이다. 단언컨대 여러분 역시 그것들을 자신의 사업에 어떻게 적용할지를 이미 상상하고 있을 것이다. 우수 직원에게 NFT를 포상으로 주어 그들이 회사나 비즈니스 커뮤니티의 특별 행사에 접할 수 있게 할 수도 있다. 물리적 제품의 진본성을 보장하는 것도 매 구매 시 마다 NFT를 제공함으로써 가능하다. 회사는 NFT로 작업자를 보증해 스킬 훈련이나 달성 수준을 증명할 수 있다. 이러한 가능성은 끝이 없다.

토큰화된(tokenized) 디지털 아이템은 럭셔리 패션 브랜드가 개척해 나갈 새로운 비즈니스 라인을 제시해 준다. 패션 브랜드 같은 경우 그들 제품의 디지털 쌍둥이를 온라인에 만들어 영향력을 두 배로 할 수 있다. NFT가 이럴 수 있는 것은 그 디지털 굿즈 각각이 유일무이하고, 소유권을 입증할 수 있고, 복제 위험 없이 이전될 수 있기 때문이다. 디지털 자산을 토큰화하는 것은 브랜드 회사에는 제품을 파는 또 다른 옵션을 줄 뿐 아니라 고객 또한 혜택을 받는다. 닐슨(Nielsen)의 조사에 따르면 '글로벌 소비자의 66%와 밀레니얼 세대의 73%가 지속 가능한 제품에 더 많이 지불할 의향이 있다"고 한다. 토큰화된 제품은 그들의 공급망을 제일 작은 부품까지 추적할 수 있다는 의미이다. 따라서 고객은 자신이 산 제품이 진품이고 윤리적으로 소싱되었다는 것을 확인할 수 있다.

디지털 쇼핑은 경험이다

패션 산업은 온라인의 지속적 성장을 볼 것이며 NFT는 이 미래의 일부다. 2020년 기준으로 패션과 미용은 가장 큰 이커머스 분야로 거래액이 6,650억 달러에 이른다. 게임 분야보다 500%가 더 많다. 브랜드 회사들은 이 강점을 이용하기 위해 럭셔리한 소셜 미디어 경험을 만들어 밀레니얼 세대 및 Z 세대와 소통하고 있다. 예를 들어 루이뷔통부터 구찌나 랄프로렌 같은 럭셔리 패션 회사 모두는 암호 화폐와 NFT를 시험 사용 중이다. 패션 소비자는 이제 이 디지털 온리(digital-only) 제품을 특별하다고 생각하지 않고 심지어 기대하기도 한다. 이러한 비전통적 럭셔리 아이템의 일반화는 시장을 비전통적 럭셔리 고객에게까지 확장할 수 있을 것이다.

NFT 비즈니스 모델
..

이 책을 쓰는 시점에서도 NFT는 여전히 실 세계에서 좀 더 광범위한 용도로 사용되는 길을 찾고 있었다. 온라인상에서의 가치는 입증해 보였다. 하지만 NFT를 포함한 제품과 서비스의 실 세계에서의 유용성을 증명하는 작업은 아직 진행 중이다. NFT가 새로운 생태계의 일부라는 사실을 기억하라. 그 새로운 생태계는 현재의 물리적 세계 및 디지털 세계를 확장하는 새로운 디지털 계라 할 수 있다. 오늘날 NFT를 사용하는 회사의 예 몇 가지를 들어보자. 우리가 이 책에서 다루고 있는 새로운 기술들이 어떻게 합쳐져 우리 사업의 미래 로드맵을 만드는지를 상상하는 데 도움이 될 것이다.

NFT로 실제 의류 아이템을 바꾸다. 소비자의 행동은 변하고 있다. 제품 경험만큼 오너십을 즐기고, 패션과 문화에 의해 정의된 커뮤니티 안에 살며, 럭셔리 제품과 스트릿웨어(streetwear, 개성대로 자유롭게 입는 젊은이들의 캐쥬얼 의류 -역주), 음악과 예술이 섞여 있다. 회사는 고객이 물리적 제품과 교환하기 위한 수단으로 NFT를 경매에 부칠 수 있다. '더 아리안느 프로젝트(The Arianee Project)'는 증강 디지털 표현을 통해 물건의 진품성을 인증하고 안전하게 지키는 회사다. 본질적으로는

NFT 형태에서 디지털 쌍둥이를 만드는 것이다. 온라인 경매 회사 뒤샹.io(Duchamps.io)는 물리적 자산과 1 대 1 부동산 소유권 NFT를 전달해 준다. 그것이 구매자의 소유권을 블록체인상에서 법률적으로 증명한다.

브랜드 충성도를 토큰화하고 브랜드 품질을 높인다. 브랜드 회사는 암호화폐 코인을 발행해 충성심과 희귀성을 창출해 낼 수 있다. 비트코인과 이더리움이 그 예이다. 누구나 블록체인상에서 코인을 만들 수 있다. 시계를 파는데, 내 브랜드에 럭셔리를 더하고 싶다고 가정해 보자. 이때 자체 암호 코인을 출시할 수 있는 것이다. 내 브랜드의 코인을 가진 사람만이 그 특별한 시계를 구매할 수 있다면? 당장 희소성이 생길 것이다. 매일 얼마나 많은 코인을 발행해 새로운 고객을 끌어들일지도 결정할 수 있다.

물리적 아이템을 사면 NFT를 준다. 물리적 제품을 파는 회사라면 NFT를 이용해 제품 판매를 증진할 수 있다. 얄로 패밀리 와인(Yalo Family Wine)은 2021년 4월에 NFT와 짝을 지은 첫 번째 나파 와인(Napa wine)을 내 놓았다. 얄로는 CHOP DROP 와인 200로트를 NFT와 짝지어 경매에 올렸다. 와인을 NFT와 짝지으면 고객이 와인 수집을 즐길 수 있기 때문에 호감을 살 수 있다는 것을 알았던 것이다. 만약 고객이 한정판 아이템 혹은 수집품을 좋아하거나 아니면 얼리 어댑터인 경우, 이미 팔고 있는 것에 NFT를 짝지으면 기존 수입원을 늘려주거나 새로운 수입원을 찾을 수 있을 것이다.

암호 화폐 보상(캐시백). NFT는 물리적 제품을 파는 브랜드 회사만을 위한 것이 아니다. 서비스 기반 회사도 NFT를 이용할 수 있다. 모든 기업이 충성도 높은 고객을 원하지만 로열티 프로그램은 제한된 관할 구역 안에 묶여 있다. 하지만 오늘날 럭셔리 제품 판매의 80%는 전 세계로부터 '디지털적 영향을 받는다.' 이때 암호 화폐 보상으로 새로운 로열티 프로그램의 장을 열 수 있다. 그것은 쇼핑객이 지리적 제한에도 불구하고 거래에 참여해 '럭셔리'를 경험하게 해 준다.

2021년 8월, 벤모(Venmo, 모바일 송금 서비스를 제공하는 핀테크 기업 -역주)는 벤모 신용 카드 사용 시 자동으로 암호 화폐를 캐시백 받는 서비스를 시작했다. 롤리(Lolli)같은 데스크톱 플러그인(plugin, 표준 기능을 확장해 주는 프로그램 -역주) 회사는 그들과 파트너십을 맺은 온라인 스토어에서 구매 시 많게는 10%를 비트코인으로 캐시백한다. 이러한 유형의 암호 화폐 캐시백 인센티브는 고객이 자신이 받은 암호 화폐로 구매를 하게 함으로써 더욱 강력해질 것이다.

암호 화폐 온리(only) 아이템. 암호 화폐 온리 아이템은 디지털 굿즈거나 암호 화폐로만 살 수 있는 NFT이다. 회사는 자사 제품에 럭셔리를 구축하기 위한 방법으로 암호 화폐로만 판매하는 제품 버전을 제공한다. 예를 들어 스위스의 럭셔리 시계 제조사인 위블로(Hublot)는 비트코인으로만 구매할 수 있는 럭셔리 시계를 출시했다.

수집품으로의 NFT(Collectible NFT). 회사는 수집품으로의 NFT를 통해 그들이 제공하는 것을 더할 수 있다. 스위스 소재 사이버 보안 회사 와이즈키(WISeKey($WKEY))는 럭셔리 NFT 시계를 경매에 올렸다. 비트와인(BitWine)은 1,000개의 수집품으로의 와인 NFT를 출시 했다. '일반적'인 것부터 '전설적'인 것까지가 망라된 컬렉션이다. 비트와인#1은 2021년 4월에 16이더리움에 팔렸다. 당시 미화로는 약 3만 4,000달러에 달하는 가격이다. 제이콥 앤 코는 럭셔리 시계를 아크그레일스(ArtFrails, 럭셔리 NFT 경매 플랫폼 -역주)와 NFT로 내놓았다. 그 제이콥 앤 코 시계는 유일한 것이다. 역시 이더리움으로 경매가 진행됐다. 24시간 동안의 경매를 통해 결국 미화 19만 달러에 시계가 팔렸다.

NFT에 대한 미래학자의 의견

시장이 글로벌 전염병을 둘러싼 불확실성으로 출렁이면서 소비자들은 기존 은행과 투자에 대한 대안을 찾기 시작했다. 암호 화폐와 NFT는 중앙화된 은행 외에 투자하는 방법을 제공한다. 비록 더 불안하기는 하지만 소비자들은 장기 투자와 거래 위험을 기꺼이 감수하고 있다. 더 많은 사람이 암호 화폐를 사들이면서 그 유지력과 더불어 가치 역시 증가하고 있다. 시장은 암호 화폐와 NFT를 빠른 속도로 받아들이고 있다. 특히 2021년에는 투자자들이 이 디지털 자산에 더 기대었다. 2021년 3분기까지 글로벌 NTF 거래가 132억 달러를 넘어선 것이다. 2분기와 3분기 사이에는 무려 10배가 증가했다. 혁신을 통해 NFT 구매 프로세스가 쉬워졌고 소비자는 자신이 가장 선호하는 브랜드로부터의 NFT를 기대하게 되었다.

하지만 기술의 성장과 함께 성장통 역시 커졌다. 새로운 기술을 보듬고 그것이 어떻게 노동력을 변화시키고 있는지를 이해하는 것만이 미래학자의 임무는 아니다. 더해서 그것이 어떻게 사업을 이용할 수 있는지도 알아야 한다. 새로운 디지털 전환은 부작용과 원치 않던 결과를 가져온다. 그래서 NFT를 실행할 때는 무엇을 피해야 하는지를 확실히 이해해야 한다. 암호 화폐를 채굴하는 것처럼 NFT 역시 환경에 영향을 끼친다. 갑자기 여기저기 도입이 되면서 가짜 NFT나 사기 같은 것을 보게 된다. 회사와 고객이 반드시 인지해야 한다. 장기적 전략을 잘 만들어 NFT와 암호 화폐 시장의 변동성에 발목 잡히지 말아야 할 것이다.

환경적 고려사항. 젊은 세대는 환경에 대한 사랑과, 빠른 패션과 소비자 기기에 관한 사회적 정의 사이의 균형을 유지하는 도전을 받아왔다. 하나의 NFT를 거래하는 것이 "예술품 하나를 우편으로 보내는 것보다 14배나 더 많은 탄소 발자국을 남긴다"는 예측이 있다. 어떤 소비자는 NFT 투자의 환경적 비용과 지구에 끼치는 영향 대비 가치에 대한 의문을 제기한다. 2018년의 한 연구는 "암호 화폐 발굴은 동일한 시장 가치를 생산하기 위한 탄광 채굴보다 더 많은 에너지를 소비한다"는 것을 발견했다. 그 이후로 암호 화폐에 대한 수요가 증가하고 그것의 환경적 영향에 대한 인식 역시 증대했다.

NFT 사기. 우리 브랜드를 위해 NFT를 만드는 것만으로는 충분하지 않다. 그것을 온라인상에서 어떻게 보호하고 소유할지를 알아야만 한다. 사이버보안 회사 다크트레이스(Darktrace)의 위협 사냥(threat Hunting, 기존 보안 솔루션에 의해 탐지되지 않은 진행 중 위협을 발견한 것 -역주) 책임자인 맥스 하인마이어(Max Heinmeyer)는 NFT 예술에 대해 이렇게 말한다. "컬렉터들은 훌륭한 예술을 보지만 검은 모자를 쓴 자들은 보호장치의 틈을 찾는다. 박물관과 달리 우리 컴퓨터 주변에 서 있는 보안 요원이 하나도 없다."

이 글을 쓰는 시점까지는 예술작품이 기존에 존재하는 것에서 NFT로 바뀌는 것을 저작권이 보호하지 못한다. 이 때문에 일부 예술가는 그들의 작품을 디지털로 도둑맞았다. 어떤 사기에는 피싱 사기와 바이러스가 포함되어 있다. 그것들이 사람들의 암호 화폐 재산을 저장하는 디지털 지갑과 온라인 계좌를 고갈 낸다.

암호 화폐로 성공하려면 시간이 걸린다. 주식이나 주택 시장과 마찬가지로 NFT 시장 역시 거품을 만들 수 있다. 일부 가격 변동은 시장이 자신을 안정시키려는 방편으로 발생할 수 있다. 기업은 이 단기 변동성 너머를 봐야만 한다. 장기 전략을 세워야만 하는 것이다(우리가 얘기했던 암호 화폐 인프라스트럭처를 상상해 보라). 다른 신기술을 포함해 NFT가 어떻게 회사의 여타 계획에 기여하는지를 보라. NFT가 고객 경험을 향상할 수 있나? 제품이나 서비스의 가치를 증대시켜 줄 수 있나? 어떻게 NFT가 우리의 증강 현실 및 가상 현실 로드맵을 더 두드러지게 할 수 있는가? 우리의 메타버스 전략을 뒷받침할 수 있는가? 마지막으로, NFT가 더 거대한 암호 화폐 각본에 잘 맞는가? 특히 만약 자체적으로 코인을 만들 결심을 했다면 더 살펴봐야 한다.

마지막 견해: 럭셔리와 NFT

암호 화폐와 NFT는 럭셔리 제품의 미래에 있어 일부이다. 이 산업의 최고 고객은 럭셔리에 대해 새로운 방식으로 정의한다. 즉, 전통적인 법정 통화에 대한 신뢰가 출렁이면서 독점적 디지털 굿즈를 쫓는 것이다. NFT는 회사가 자체 브랜드에 럭셔리와 독점성을 더할 기회를 줄 수 있다. 사실 암호 화폐와 NFT는 패션, 음악, 예술의 럭셔리 세계가 혁신하는 시작일 뿐이다. 그 둘은 물건을 팔고, 인증하고, 만들어 내는 데 있어 새로운 가능성의 세계를 열었다. 이전에는 선택할 수 없었던 방법으로 고객에게 독점권을 제공한다. 하지만 이 새롭게 발견한 럭셔리 디지털 굿즈 모델에는 일부 위험도 따라온다. 제품과 고객을 위한 보안과 법적 프레임워크의 발전을 잘 읽어 NFT와 암호화폐의 장기적 영향을 결정해야만 할 것이다. 잠재적 보상과 위험을 균형 맞추면서 새로운 세대가 쌓아가는 것을 포용할 수 있는 회사가 미래에 번창할 것이다.

메타버스(Metaverse)에 탑승할 준비가 되셨습니까?

메타버스는 AI, AR, 5G, VR, IoT, 블록체인, 암호 화폐와 NFT를 묶는 디지털 현실이 지속되고 공유되는 형태다. 디지털 3D 안에서 기기가 연결되고, 사람이 연결되고 장소가 연결되는 것을 경험하는 것이다. 그 경험은 완전히 몰입적이거나 아니면 물리적 세계 위에 정보와 지능 층을 섞은 것일 수도 있다. 기업 입장에서는 흥분할 수밖에 없는 기술이다. 이 새로운 매체에서 그간의 모든 디지털 전환 노력이 비로소 생기를 띠고 각 부분의 합보다 훨씬 큰 결과를 볼 수 있기 때문이다.